陕西省社会科学院优秀学术著作出版资助项目

社会科学文献出版社
SSAP
SOCIAL SCIENCES ACADEMIC PRESS (CHINA)

MODERN SERVICE INDUSTRY

陕西现代服务业高质量发展研究

Research on High Quality Development of
Modern Service Industry in Shaanxi Province

曹林 著

前　言

新一轮科技革命和产业变革正在加速重构全球创新版图、重塑全球经济结构，在产业融合加速、经济转型加快趋势下，作为当代新产业代表的现代服务业地位越来越高、作用越来越重要。党的十九大报告指出："加快发展现代服务业，瞄准国际标准提高水平。"党的二十大报告强调，"构建优质高效的服务业新体系，推动现代服务业同先进制造业、现代农业深度融合"。现代服务业在当今经济社会发展中发挥着愈来愈重要的作用，是抢占产业竞争制高点的关键选择。

当前和今后一个时期是以中国式现代化全面推进强国建设、民族复兴的关键时期，也是陕西加快追赶超越步伐、推动高质量发展的重要阶段。中国特色社会主义进入新时代的历史定位对陕西经济发展提出了新的要求，加快发展现代服务业，将加速推进构建优质高效的服务业新体系和现代化产业体系，不断为陕西高质量发展注入新动能。因此，把握服务业发展规律、趋势与特征，准确认识陕西现代服务业发展的阶段与基础，明确战略定位与战略思路，是当前一项重大而紧迫的任务。

改革开放以来，陕西经济社会发展取得了巨大成就，服务业也实现了长足发展。尤其是十八大以来，陕西服务业加快转型升级，创新驱动活力明显增强，质量效益显著提升。然而，陕西服务业整体水平和现代化进程依然较为滞后，现代服务业发展水平不高，面临服务业规模偏低、结构层次较低、企业主体偏弱、改革开放不足等突出问题，难以适应经济转型和经济高质量发展的客观要求。因此，推动服务业高质量发展是必由之路，既是实现服业自身转型升级的内在要求，也是适应新发展阶段的现实选择、解决社会主要矛盾的必然要求、实现社会主义现代化的重要路径。

加快推进陕西现代服务业高质量发展迫在眉睫。本书以高质量发展为主线，运用现代经济分析方法，在总结国内外服务业发展规律与经验的基础上，系统分析陕西现代服务业的发展阶段、发展基础，科学提出未来现代服务业发展的战略思路，构建"质效提升、创新发展、融合发展、空间优化、绿色发展、开放发展"的战略体系，提出陕西现代服务业未来发展的目标、路径和措施建议，为加快构建陕西优质高效的服务业新体系、谱写陕西高质量发展新篇章贡献智慧力量。

本书主要包含 13 章内容，分为五个逻辑部分。

第一部分是绪论，包括第一章。主要说明了研究的背景和目的，对现代服务业高质量发展相关概念进行界定，系统构建新质生产力促进现代服务业高质量发展的机制，交代研究思路与研究技术路线。

第二部分是国内外历史与经验，包括第二章、第三章。主要总结了服务业现代化发展的一般性规律，分析国内外服务业发展的阶段、趋势与特点，梳理总结国内推动现代服务业发展的政策、做法与经验启示。

第三部分是陕西现代服务业的发展基础、发展评价及战略体系，包括第四章、第五章、第六章。主要分析了陕西服务业发展的阶段，预判陕西"服务经济窗口期"；客观评价陕西现代服务业发展的产业基础、特点及存在的问题；设计高质量发展指标体系，评价陕西现代服务业高质量发展的进步、差距与制约因素，提出陕西现代服务业高质量发展战略体系及战略目标。

第四部分是战略分述，包括第七章至第十二章，共 6 章内容。第七章至第十二章按照"现状—问题—策略"的逻辑，分述如何践行"质效提升、创新发展、融合发展、空间优化、绿色发展、开放发展"六大战略行动。

第五部分是制度创新与政策建议，包括第十三章。提出了完善陕西现代服务业发展的制度环境、政策体系及相关建议。

本书是作者自 2016 年以来，在长期关注现代服务业理论研究与规划实

前　言

践过程中逐步形成的。其中，曾经主持的陕西省社科基金项目"构建现代特色产业体系，培育陕西追赶超越新动能研究""陕西先进制造业与现代服务业深度融合发展的路径与对策研究"，西安市社科基金项目"'一带一路'背景下西安现代服务业发展评价、战略选择与路径研究"，陕西省发改委与西安市发改委"十四五"招标课题项目"陕西省'十四五'现代服务业高质量发展思路研究"和"西安市'十四五'服务业发展规划"以及陕西省社会科学院重大课题"加快陕西生产性服务业发展研究"，为本书的完成提供了丰富的基础性研究成果。

本书在写作过程中，得到了陕西省社会科学院王建康副院长，经济研究所裴成荣所长、吴刚副所长的鼎力支持，也得到了经济研究所冉淑青副研究员、西安理工大学孙赵勇副教授、中共陕西省委党校（陕西行政学院）张爱玲老师的技术支持，在此表示衷心感谢！最后，感谢陕西省社会科学院"优秀学术著作出版资助项目"的支持。

现代服务业覆盖面广、涉及领域多，是一项综合、复杂的研究课题。尽管花费较长的时间去思考、研究和写作，但囿于个人理论水平有限和实践经验的不足，书中难免挂一漏万，存在诸多问题和不足。当然，本人对文中的观点与文字负有不可推卸的责任。最后，希望各位专家、学者、政府领导及管理人员不吝批评指正，以期进一步修改完善。

曹　林

2024 年 6 月 28 日

Contents 目 录

第一章 绪论 / 001
    一 研究背景和研究目的 / 001
    二 相关概念 / 007
    三 理论分析 / 015
    四 研究思路及技术路线 / 025

第二章 国内外服务业发展的阶段、趋势与特点 / 027
    一 世界服务业发展的阶段、趋势与特点 / 027
    二 我国服务业发展的历程、特点及趋势 / 046

第三章 中国推动现代服务业发展的政策、做法与经验 / 053
    一 国家推动发展现代服务业的政策梳理 / 053
    二 地方推进发展现代服务业的措施及启示 / 061
    三 江苏省发展现代服务业的做法与经验 / 079

第四章 陕西何时迎来"服务经济时代" / 084
    一 服务经济时代判断的标准 / 084
    二 陕西服务业核心指标的估算 / 085
    三 陕西服务业发展阶段与水平评价 / 097

第五章　陕西现代服务业发展基础 / 107

  一　陕西现代服务业发展现状与特征 / 107

  二　陕西现代服务业发展存在的问题及制约 / 116

第六章　陕西现代服务业发展的战略定位：高质量发展 / 120

  一　陕西现代服务业高质量发展：必由之路 / 120

  二　现代服务业高质量发展水平评价及障碍分析 / 123

  三　陕西现代服务业高质量发展的战略体系 / 135

第七章　陕西现代服务业质效提升战略 / 140

  一　陕西现代服务业结构优化 / 140

  二　陕西现代服务业重点产业 / 150

  三　陕西现代服务业品质提升 / 171

第八章　陕西现代服务业创新发展战略 / 176

  一　陕西服务业创新发展的现状及存在问题 / 176

  二　现代服务业创新发展的模式与路径 / 181

  三　陕西现代服务业创新发展战略思路 / 187

第九章　陕西现代服务业融合发展战略 / 194

  一　推动生产性服务业与先进制造业深度融合 / 194

  二　推进现代服务业与现代农业深度融合 / 212

第十章　陕西现代服务业空间优化战略 / 223

  一　陕西现代服务业空间综合评价 / 223

  二　陕西现代服务业空间优化战略思路 / 229

第十一章　陕西现代服务业绿色发展战略 / 235

  一　关于服务业绿色发展的研究 / 235

二　陕西服务业绿色发展的现状及存在问题 / 238

　　三　陕西现代服务业绿色发展战略思路 / 242

第十二章　陕西现代服务业开放发展战略 / 250

　　一　陕西服务业开放发展的现状及存在的问题 / 250

　　二　陕西现代服务业开放发展战略思路 / 257

第十三章　优化陕西现代服务业制度环境与对策 / 264

　　一　陕西现代服务业制度环境存在的制约 / 264

　　二　陕西现代服务业高质量发展制度优化 / 268

　　三　陕西现代服务业高质量发展的对策建议 / 273

参考文献 / 279

第一章

绪 论

现代服务业高质量发展研究是一项具有创新性和挑战性的系统研究。首先，需要交代国内外经济社会时代条件，说明研究的背景和目的，明确主要研究任务。其次，在科学界定现代服务业高质量发展概念的基础上，剖析新质生产力促进区域现代服务业高质量发展的一般机制和路径，为研究现代服务业高质量发展提供理论指导。最后，进一步阐明研究思路和技术路线，合理安排研究步骤，有序展开研究内容。

一 研究背景和研究目的

（一）研究背景

1. 国际背景

综观世界百年来全球化进程，先后经历了商品全球化、制造全球化、服务全球化三个重要阶段。服务全球化已经成为 21 世纪世界全球化的最鲜明特征。全球范围内产业分工格局和经济结构的调整，推动服务业发展全球化，服务业成为国际产业分工和产业转移的新兴重点领域。以跨国公司为主导力量在全球范围整合要素和资源，通过服务外包、离岸外包等多种形式推动服务业转移，引领全球服务业革命。

在新一轮科技革命和经济全球化驱动下，服务业内涵更加丰富、分工更加细化、业态更加多样、模式不断创新,在产业升级中的作用更加突出,已经成为支撑发展的主要动能、价值创造的重要源泉和国际竞争的主力战场。同时,基于大数据、云计算、物联网和信息技术的服务应用与创新日益活跃,制造业与服务业加速融合,制造业服务化、服务业制造化成为新趋势,服务业迎来新的快速增长期。

然而,当前世界经济复苏乏力,地缘政治冲突加剧,地方保护主义、单边主义上升,经济全球化出现逆流,世界服务业持续向上和曲折发展并行,贸易摩擦加剧,对我国服务业发展的不利影响持续加大,也给提升陕西服务业质量和水平提出了新挑战。

但总体来看,服务业全球化的基本进程与发展趋势不会改变,机遇和挑战并存,机遇大于挑战。只有在服务业全球化大格局中,才能充分利用国内、国际两种资源、两种要素,推动全球生产要素与资源的优化配置,促进商品、服务和生产要素在全球范围内自由流动,促使服务业在更广阔的舞台上实现更大发展。

2. 国内背景

改革开放以来,我国实现了经济高速增长。但随着经济发展阶段和要素结构的转变,原有的"人口红利""土地红利"优势开始减弱,原本依靠"要素驱动"和"投资驱动"的外延式、粗放型发展模式难以为继。党的十八大以来,我国经济发展进入新常态,增长速度从高速转向中高速,发展方式从规模速度型转向质量效率型,经济结构调整从增量扩能为主转向调整存量、做优增量并举,发展动力从主要依靠资源和低成本劳动力等要素投入转向创新驱动。党的十九大明确提出,我国经济已由高速增长阶段转向高质量发展阶段。党的二十大提出我国建设社会主义现代化强国"两步走"总的战略安排,到2035年基本实现社会主义现代化,到21世纪中叶把我国建设成为富强民主文明和谐美丽的社会主义现代化强国。同时提出"高质量发展是全面建设社会主义现代化国家的首要任务",要"坚持以推动高质量发展为主题",加快"建设现代化经济体系","构建优质高效的服务业新体系,推动现代服务业同先进制造业现代农业深度融合"①。

伴随人均GDP迈上1万美元台阶，我国整体处于工业化后期阶段，服务业整体进入加速发展时期。2022年，我国服务业增加值与就业人数所占比重分别达到52.8%和47.1%。未来5~10年，将是我国步入双超"50%"的服务业经济时代，进入加速传统服务业转型升级、加快现代服务业高质量发展的重要时期。因此，加快推进服务业现代化进程、构建优质高效的服务业新体系、推动服务业高质量发展成为重要的经济任务。

3. 陕西省内发展

依据服务业发展的规律与趋势，2023年，陕西人均GDP超过1万美元，经济发展水平和发展阶段与全国基本同步，陕西已经步入工业化后期，进入服务业快速发展阶段。2023年，陕西服务业增加值占GDP的比重为44.6%，低于全国近10个百分点，服务业发展的增长潜力巨大。从资源要素禀赋看，陕西是"一带一路"的重要节点、向西开放的前沿阵地，交通物流区位优势明显，科技教育基础雄厚，文化资源丰富，为现代服务业发展提供了良好资源要素条件。从服务业结构看，陕西正在加速形成科技服务、软件信息服务、现代金融、现代物流四大优势产业，文化旅游、健康养老、商贸服务、教育培训与会展服务五大特色产业和电子商务、设计服务与服务贸易三大新兴产业，为现代服务业发展奠定了坚实基础。从增长趋势看，服务业已经成为支撑陕西经济增长的支柱产业，服务业增加值占GDP的比重接近45%，对经济增长的贡献率超过50%，尤其是科技服务、现代物流、现代金融等现代服务业快速发展及其与先进制造业、现代农业深度融合催生的新产业、新经济、新模式，为发展方式转变提供重要支撑，为结构调整提供有力支持，为经济发展持续注入新动能。② 因此，大力发展现代服务业已经成为当前陕西推动经济发展的必然选择和迫切任务。

---

① 《党的二十大文件汇编》，党建读物出版社，2022，第21~23页。
② 曹林、黄静：《2022年陕西服务业发展形势分析与2023年预测》，载程宁博、王飞、王建康、裴成荣主编《陕西经济发展报告（2023）》，社会科学文献出版社，2023，第78~79页。

党的十八大以来，习近平总书记先后七次来陕考察，五次发表重要讲话，先后提出要"扎实加强文化建设"，"要在创新驱动发展方面迈出更大步伐"[1]，要求"建好西安综合性国家科学中心和科技创新中心，努力打造国家重要科研和文教中心"，"积极发展数字经济和现代服务业"[2]。习近平总书记对陕西的要求和希望，是陕西奋斗新时代、奋进新征程的指路明灯，为陕西新时代各项工作提供了根本遵循，也为陕西发展现代服务业提出了明确发展方向。

为了贯彻落实习近平总书记来陕考察重要讲话重要指示精神，陕西先后提出文化强省、教育强省、体育强省、科技强省、人才强省、交通强省等建设战略目标，推动秦创原驱动平台建设与发展，以科技创新为引领，加快传统产业高端化、智能化、绿色化升级改造，培育壮大战略性新兴产业，积极发展数字经济和现代服务业，加快构建具有智能化、绿色化、融合化特征和符合完整性、先进性、安全性要求的现代化产业体系。

因此，在新的发展阶段，适应高质量发展要求，强化创新驱动引领，加快推进现代服务业发展，推动制造业转型升级，实现经济持续健康发展，成为陕西努力在创新驱动发展方面走在前列、奋力追赶、敢于超越，在西部地区发挥示范作用的重要路径和突破方向。

（二）研究目的

1. 揭示现代服务业演变规律，探求现代服务经济分析的理论与方法

产业结构演变是产业发展规律的重要内容之一。"配第-克拉克定理""库兹涅茨法则""钱纳里标准产业结构"等产业结构演变理论是对工业化

---

[1] 张首魁：《推动经济高质量发展迈出更大步伐——深刻理解习近平陕西考察重要讲话精神之二》，陕西网（2020年6月29日），https：//www.ishaanxi.com/c/2020/0629/1730245.shtml，最后检索时间：2024年3月2日。

[2] 《习近平：着眼全国大局发挥自身优势明确主攻方向 奋力谱写中国式现代化建设的陕西篇章》（2023年5月18日），http：//www.71.cn/2023/0518/1200207.shtml，最后检索时间：2024年6月20日。

时期三次产业结构演变规律的总结。波拉特"产业四分法""日本经济企画厅的产业分类法"等则开启在服务业时期、信息化时代,对产业结构演变规律的探讨[①]。伴随世界经济步入服务经济时代,服务部门在经济结构中越来越重要,甚至在相当多的国家还占据着统治地位。相应的,研究服务业发展及其内部结构演变规律就成为当前经济学一项重要的研究主题。在后工业化或服务经济时代,服务业高质量发展的动力机制、运行模式有何新变化?现代服务业内部结构如何演变,其变化的一般规律是什么?在行业差异巨大的服务业中,服务经济分析应采用何种框架,才更为系统、全面、科学?新质生产力与现代服务业高质量发展的关系是什么,新质生产力如何促进服务业高质量发展?在区域服务业发展实践中,也急需科学的服务业发展理论进行指导,尤其是在迈入"服务经济时代"门槛时,这一要求变得更为迫切。很多理论问题横亘在我们面前,判断进入服务经济时代的标准是什么?究竟何时能够进入服务经济时代?如何准备迎接服务经济时代?本书尝试对这些问题进行解答。

2. 寻找陕西服务业发展的战略定位,明确现代服务业发展的战略方向

战略研究的出发点和基础是战略定位。只有准确把脉"战略定位",符合经济发展客观规律和陕西省情,现代服务业发展战略的实施路径、政策举措才能有的放矢,更具可操作性。改革开放以来,尤其是党的十八大以来,陕西现代服务业一直保持快速增长态势,所占比重稳步提升,但整体规模偏小、竞争力不强的问题依然突出。加快现代服务业由规模型增长向高质量发展转变,已迫在眉睫。从粗放式转向高质量发展,既是建设现代化经济体系、增强竞争力和攀升价值链的客观需要,更是服务业改革开放迈向新阶段的必然选择。在明确高质量发展战略定位基础上,科学设计和选择高质量发展指标体系,通过客观评价,研判陕西现代服务业发展的优势与差距,找准高质量发展的努力方向。

---

① 刘志彪、安同良编著《现代产业经济分析(第三版)》,南京大学出版社,2014,第30、37页。

3. 探索构建陕西现代服务业发展的战略体系，明晰推进发展现代服务业的战略举措

现代服务业发展战略是一个系统工程，是优质高效服务业新体系构建的复杂过程，横向维度涉及不同服务业行业之间的"横向关联"关系，纵向维度涉及现代服务业与制造业、农业的"上下游关联"关系，是一个互为依存、相互支撑的有机体系，涉及面很广。从高质量发展的视角看，现代服务业高质量发展维度涵盖"创新、协调、绿色、开放、共享"五个方面，创新是发展动力、协调是内生特点、绿色是普遍形态、开放是必由之路、共享是根本目的，相互联系，相互统一。探索构建陕西现代服务业质效提升、创新发展、开放发展、融合发展、绿色发展和空间优化战略尤为重要。在明确这些战略体系之后，才能进一步明确战略举措，推进现代服务业向纵深发展。这都是本书要讨论的重点和难点问题，也是破题的关键所在。

4. 把握现代服务业发展的重点领域，明确重点产业发展方向

服务业的行业异质性，决定了服务业行业发展的不同路径和模式。陕西现代服务业包括行业门类较多，本书立足陕西资源要素禀赋与服务业发展阶段，着眼于服务实体经济，重点选择科技服务、信息服务、现代金融、现代物流、空天服务等生产性服务业，围绕改善民生福祉，选择文体旅游、健康养老、家政服务等生活性服务业，深入研究陕西现代服务业的发展定位与方向。当然，现代服务业是依托技术进步和商业模式变革催生的新兴服务业，努力探索新经济、新服务、新业态，也是本书的重要任务。

5. 构建促进现代服务业发展的政策体系，培育壮大特色优势现代服务业

服务业是国民经济的重要组成部分，现代服务业的发展水平是衡量现代社会经济发达程度的一个重要标志。在社会主义市场经济条件下，市场在资源配置过程中发挥着决定性作用。然而，服务业行业众多，发展阶段各异，服务产业与服务事业交错，服务业发展往往因部分公共品属性而市场供给缺位，或因市场发育不足而市场供给短缺，或因体制机制制约而供给不足。因此，在现代服务业发展过程中，既要充分发挥市场"看不见的手"的决定性作用，也要重视政府"看得见的手"的作用，充分发挥政策对服务要素

和组织的引导、促进作用，让市场和公共政策成为促进现代服务业高质量发展的"双驱动""双引擎"。近年来，陕西各级政府通过推进深化改革、扩大公共服务、营造良好的制度环境、出台激励措施等支持现代服务业发展，取得了良好成效。但从总体上讲，陕西现代服务业开放程度不足，面临诸多体制机制约束，缺乏完整、协调的政策支持体系，营商环境有待进一步提升。本书将在系统梳理现代服务业制度与政策措施的基础上，试图从全面深化改革与扩大开放，强化要素支撑，统筹产业政策、财税政策、金融政策、社会诚信体系、知识产权保护和人力资源政策等诸多方面，提出促进陕西现代服务业高质量发展的对策建议。

二 相关概念

本书对服务业、现代服务业、高质量发展等相关概念做出以下梳理和明确。

（一）现代服务业高质量发展的相关概念

1. 服务业

1935年，英国经济学家费希尔（A. Fisher）提出了三次产业的划分，构建了产业结构研究的分类方法，并在此基础上提出了"第三产业"的概念。由于"服务业产品"与普通商品相比具有不同的特性，即表现为服务的无形性、即时性、异质性以及知识性等复杂特征，所以国内外学术界关于服务业的定义一直存在不同的见解。正如国内学者江小涓所说，由于服务经济的非实体化特征，服务业在定义和测度、评价标准、生产和消费关系、数量和价值关系、劳动生产率变化等方面与制造业有很大差异，还涉及许多超经济的问题[①]。

目前，学术界主要有以下两种界定：一种是通过给出服务业的内涵，把从事生产、经营符合服务内涵的行业称为服务业；另一种是排他性定义，或

---

① 江小涓：《服务业增长：真实含义、多重影响和发展趋势》，《经济研究》2011年第4期，第4页。

者说是统计定义，就是把不能划分为第一、第二产业的产业部门均归为服务业。这两种定义都引起过学术界的争论。第一类定义的外延虽然涵盖了服务行业的所有部门，但其内涵的界定事实上并不清晰，不利于明确服务行业的边界。采用第二类统计意义上的定义方法则有利于更为精准地把握服务业的内涵与外延。①

因此，本书采用服务业第二类定义，在统计意义上界定三次产业以及其边界。根据 2003 年 5 月中国颁布的产业分类标准——《国民经济行业分类》（GB/T 4754-2002），第一产业是指农、林、牧、渔业；第二产业是指采矿业，制造业，电力、燃气及水的生产和供应业，建筑业；第三产业是指除第一、第二产业以外的其他行业，又称为广义服务业。从概念上讲，第三产业是指为消费者提供最终服务和为生产者提供中间服务的部门。根据新标准，第三产业的行业部门具体包括：交通运输、仓储和邮政业，信息传输、计算机服务和软件业，批发和零售业，住宿和餐饮业，金融业，房地产业，租赁和商务服务业，科学研究、技术服务和地质勘查业，水利、环境和公共设施管理业，居民服务和其他服务业，教育，卫生、社会保障和社会福利业，文化、体育和娱乐业，公共管理和社会组织，国际组织。

长期以来，我国并行使用"第三产业"和"服务业"两个概念，两者的内涵基本相同。在 2003 年实行的国民经济产业分类标准中，两者的涵盖范围出现了一些差异，主要是农、林、牧、渔服务业被明确归为第一产业。但由于这一部分规模很小，第三产业和服务业之间在数量上的差异也很小，两者的外延数量近似等同。2017 年 10 月发布，2019 年 3 月 29 日起实施的《国民经济行业分类》（GB/T 4754-2017）（按第 1 号修改单修订）②进一步规范三次产业、服务业的口径、范围，将 A 门类"农、林、牧、渔业"中的"农、林、牧、渔服务业"，B 门类"采矿业"中的"开采辅助活动"，

---

① 夏杰长等：《中国现代服务业发展战略研究》，经济管理出版社，2019，第 3 页。
② 《国家统计局关于执行国民经济行业分类第 1 号修改单的通知》（国统字〔2019〕66 号），中央人民政府网站（2019 年 5 月 21 日），https://www.gov.cn/zhengce/zhengceku/2019-09/03/content_ 5426959.htm，最后检索日期：2024 年 5 月 18 日。

C门类"制造业"中的"金属制品、机械和设备修理业"三个大类一并调入第三产业。这样,"第三产业"和"服务业"两个概念在统计意义上已经没有差别了。

2. 现代服务业

现代服务业是伴随中国经济实践而产生、极具中国特色的一个经济名词①。尤其是,当前全球产业结构正在由"工业主导型"向"服务业主导型"结构加速转变,现代服务业在经济中的地位和作用更加突出。针对现代服务业的研究也成为学术界研究的热点主题。国外文献里鲜有"现代服务业"的提法,国外学术界称之为先进服务业、知识型服务业、新兴服务业或生产性服务业。

在我国,"现代服务业"最早出现在党的十五大报告中,之后又在党的十六大报告及《中共中央关于制定国民经济和社会发展第十一个五年规划的建议》中被先后使用。此后,全国、各省区市在历次制定的经济和社会发展五年规划中,均将发展现代服务业作为重要内容。诸多专家学者对现代服务业的内涵提出了自己的解释,但长期以来,对"现代服务业"概念仁者见仁、智者见智,没有达成统一共识。②

为深入贯彻落实党中央关于推进服务业改革发展的决策部署,加快推进现代服务业发展,国家统计局于2023年7月制定了《现代服务业统计分类》,进一步明确现代服务业的内涵与外延。《现代服务业统计分类》将现代服务业界定为:现代服务业是指伴随信息技术和知识经济的发展而产生,利用现代科学技术和现代管理理念,推动生产性服务业向专业化和价值链高端延伸,推动生活性服务业向高品质和多样化升级,加强公益性基础性服务业发展所形成的具有高技术含量、高人力资本含量、高附加价值等特征的经济活动。③

---

① 鲁朝云、刘国炳:《现代服务业高质量发展评价指标体系构建及应用》,《大连海事大学学报》(社会科学版)2019年第5期,第64页。

② 夏杰长等:《中国现代服务业发展战略研究》,经济管理出版社,2019年,第9、10页。

③ 《现代服务业统计分类》(国家统计局令第36号),国家统计局网站(2023年7月28日),https://www.stats.gov.cn/sj/tjbz/gjtjbz/202307/t20230728_1941608.html。最后检索时间:2024年3月20日。

在工业化中后期，现代服务业逐步成为经济发展的主要形态，并表现出独有的特征[①]。国务院发展研究中心王一鸣研究员[②]将其特征概括为：服务外部化、产业融合化、价值高端化、要素知识化、组织网络化、企业平台化、分布集聚化、结构生态化和发展离岸化。

总之，现代服务业是一个相对的概念，其内涵与外延是伴随现代经济社会的发展而不断变化调整的，具有十分明显的时代特征，必须从动态上把握。因此，不能将"现代服务业"的外延过度扩大，抹杀了"现代服务业"和"服务业"这两个概念的差异。在服务业和现代服务业之间有一个基本的区分标准，这就是技术水平和创新能力。只有技术和知识含量较高的服务行业，或者有较大创新的服务业业态和方式才能被称为现代服务业。可见，现代服务业是以知识、信息和智力要素的生产、扩散与应用为主要动力而发展起来的新兴服务业。

3. 高质量发展

党的十九大报告指出，"中国经济已由高速增长阶段转向高质量发展阶段，正处在转变发展方式、优化经济结构、转换增长动力的攻关期"。中国经济正面临结构性矛盾和资源环境瓶颈，向高质量发展转变是历经改革开放40多年高速增长后的必然结果。

"高质量发展"在经济学界尚无权威统一界定。但在经济社会发展及政策领域已经达成共识。《中共中央关于党的百年奋斗重大成就和历史经验的决议》阐明了高质量发展的深刻内涵，提出"贯彻新发展理念是关系我国发展全局的一场深刻变革，不能简单以生产总值增长率论英雄，必须实现创新成为第一动力、协调成为内生特点、绿色成为普遍形态、开放成为必由之路、共享成为根本目的的高质量发展，推动经济发展质量变革、效率变革、动力变革"[③]。

---

① 高新民、安筱鹏主编《现代服务业：特征、趋势和策略》，浙江大学出版社，2010。
② 王一鸣：《加快建设服务业强国》，载何立峰主编《服务业创新发展研究报告》，中国计划出版社，2017，第63页。
③ 《中共中央关于党的百年奋斗重大成就和历史经验的决议》，共产党员网（2021年11月11日），https://www.12371.cn/2021/11/16/VIDE1637067303446876.shtml，最后检索时间：2024年4月25日。

第一章　绪论

可见，高质量发展是体现新发展理念的发展，是追求更高效、更和谐、可持续的发展，是能更好地满足人民日益增长的多样化、差异化、层次化、个性化、系统化需求的发展。高质量发展可以从两个方面去把握。一是要实现高效益。高效益是高质量发展的核心，旨在通过投入最小化而实现产出最大化。二是要实现持续稳定增长。经济运行的稳定性、持续性和低风险性，也是衡量发展质量的重要标志，高质量发展就是要坚持稳中求进的总基调，推动经济可持续发展。

4. 新质生产力

高质量发展是新时代的硬道理，需要新的生产力理论来指导，新质生产力理论应运而生。2023年9月，"新质生产力"首次被提出。2024年两会期间，"新质生产力"首次被写入政府工作报告，被列为2024年政府工作十大任务之首。

新质生产力是创新起主导作用，摆脱传统经济增长方式、生产力发展路径，具有高科技、高效能、高质量特征，符合新发展理念的先进生产力质态。它由技术革命性突破、生产要素创新性配置、产业深度转型升级而催生，以劳动者、劳动资料、劳动对象及其优化组合的跃升为基本内涵，以科技、教育、人才三个要素良性循环为基础支撑，以全要素生产率大幅提升为核心标志，特点是创新，关键在质优，本质是先进生产力。[1]

与传统生产力形成鲜明对比，新质生产力是创新起主导作用，摆脱传统经济增长方式、生产力发展路径的先进生产力，具有"三高"基本特征：以创新为第一动力，形成高科技的生产力；以战略性新兴产业和未来产业为主要载体，形成高效能的生产力；以新供给与新需求高水平动态平衡为落脚点，形成高质量的生产力[2]。

5. 现代服务业高质量发展

服务业高质量发展是实现经济高质量发展的必然选择，关于我国服务

---

[1] 《习近平在中共中央政治局第十一次集体学习时强调：加快发展新质生产力 扎实推进高质量发展》，《人民日报》2024年2月2日，第1版。
[2] 蒋永穆、薛蔚然：《新质生产力理论推动高质量发展的体系框架与路径设计》，《商业经济与管理》2024年第5期，第86~87页。

业，尤其是现代服务业高质量发展问题的研究也越来越受到重视。那么什么是服务业与现代服务业的高质量发展？目前，我国关于服务业与现代服务业高质量发展的研究处于起步阶段，尚没有统一定义。

国内诸多学者如郭克莎、江小涓、夏杰长、刘志彪、王一鸣、姜长云等对建设服务强国、服务业结构调整、服务业发展方式转变以及生产性服务业与生活性服务业发展、现代物流、现代金融、科技服务等具体现代服务业的研究，成为服务业高质量发展研究的重要内容，为研究现代服务业高质量发展提供了重要借鉴[1]。

服务业高质量发展内涵研究方面，刘涛[2]认为，服务业高质量发展包括服务业结构优化、动力转换、效率改善、企业壮大四个方面。任兴洲[3]提出服务业高质量发展需要实现质量、效益和动力三大变革。刘奕、夏杰长[4]认为服务业高质量发展的关键在于提升服务业全要素生产率，实现路径包括传统服务业转型升级、产业融合与服务创新等方面。姜长云[5]认为，服务业高质量发展的落脚点是满足人民美好生活需要，因此要能够有效适应、创造和引领市场需求，能够系统凸显创新、协调、绿色、开放、共享的新发展理念。胡观景、李启华[6]、侯红昌[7]等认为现代服务业高质量发展主要体现在创新、协调、绿色、开放、共享新发展理念方面。

上述研究发现，尽管多数学者对服务业与现代服务业高质量发展内涵的理解不尽相同，但内涵整体一致，都体现五大新发展理念[8]。一是体现创新

---

[1] 江小涓、李辉：《服务业与中国经济：相关性和加快增长的潜力》，《经济研究》2004年第1期。
[2] 刘涛：《服务业高质量发展要解决四大问题》，《学习时报》2018年8月10日，第2版。
[3] 任兴洲：《推动服务业实现高质量发展》，《上海质量》2018年第4期，第8~12页。
[4] 刘奕、夏杰长：《推动中国服务业高质量发展：主要任务与政策建议》，《国际贸易》2018年第8期，第53~59页。
[5] 姜长云：《服务业高质量发展的内涵界定与推进策略》，《改革》2019年第6期，第41~43页。
[6] 胡观景、李启华：《新发展理念视角下服务业高质量发展评价指标体系构建》，《中国工程咨询》2020年第10期，第70页。
[7] 侯红昌：《现代服务业高质量发展的内涵与对策分析——以河南省为例》，《河南科技》2023年第11期，第152页。
[8] 侯红昌：《现代服务业高质量发展的内涵与对策分析——以河南省为例》，《河南科技》2023年第11期，第152页。

发展理念。创新既是经济高质量发展的核心动力,也是现代服务业高质量发展的核心动力。现代服务业的高质量发展主要表现在技术创新、模式创新和制度创新等方面。现代服务业中的科技服务业能够推进技术研发创新发展,攻克重要领域、关键环节"卡脖子"难题,促进产生新产业、新模式、新业态。二是体现协调发展理念。现代服务业的高质量发展主要表现在生产性服务业与生活性服务业协调发展、城镇服务业与农村服务业协同、现代服务业同先进制造业与现代农业融合发展等方面,通过服务业内部行业协调、空间协同、产业关联促进实现现代服务业高质量发展。三是体现绿色发展理念。现代服务业的高质量发展主要表现在贯彻"碳达峰""碳中和"发展战略要求层面。一方面,现代服务业催生绿色技术,推进绿色管理,助力经济高质量发展。另一方面,服务业各种资源能耗下降,碳排放减量,提升经济产出效率。四是体现开放发展理念。现代服务业的高质量发展主要表现在对内开放和对外开放两个方面,体现为以开放促改革促发展。服务业对内开放主要包括深化改革,打破各种壁垒,破除制约现代服务业发展的体制机制。服务业对外开放主要是深化以服务贸易和投资规则为主要内容的制度性开放,提升服务贸易比重,增强服务业国际竞争力。五是体现共享发展理念。现代服务业的高质量发展主要表现在生产性服务业与生活性服务业两方面,其中,生产性服务业以共享技术、共享平台、共享方式推动产生服务业新业态和新模式;生活性服务业在吸纳就业、促进消费升级,以及保障民生中发挥重要作用,有助于广大人民群众共享经济社会的发展成果,从而达成以人民为中心的经济社会高质量发展的出发点和落脚点。

可见,服务业高质量发展是实现经济高质量发展的必然选择,现代服务业高质量发展更能充分体现服务业高质量发展的最新成果与动态趋势,也是催生新质生产力,实现技术革命性突破、生产要素创新性配置、产业深度转型升级的重要内容。

总之,现代服务业高质量发展是指服务业不是依靠资源与要素数量增长而实现的外延式增长,而是在资源与要素投入既定条件下,依靠技术、创新投入而实现的内涵式发展。主要体现为"服务业发展能够有效适应、创造和引领市场需求，凸显坚持创新、协调、绿色、开放、共享发展理念的系统性、整体性和协同性"，推进新质生产力形成和发展，实现服务经济和国民经济"质量变革、效益变革、动力变革"。

（二）现代服务业的分类

按照不同的标准，现代服务业有着不同的分类方法。本书主要按照统计标准进行分类。2023年7月国家统计局制定的《现代服务业统计分类》[①]，将现代服务业范围确定为：01信息传输、软件和信息技术服务业，02科学研究和技术服务业，03金融业，04现代物流服务业，05现代商贸服务业，06现代生活服务业，07现代公共服务业，08融合发展服务业等8个大类（见表1-1）。

表1-1 现代服务业包括的国民经济行业

主类	亚类
01信息传输、软件和信息技术服务业	011电信、广播电视和卫星传输服务；012互联网及相关服务；013软件开发；014信息技术服务
02科学研究和技术服务业	021研发和试验发展；022专业技术服务；023科技推广和应用服务业
03金融业	031货币金融服务；032资本市场服务；033保险业；034其他金融业
04现代物流服务业	041现代铁路运输综合服务；042现代道路运输综合服务；043现代水上运输综合服务；044现代航空运输综合服务；045现代管道运输综合服务；046现代多式联运和运输代理服务；047现代装卸搬运和仓储服务；048现代邮政服务；049其他现代物流服务业
05现代商贸服务业	051互联网批发零售；052专业化管理服务；053法律服务；054咨询与调查；055专业化人力资源和培训服务；056信用与非融资担保服务；057其他现代商贸服务业

---

① 《现代服务业统计分类》（国家统计局令第36号），国家统计局网站（2023年7月28日），https://www.stats.gov.cn/xw/tjxw/tzgg/202307/t20230728_1941608.html，最后检索时间：2024年3月20日。

续表

主类	亚类
06 现代生活服务业	061 健康服务；062 现代养老服务；063 现代育幼服务；064 文化娱乐服务；065 旅游服务；066 体育服务；067 现代居民生活服务
07 现代公共服务业	071 生态保护和环境治理；072 公共设施服务；073 教育培训
08 融合发展服务业	081 现代农业专业辅助性服务；082 先进制造业设备维修服务

资料来源：《现代服务业统计分类》（国家统计局令第 36 号），国家统计局网站（2023 年 7 月 28 日），https://www.stats.gov.cn/xw/tjxw/tzgg/202307/t20230728_1941608.html，最后检索时间：2024 年 3 月 20 日。

以国家统计局制定的《现代服务业统计分类》为指导，立足陕西发展实际，考虑数据可获得性，本书重点研究如下现代服务业及其重点行业：信息传输、软件和信息技术服务业，科学研究和技术服务业，金融业，现代物流服务业，现代商贸服务业，文化产业，旅游产业，服务贸易，健康服务，养老服务，体育服务与家政服务，以及相应的新业态、新模式。需要说明的是，当前陕西现代服务业统计工作较为滞后，服务业行业数据获得较为困难，因此基于数据可获得性，在多数分析场合下，以相关服务业数据近似代替相应现代服务业行业数据。

三　理论分析

（一）新质生产力推动服务业高质量发展的理论分析

1. 新质生产力与服务业高质量发展的内在关联

服务业高质量发展是坚持质量为上、效益优先的产业发展模式。新质生产力是"新"和"质"的有机结合，具备高科技、高效能、高质量"三高"特征，契合高质量发展的要求，通过彰显数字、协作、绿色、空间和开放"五力"，促进服务业高质量发展。

新质生产力能够推动服务业发展的质量变革、效益变革、动力变革，提高服务业生产效率（见图1-1）①②。新质生产力是以科技创新为引领的先进生产力，通过动力技术革命与产业系统赋能推动服务业高质量发展。新质生产力是技术革命性突破的结果，以"自然动力—蒸汽动力—电气动力—数字动力"等动力技术革命性突破，打破传统生产动力的局限，以高效率、强渗透、多融合特性重塑形成新质生产力系统。新一代数字技术作为新质生产力的代表性技术，与其他高精尖技术赋能服务业，注入新要素资源，助推服务业升级，实现服务业系统全链条、全领域、全方位的重塑。新质生产力是以全要素生产效率提升为标志的高效能生产力，通过生产要素创新性配置，提升服务业高质量发展的资源配置效率。新质生产力以科技创新为动力，通过通用技术与专用技术交叉融合，激发新兴生产要素赋能传统生产要素，重塑复合服务业生态系统，提升服务业全要素生产率，形成高效能发展路径。新质生产力是以提质增效为目标的高质量生产力，通过服务业转型，实现服务业高质量发展。新质生产力以高质劳动者，使用高质生产工具，采用高效生产管理模式，优化高质生产要素组合，生产供给高质服务。新质生产力推进传统服务业转型升级，壮大先导新兴服务业，培育高端服务业，构建现代化优质高效服务新体系；优化服务生产与消费流程，推动服务研发、服务供给、服务流通、服务分配和服务消费实现全领域、全产业链高效协调，协同发展。

新质生产力坚持新发展理念，彰显数字、协作、绿色、空间、开放"五大生产力"③④，推进服务业实现创新、协调、绿色、开放、共享高质量发展（见图1-2）。一是"数字生产力"。数字生产力是引擎器，为服

---

① 蒋永穆、乔张媛：《新质生产力：逻辑、内涵及路径》，《社会科学研究》2024年第1期，第10~12页。
② 蒋永穆、薛蔚然：《新质生产力理论推动高质量发展的体系框架与路径设计》，《商业经济与管理》2024年第5期，第86~87页。
③ 蒋永穆、乔张媛：《新质生产力：逻辑、内涵及路径》，《社会科学研究》2024年第1期，第16页。
④ 蒋永穆、薛蔚然：《新质生产力理论推动高质量发展的体系框架与路径设计》，《商业经济与管理》2024年第5期，第88~89页。

第一章　绪论

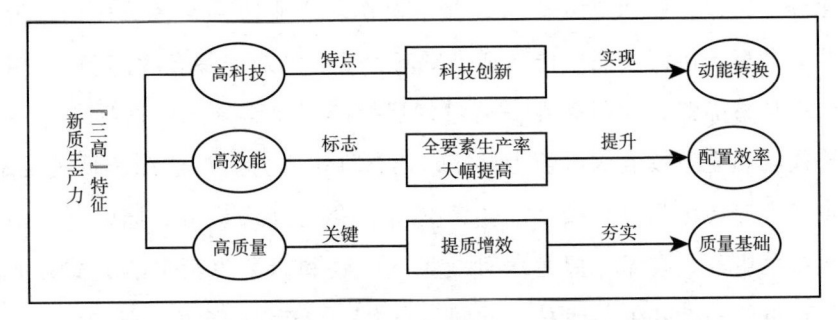

图1-1　新质生产力以高科技、高效能、高质量推动服务业质量变革、效益变革、动力变革

资料来源：蒋永穆、薛蔚然：《新质生产力理论推动高质量发展的体系框架与路径设计》，《商业经济与管理》2024年第5期，第88页。进行了部分调整。

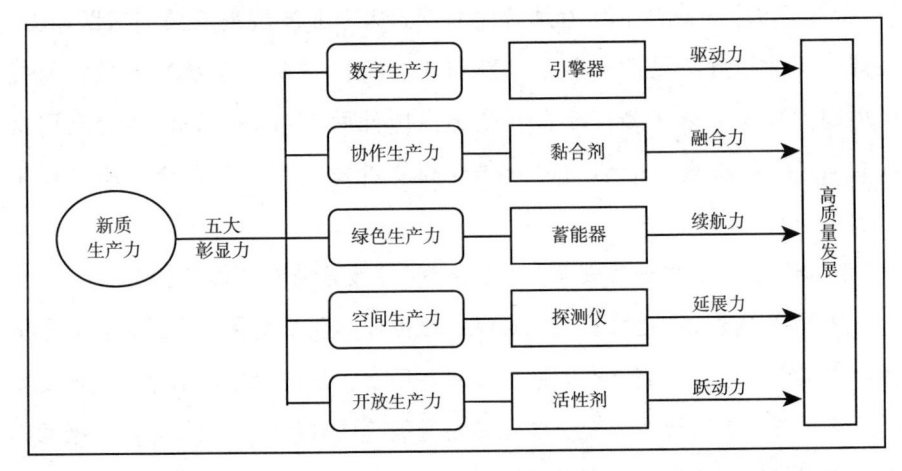

图1-2　新质生产力彰显"五大"生产力促进服务业高质量发展的关系示意

资料来源：蒋永穆、乔张媛：《新质生产力：逻辑、内涵及路径》，《社会科学研究》2024年第1期，第16页。进行了部分调整。

务业高质量发展注入驱动力。新质生产力以数字信息技术为引领，数字作为核心生产要素，确立以"数字服务""智慧服务"为主导产业。"数字"生产力加快崛起，推动"数字服务"成为国内服务业转型的新兴动能和形成核心竞争力的关键力量。二是"协作生产力"。协作生产力是黏合剂，为服务业高质量发展凝聚融合力。新质生产力以信息技术为引领，

017

深化分工协作，推动要素协力、部门协作、产业协调、区域协同，为经济社会共享、协调发展、协同奋进凝聚力量。三是"绿色生产力"。绿色生产力是蓄能器，为服务业高质量发展持续提供续航力。新质生产力以经济效益和生态效益双增长为目标，依靠科技服务业形成绿色低碳技术，将生态资源转化为生产要素、生态优势转化为经济优势，同时，也推进形成绿色服务业技术、绿色服务业生产方式和绿色生活消费方式，促进人与自然的和谐共生。四是"空间生产力"。空间生产力是探测仪，为服务业高质量发展拓宽延展力。新质生产力以空间新要素为依托、空间技术为突破，将服务业空间纵深拓展至深海、深空、深地，推动海陆空资源互补、产业关联，形成海陆空经济一体化的新的社会生产力。五是"开放生产力"。开放生产力是活性剂，为服务业高质量发展创造跃动力。在国内国际趋势历史性变革下，新质生产力内在要求系统性开放，依托国内超大规模市场优势，综合开拓国内国外两个市场，高效整合利用世界高质量资源要素，推动国内服务业高质量发展，也驱动全球服务业生产力新质化发展。

2. 新质生产力促进区域现代服务业高质量发展的一般机制分析

从区域产业发展过程看，区域现代服务业高质量发展的实质是在高水平社会主义市场经济体制与有效政府双重作用下，从技术创新革命、生产要素创新性配置、组织形态转变、产业转型升级、区域产业协同等方面，推动实现区域现代服务业稳定、高效、可持续发展的过程。其中，（新）生产要素是现代服务业生产的基本条件，技术创新是现代服务业生产力的关键驱动力，制度体系是现代服务业资源要素优配的制度保障，新组织形态是现代服务业资源要素创新性配置的组织方式，现代服务业新体系是新质生产力的主要载体，区域产业协同是区域现代服务业均衡发展的有效机制[1]。因此，需要着眼新质生产力、新型生产关系与高质量发展三者关系，从"生产要

---

[1] 徐政、郑霖豪、程梦瑶：《新质生产力助力高质量发展：优势条件、关键问题和路径选择》，《西南大学学报》（社会科学版）2023年第6期，第13~21页。

第一章 绪论

素—技术创新—制度创新—组织形态—产业体系—区域协同"六个维度动态分析新质生产力对区域现代服务业高质量发展的作用机制。

一是从要素维度，通过培育新型生产要素，提升全生产要素质量，促进现代服务业高质量发展。新质生产力通过数字技术发展催生数智化新型生产要素，推动与土地、资本等传统生产要素融合升级，凸显生态、空间等"新"要素作用，推进要素向多元化、高级化发展，进一步延伸扩大全要素生产属性，催生超越时空限制的新组合与新融合方式，助推突破报酬递减规律，显著提高产出效率，实现全生产要素价值倍增，促进现代服务业高质量发展。

二是从技术维度，有效促进科技创新，赋能创新生态系统，驱动现代服务业高质量发展。伴随数字技术和绿色技术的快速发展，"数据+算法+算力"以超强的自生成性，"低碳化+绿色化"以强制内在约束性，推动技术沿着"数绿协同化"方向，在较短期内实现关键性、颠覆性突破。新质生产力孕育催生多元化创新主体，进而孵化出服务业新型创新组织与创新群落，促使创新系统发生系统性变革，并推动创新生态系统由"点—线—面—体"进入生态有机的全新创新范式，赋能创新生态系统促进现代服务业高质量发展。

三是从制度维度，激发创新主体活力，推进建设高水平社会主义市场经济体制，深化科技创新体制机制改革，促进科技成果有效转化、产业化，实现现代服务业高质量发展。新质生产力引致生产关系发生深刻变革，推动进一步全面深化改革开放，激发现代服务业各类市场主体创新活力；要求健全高标准市场体系，完善社会主义高水平市场经济体制，推进服务业资源要素创新性配置；强化政府科技创新治理，健全科技创新与成果转化机制，优化科技创新生态，推动科技创新成果孵化、转化与产业化，大力发展科技服务、研发设计、知识产权服务业。

四是从组织维度，催生新型生产组织形态，优化资源配置方式，推进现代服务业要素创新性配置。新质生产力以信息技术为媒介改变了过去服务业传统的生产组织形态，进而转向基于数字技术、数字空间产生的"智能化、平台化、生态化与共享化"的新型生产组织形态；劳动方式也由原来基于地理空间集聚的集中式生产，逐步转向依托信息技术联结的远程式、分散式生产；产品生产与服务供给也由原来的统一化、标准化、同质化向定制化、多样化、个性化扩展，从而实现生产线上线下有机结合，"数实"深度融合[①]。

五是从产业维度，推进产业转型升级，促进业态升级，加速构建优质高效服务业新体系。新质生产力形成过程中，推动信息技术和绿色技术快速迭代，且以"数据+算力+算法+新产业+新业态"和"绿色化+低碳化"为特征的"数绿协同化"、服务业与制造业深度融合，推进生产性服务业专业化、生活性服务业优质化，推动传统服务业改造提升，壮大新兴先导服务业，培育高端服务业，催生新产业、新业态、新模式。通过核心主导产业乘数倍增效应、交叉融合产业的扩张拉动作用、潜在关联产业的活化驱动效应、新兴与未来服务业的赋能提质作用，促使服务业绿色低碳转型、产业链纵横延伸、产业形态持续升级，加速形成现代化优质高效服务业新体系。

六是从空间维度，率先形成多层次现代服务业创新中心，通过协同机制，辐射带动区域服务业均衡高质量发展。智力资源密集地区立足集聚优势，由"智"提质、因地制宜，先行发展新质生产力，率先形成区域性科技创新中心，通过科技创新区域协同、产业链区域协作、"飞地经济"双向辐射等协同机制，实现辐射带动，促进全域现代服务业高质量发展。

由此可见，新质生产力从"生产要素—技术创新—组织形态—产业体系—区域协同"五个维度及其决定的新型生产关系"制度创新"维度，共同促进区域现代服务业高质量发展。这六个维度交互影响、整体联动、有效集成、高效协同，构成新质生产力促进区域现代服务业高质量发展的有效机制（见图1-3）。

[①] 杜传忠、疏爽、李泽浩：《新质生产力促进经济高质量发展的机制分析与实现路径》，《经济纵横》2023年第12期，第23~26页。

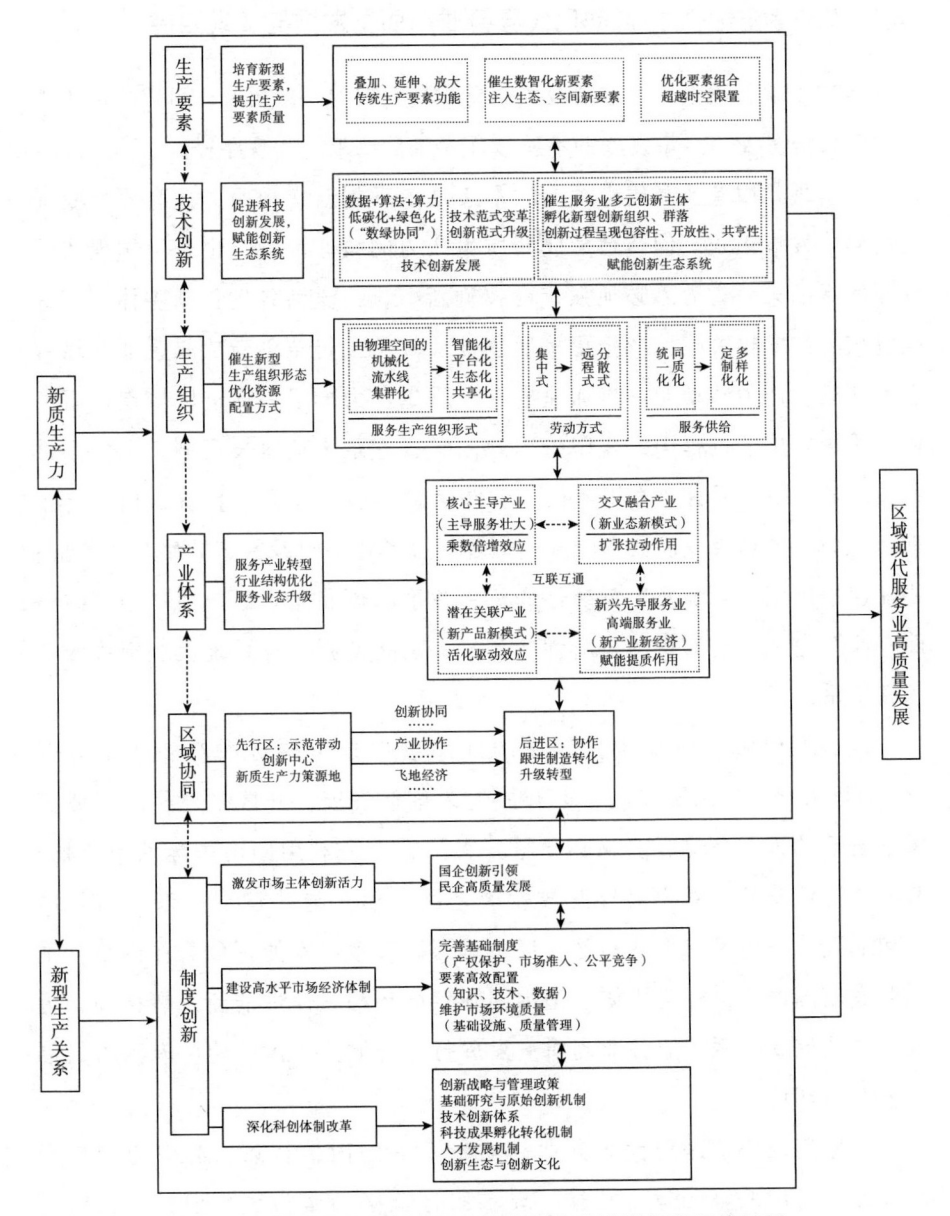

图 1-3 新质生产力促进区域现代服务业高质量发展的机制

资料来源：杜传忠、疏爽、李泽浩：《新质生产力促进经济高质量发展的机制分析与实现路径》，《经济纵横》2023年第12期，第26页。笔者进行了部分调整。

（二）新质生产力推动现代服务业高质量发展的实现路径

通过了解新质生产力推动服务业高质量发展的一般机制，可以更清晰地认识现代服务业高质量发展的本质特征、条件要求与实现路径。

一是现代服务业高质量发展的本质是依靠创新实现服务业高质量发展的内涵式发展模式。创新是形成新质生产力的核心因素，也是引领现代服务业发展的第一动力。必须强化科技创新引领，激活各类创新主体，打好关键核心技术攻关战，产生更多原创性、颠覆性科技创新成果，加速培育发展新质生产力新动能。在加速推进新质生产力形成、促进区域现代服务业高质量发展的过程中，要坚持因地制宜，立足本地科技资源，大力推进科技服务、研发设计、知识产权、软件信息等服务业发展，着力提升自主创新能力；要积极发展数字服务业、智慧服务业，建设区域数字产业集群；要加速推进创新系统发生系统性变革，并推动创新生态系统由"点—线—面—体"进入生态有机的全新创新范式，赋能创新生态系统促进现代服务业高质量发展。

二是现代服务业高质量发展的外部条件是坚持对内对外"双向开放"，开拓国内、国际市场，以开放促改革促发展。开放是现代服务业高质量发展的外部环境，要求必须打开大门，充分利用国内国际两个市场、两种资源，坚持走对内对外开放发展之路。建立与共建"一带一路"国家和地区、国内沿海发达地区、周边毗邻区域多层次的开放合作网络，推动形成以国内大循环为主体、国内国际双循环相互促进的新发展格局，为区域科技创新与现代服务业高质量发展打造开放性、国际化、有活力的创新生态与环境。

三是高效协调是现代服务业高质量发展的内生特点。高效协调是现代服务业发展的鲜明运行特征，要求服务业必须坚持创新引领，以供需适配为导向，推动服务业供给侧结构性改革，大力推进生产性服务业专业化，推进生活性服务业优质化，满足实体经济转型升级支撑和人民日益增长的对美好生活的追求。坚持推进城镇乡村服务业协调，缩小城乡服务业，尤其是基本公共服务业之间的差距。坚持走专业化、特色化之路，促进传统服务业转型升级，大力发展区域特色服务业，培育发展新兴先导服务业，提升区域服务业竞争力。坚持推动产业跨界融合，推进产业集群集聚发展[①]。

四是全面深化改革、形成新型生产关系是现代服务业高质量发展的动力机制。技术创新与深化改革是生产力与生产关系的辩证统一，只有通过不断深化改革推进制度创新，才能建立与新质生产力相适应的新型生产关系，更有效发挥科技这一第一生产力的强大作用。在区域现代服务业高质量发展过程中，要进一步全面深化改革，推进服务业体制机制创新，充分激发推进服务业高质量发展的动力。要激发服务业各类市场主体活力，完善国有企业创新激励与考核机制，促进民营服务企业创新高质量发展。完善高标准市场体系，健全市场体系基础制度，完善市场基础设施高效联通，建设统一的资源与要素市场，强化竞争政策基础地位，推进市场监管公平公正。深化科创体制机制改革，健全要素参与收入分配机制，充分激发劳动、资本、技术、知识、管理和数据等生产要素活力，建立保护与充分发挥企业家作用、培育企业家精神的体制机制。

五是加快构建服务业新体系是现代服务业高质量发展的产业支撑。服务业新体系是新质生产力形成的重要载体，是区域现代服务业高质量发展的根基。在培育新质生产力促进区域现代服务业高质量发展过程中，要加快科技创新成果应用，推进建设具有区域特色的现代化优质高效服务业新体系。要加快以新质生产力推进改造提升区域传统服务业，因地制宜推动发展一批体现区域优势、具有广阔发展前景的优势服务业，培育发展新兴服务业，加快推进现代服务业与先进制造业、现代农业深度融合，大力发展制造型服务、服务型制造，积极培育柔性制造、共享经济、工业旅游等新产业、新业态、新模式。

---

① 代文：《现代服务业集群的形成与发展研究》，武汉理工大学博士学位论文，2007，第120~132页。

六是现代服务业高质量发展的可持续模式是绿色发展。绿色转型是现代服务业可持续发展的内在要求，促使服务业发展必须坚持以生态环保为前提，走集约节约、绿色循环之路。要推进数字化与绿色化协同发展，以数字化赋能现代服务业绿色化创新发展，以绿色化带动服务业数字化应用。加速推进企业绿色化转型，构建特色绿色服务产业体系，推进服务业绿色制度创新，优化绿色服务业市场环境，以制度性开放推动高水平开放，促进现代服务业高质量发展。

七是完善区域产业协同机制是推动现代服务业高质量发展的有效机制。搭建创新驱动平台，建设区域创新中心，构建区域产业协同机制，是推动区域现代服务业协同高质量发展的有效方式。要立足创新资源要素禀赋，因地制宜，建设区域性创新中心和新质生产力策源地，提升创新集聚发展势能。探索建设"协同创新中心""产业协作基地""双向飞地""创新承接园区"等创新合作形式，搭建跨区域产业政策共享、跨区域财税利益分享、跨区域市场环境一体化等创新合作机制。

八是更好地发挥政府作用是现代服务业高质量发展的重要保障。安全稳定的发展环境、公共设施建设与公共服务供给均要求政府积极参与现代服务业发展。政府在服务业高质量发展中扮演着重要角色，发挥着服务治理、公共设施与基本服务供给的基本职能。在经济欠发达地区，普遍存在服务市场发育不足、体制机制障碍，创新生态不良、服务业公共设施缺乏等市场失灵与市场缺位现象。需要坚持党对服务业的全面领导，在充分发挥市场配置资源决定性作用的同时，更好发挥政府作用，深化体制机制改革、完善重大服务业基础设施与共性技术平台，搭建创新服务网络、激发各类创新主体活力，提高区域创新体系整体效能。

总之，现代服务业高质量发展的基本路径是：坚持创新引领，增强服务业发展新动能；突出区域特色，构建区域特色优质高效服务业新体系；强化产业协调，优化服务业城乡结构，推进产业跨界融合、集群集聚发展；优化开放格局，以开放促改革促发展；全面深化改革，推进体制机制创新，培育现代服务业发展新动能；完善协同机制，推进区域服务业协同发展；践行绿色发展，推进现代服务业可持续发展；加强政府引导，供给公共设施与公共服务，优化创新发展环境。

四 研究思路及技术路线

本书的研究思路为：在立足构建现代服务业促进高质量发展机制基础上，把握国内外现代服务业发展趋势与特点，总结国内推进现代服务业发展的有效做法与经验，研判陕西经济发展阶段和服务经济时代"时间窗口"。在对陕西现代服务业高质量发展实证分析和比较的基础上，精准寻求现代服务业发展的优势与劣势、短板与制约，明确陕西现代服务业发展的定位与目标，提出"质效提升、创新发展、融合发展、空间优化、绿色发展、开放发展"六个战略体系，并通过持续深化改革、改善市场环境、健全产业政策体系，推动现代服务业高质量发展。

本书研究的技术路线为：一是对现代服务业高质量发展相关概念进行界定，系统构建新质生产力促进现代服务业高质量发展的机制；二是分析国内外现代服务业发展趋势与特点，总结现代服务业发展的一般性规律；三是总结国内推进现代服务业发展的做法与经验；四是分析陕西服务业发展的阶段，预判陕西"服务经济窗口期"，客观评价陕西现代服务业发展的产业基础、特点及存在问题；五是明确陕西现代服务业发展战略的基本定位，设计高质量发展指标体系，在比较分析基础上，评述陕西现代服务业高质量发展的进步、差距与制约因素；六是提出并分述陕西现代服务业高质量发展的六大战略体系——质效提升、创新发展、融合发展、空间优化、绿色发展、开放发展；七是提出完善现代服务业发展的制度环境、政策体系与相关建议（见图1-4）。

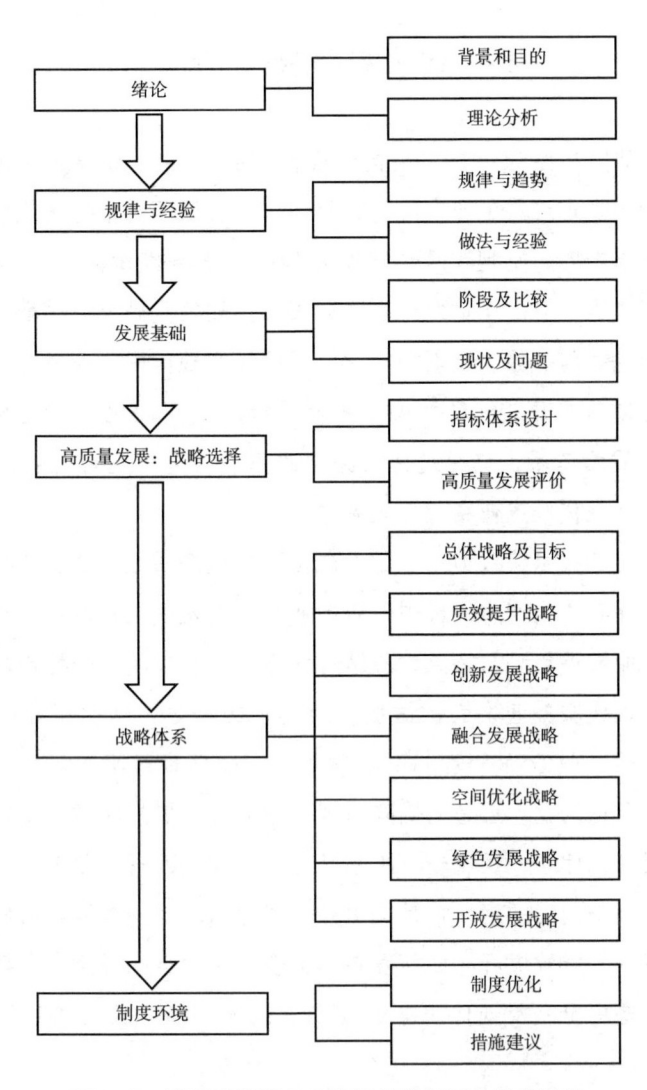

图 1-4 陕西现代服务业高质量发展研究技术路线

第二章

国内外服务业发展的阶段、趋势与特点

世界服务业经历了漫长的发展历程，人们日渐认识并总结其发展规律与特征，为人们认识、指导服务业发展提供了理论支持。我国人均 GDP 已经迈入 20000 国际元门槛，[1] 世界服务业发展实践表明，这一阶段服务业呈现鲜明的发展特征，未来规模将进一步增大，结构更趋优化。当前，我国正在迈向高质量发展阶段，要正确把握发展阶段、特征与未来发展趋势，这对于全面认识服务业发展规律、[2] 把握发展趋势与机遇、科学指导陕西现代服务业高质量发展具有重要意义。

一 世界服务业发展的阶段、趋势与特点

（一）世界服务业发展的阶段与规律

服务业发展是一个长期动态的演进过程，也是一个逐步实现现代化的过程，不同发展阶段特征与形态均不相同。在国际开放与市场经济条件下，伴随国家或区域经济的发展，服务业呈现持续快速发展态势，服务业占 GDP 比重与人均收入水平之间呈现显著的阶段性特征，内部结构不断调整，服务

---

[1] 《世界各国人均 GDP（购买力平价计）数据》，https://www.kylc.com/stats/global/yearly_overview/g_gdp_per_capita_ppp.html，最后检索时间：2024 年 4 月 8 日。

[2] 邓于君：《服务业结构演进：内在机理与实证分析》，科学出版社，2010。

业主导行业不断转换，内部行业此消彼长，行业结构随之相应调整。

1. 配第-克拉克定理

17世纪英国经济学家威廉·配第和20世纪的C.G.克拉克粗略揭示了伴随着经济进步产业结构变化的一般规律：随着人均国民收入的提高，劳动力首先由第一产业向第二产业转移；当人均国民收入水平进一步提高时，劳动力便向第三产业转移。

2. 西蒙·库兹涅茨的实证研究

美国著名经济学家、"GNP之父"西蒙·库兹涅茨在继承克拉克研究成果的基础上，整理20多个国家的发展数据，从国民收入和劳动力在产业间的分布入手，从时间序列和横向截面对伴随经济增长中的产业结构变化做了深入研究。

根据时间序列的历史资料（见表2-1、表2-2），各国国民收入和劳动力在产业间分布结构的演进趋势如下。（1）农业部门占国民收入的比重以及农业劳动力在全部劳动力中的比重，均处于不断下降之中。（2）工业部门占国民收入的相对比重，呈现上升之势；然而，工业部门中劳动力的相对比重，则是大体不变或略有上升。（3）服务部门的劳动力相对比重，几乎在所有国家中都呈现上升趋势，但国民收入的相对比重并不必然地与劳动力的相对比重的上升趋势同步，综合起来看是大体不变或略有上升。

表2-1　主要发达国家产业劳动力结构

单位：%

国别	分项	19世纪			20世纪						
		70年代	80年代	90年代	初年	10年代	20年代	30年代	40年代	50年代	60年代	70年代
	年份	1872	1888	1897	—	1912	1920	1930	1946	1958	1963	1971
日本	一产	85	78	72	—	62	55	52	45	37	29	16
	二产	5	9	13	—	18	22	19	24	26	31	35
	三产	10	13	15	—	20	23	29	31	37	40	49

续表

国别	分项	19世纪 70年代	80年代	90年代	20世纪 初年	10年代	20年代	30年代	40年代	50年代	60年代	70年代
美国	年份	1870	1880	1890	1900	1910	1920	1930	1940	1950	1960	1970
	一产	50	50	42	37	31	27	22	17	12	7	4
	二产	25	25	28	30	31	34	31	31	35	34	31
	三产	25	25	30	33	38	39	47	52	53	59	65
英国	年份	—	1881	1891	1901	1911	1921	1931	1938	1951	1966	1971
	一产		13	11	9	8	7	6	6	5	3	2
	二产		50	49	47	47	50	47	46	47	45	40
	三产		37	40	44	45	43	47	48	48	52	58
德国	年份	—	1882	1895	1907	—	1925	1933	1939	1950	1963	1971
	一产		42	36	34		30	29	27	23	12	8
	二产		36	39	40		42	41	41	44	48	48
	三产		22	25	26		28	30	32	33	40	44

资料来源：刘志彪、安同良编著《现代产业经济分析（第三版）》，南京大学出版社，2014，第55~56页。

表2-2 主要发达国家国内生产构成

单位：%

国别	年份	农林水产业(1)	矿业(2)	制造业(3)	建筑业(4)	电力煤气供水(5)	运输邮电(6)	(2)-(6)小计(7)	商业服务业(8)	备注
日本	1895	42.7	1.3	13.2	3.6	0.1	2.8	21.0	36.3	NDP当年价
	1925	28.1	1.9	19.5	5.7	2.9	7.7	37.7	34.2	NDP当年价
	1963/67	9.7	1.0	31.3	6.7	1.8	7.1	47.9	42.4	NDP当年价
	1971	6.0	3.0	34.0	7.0	—	7.0	51.0	42.0	GDP当年价
美国	1889/99	17.9	2.2	25.4	7.0	9.5		44.1	38.0	NI当年价
	1919/29	11.2	2.4	23.8	4.1	11.0		41.3	47.5	GNP1929年价
	1963/67	3.3	2.0	28.3	4.5	8.7		43.5	53.2	GDP当年价
	1971	3.0	4.0	25.0	5.0	6.0		40.0	54.0	GDP当年价
英国	1907	6.4	6.3	27.1	3.9	1.6	10.0	48.9	44.7	GDP当年价
	1924	4.4	—	—	—	—	—	55	40.6	GDP当年价
	1963/67	3.4	2.3	33.8	7.0	3.2	8.3	54.6	42.0	GDP当年价
	1971	3.0	4.0	27.0	5.0	—	7.0	43.0	39.0	GDP当年价

续表

国别	年份	农林水产业(1)	矿业(2)	制造业(3)	建筑业(4)	电力煤气供水(5)	运输邮电(6)	(2)-(6)小计(7)	商业服务业(8)	备注
德国	1850/59	44.8	1.0	18.5	2.5	0	0.8	22.8	32.4	NDP1913年价
	1935/38	16.2	3.1	39.9	5.0	2.3	6.0	56.3	27.5	NDP1913年价
	1963	5.0	5.0	41.0	8.0	—	6.0	60.0	35.0	GDP当年价
	1971	3.0	3.0	42.0	8.0	—	6.0	59.0	39.0	GDP当年价

资料来源：转引自刘志彪、安同良编著《现代产业经济分析（第三版）》，南京大学出版社，2014，第56页。

从横截面资料分析，人均国民收入水平不同的国家在同一时点上，各国国民收入和劳动力在产业间分布结构演进趋势是（见表2-3、表2-4）：（1）在人均GDP处于70~300美元的组距内，A部门的产值份额下降显著，同时I和S部门的产值份额相应大幅度上升。A部门劳动力份额随人均GDP提高下降速度更为明确，I和S部门劳动力份额上升趋势也更加强烈。（2）在人均GDP处于300~1000美元的时点截面上，A部门的产值份额和劳动力份额继续下降，而I及S部门则呈继续上升趋势。其中，I部门产值份额上升了15个百分点以上，而S部门的产值份额则维持基本不变的格局。与此同时，I部门和S部门的劳动力份额都有较大比例的上升，I部门上升比S部门更快。（3）对国民经济的非农业部门（S+I）来说，在人均GDP较低的组距内，虽然其产值和劳动力份额上升迅速，但其内部结构转变比较缓和；在人均GDP水平较高的组距内，非农部门内部结构变化则较为显著。

表2-3 生产部门在GDP中的份额

单位：%

分项	1958年GDP基准水平（美元）				
	70	150	300	500	1000
主要部门					
1. A	48.4	36.8	26.4	18.7	11.7

续表

分项	1958年GDP基准水平（美元）				
	70	150	300	500	1000
2. I	20.6	26.3	33.0	40.9	48.4
3. S	31.0	36.9	40.6	40.4	39.9
I 部门的细分					
4. 制造业	10.4	15.2	20.2	25.4	31.4
5. 建筑业	4.1	4.2	5.0	6.1	6.6
6. 运输、通信、电力、煤气和供水	6.1	6.9	7.8	9.4	10.4
S 部门的细分					
7. 商业	12.7	13.8	14.6	13.5	13.4
8. 服务业	18.3	23.1	26.0	26.9	26.5

注：1958年按人口平均GDP的基准点价值。

资料来源：〔美〕西蒙·库兹涅茨：《各国的经济增长：总产值和生产结构》，常勋等译，商务印书馆，1985，第210~211页。引用时对数据做了部分整理。

表 2-4 根据1958年人均GDP基准水平计算的1960年劳动力份额

单位：%

分项	1958年人均GDP基准水平（美元）				
主要部门	70	150	300	500	1000
1. A	80.5	63.3	46.1	31.4	17.0
2. I	9.6	17.0	26.8	36.0	45.6
3. S	9.9	19.7	27.1	32.6	37.4
I 部门的细分					
4. 矿业和采掘业	1.2	1.0	1.0	1.1	1.1
5. 制造业	5.5	9.3	15.5	21.4	27.9
6. 建筑业	1.3	3.2	5.4	7.1	8.4
7. 运输、通信、电力、煤气和供水	1.6	3.5	4.9	6.4	8.2
S 部门的细分					
7. 商业	4.5	7.6	10.3	12.5	15.5
8. 服务业	5.4	12.1	16.8	20.1	21.9

资料来源：〔美〕西蒙·库兹涅茨：《各国的经济增长：总产值和生产结构》，常勋等译，商务印书馆，1985，第210~211页。引用时对数据做了部分整理。

综合时间序列与截面数据研究，可以得出的结论是：（1）A 部门的相对国民收入即比较劳动生产率，在多数国家都低于 1，而 I 部门和 S 部门的相对国民收入则大于 1。A 部门劳动力相对比重和国民收入相对比重都有较大幅度的下降，但前者下降的程度低于后者。这一现象是世界上所有国家在现代化过程中的普遍情况。（2）I 部门国民收入相对比重普遍上升，但劳动力相对比重是微增或变化不大。因此 I 部门比较劳动生产率是呈上升趋势的。进入 20 世纪之后，发达国家劳动力份额在 I 部门一直保持变化不大的状况。这说明：第一，工业化到了一定程度之后，I 部门不可能大量吸纳劳动力，不可能成为国民经济中劳动力的主要"蓄水池"；第二，I 部门比较劳动生产率上升的情况说明，在经济发展中，人均国民收入的增长，主要依赖于 I 部门的贡献。（3）S 部门比较劳动生产率是下降的，劳动力相对比重却是上升的。这说明第三产业具有很强的吸纳劳动力就业的特征，但劳动力生产率不易提高得很快。20 世纪 70 年代之后，在发达国家，第三产业已经成为三次产业中规模最大者，无论是劳动力还是国民收入，其相对比重都占到 50% 以上，被称为"经济服务化"现象（见表 2-5）。

表 2-5 产业发展形态的概括

三次产业	（1）劳动力的比重		（2）国民收入的比重		（3）=（2）/（1）比较劳动生产率	
	时序分析	截面分析	时序分析	截面分析	时序分析	截面分析
第一产业	下降	下降	下降	下降	下降 （1 以下）	几乎不变 （1 以下）
第二产业	不确定	上升	上升	上升	上升 （1 以上）	下降 （1 以上）
第三产业	上升	上升	不确定	微升 （稳定）	下降 （1 以上）	下降 （1 以上）

资料来源：刘志彪、安同良编著《现代产业经济分析（第三版）》，南京大学出版社，2014，第 59 页。

3. 钱纳里的"标准结构"

美国哈佛大学教授、世界银行前副行长霍利斯·钱纳里在其合著《发展的型式：1950-1970》一书中，吸取了前人研究成果，比较分析了1950~1970年101个国家（地区）经济结构变化过程，采用三个基本方程对发展模式进行拟合，得出了一个"标准结构"（见表2-6）。这一"标准结构"总结了人均GNP从100美元以下到1000美元以上产业结构的变化特征[①]。

从表2-6中可以观察到，在产业结构转换的标准形式中，初级产业的附加价值从占GDP的52.2%下降到12.7%，工业的附加价值份额从12.5%上升到37.9%，服务业也有十分显著的增长，从30%提高到38.6%。其中最为突出的现象是，当越过人均GDP400美元的临界点之后，工业的附加价值份额才会逐步超过初级产业。在标准模式中，就业结构的变化因受制因素比较复杂，显得与产值结构变化有些不一致。随着人均收入水平的提高，初级产业劳动力比重从71.2%水平上持续下降，工业劳动力比重从7.8%开始持续上升至36.8%，服务业劳动力比重从21%持续上升至47.3%。

表2-6 不同发展水平在产业结构上的正常差异

单位：%

分类	不同收入水平的预测值									(10)=(9)-(1)	(11)中点值
	(1)≤100美元	(2)100美元	(3)200美元	(4)300美元	(5)400美元	(6)500美元	(7)800美元	(8)1000美元	(9)≥1000美元		
生产结构											
1. 初级产业	52.2	45.2	37.2	26.6	28.8	20.2	15.6	13.8	12.7	-39.5	200
2. 工业份额	12.5	14.9	21.5	25.1	27.6	29.4	33.1	34.7	37.9	25.4	300
3. 公用事业	5.3	6.1	7.2	7.9	8.5	8.9	9.8	10.2	10.9	5.6	300
4. 服务业	30.0	33.8	38.5	40.3	41.1	41.5	41.6	41.3	38.6	8.6	—
劳动力配置											
1. 初级产业	71.2	65.8	55.7	48.9	43.8	39.5	30.0	25.2	15.9	-55.3	400
2. 工业份额	7.8	9.1	16.4	20.6	23.5	25.8	30.3	32.5	36.8	29.0	325
3. 服务业	21.0	25.1	27.9	30.4	32.7	34.7	39.6	42.3	47.3	26.3	450

资料来源：〔美〕霍利斯·钱纳里、莫伊思·赛尔昆：《发展的型式：1950-1970》，李新华等译，经济科学出版社，1988，第27~32页。进行了部分改编。

---

① 刘志彪、安同良编著《现代产业经济分析（第三版）》，南京大学出版社，2014，第59~60页。

4. 基于购买力评价的世界服务业发展阶段论

沿袭库兹涅茨、钱纳里等经济发展水平与产业结构变动关系的研究思路，国内诸多学者根据购买力计算的人均经济水平与服务业发展之间的关系，将服务业发展分为四个阶段（见表2-7）。（1）起步阶段。当人均GDP低于3000国际元时，服务业发展处于起步阶段，服务业增加值占GDP的比重一般处于40%~55%。（2）与工业化并行发展阶段。当人均GDP处于3000~11000国际元时，服务业发展步入与工业并行发展阶段，服务业增加值占GDP的比重一般处于56%~60%。（3）加速发展阶段。当人均GDP达到11001~22000国际元时，服务业进入加速发展阶段，服务业增加值占比迅速攀升至61%~70%。（4）发达阶段。当人均GDP达到22000国际元时，服务业进入发达水平，服务业增加值占比稳定在70%以上的水平。

表2-7 服务业发展的四个阶段及其主要特征

人均GDP（1990年国际元）	发展阶段	服务业增加值比重
3000国际元以下	起步阶段	40%~55%
3000~11000国际元	与工业并行发展阶段	56%~60%
11001~22000国际元	加速发展阶段	快速攀升至61%~70%
22000国际元以上	发达阶段	稳定在70%以上水平

资料来源：国务院发展研究中心，国泰君安证券研究。

5. 世界服务业现代化进程的阶段

何传启[①]等对比研究世界130个国家的服务业现代化过程，总结世界服务业现代化的阶段划分与基本特点。参照经济现代化的阶段划分，在18~21世纪，世界服务业现代化的前进过程大致包括两大阶段和七个时期，每个阶段和时期具有不同的特点（见表2-8、图2-1）。（1）第一次服务业现代化阶段。这一阶段服务业增加值比重不高于60%，分为起步期、发展期、成熟期、过渡期4个时期。这一阶段特点主要表现为：服务业的市场化、机械

---

① 何传启主编《中国现代化报告（2016）：服务业现代化研究》，北京大学出版社，2016。

化、电气化、自动化、专业化、标准化、规模化等；传统服务业比重下降，而现代科技、现代教育、现代医疗、现代交通等现代服务业比重上升。（2）第二次服务业现代化阶段。该阶段服务业增加值超过60%、止稳于80%，分为起步期、发展期、成熟期三个时期，特点主要表现为：服务业的知识化、信息化、网络化、智能化、绿色化、个性化、多样化、国际化；劳务型服务业比重下降，知识型服务业比重上升。

表2-8 世界服务业现代化的两大阶段和七个时期

两大阶段	序号	时期	服务业增加值比重
第一次服务业现代化 服务业的市场化、机械化、电气化、自动化、专业化、标准化、规模化；传统服务业比重下降，现代科技、现代教育、现代医疗、现代交通等现代服务业比重上升	1	起步期	20%~30%
	2	发展期	31%~40%
	3	成熟期	41%~50%
	4	过渡期	51%~60%
第二次服务业现代化 服务业的知识化、信息化、网络化、智能化、绿色化、个性化、多样化、国际化；劳务型服务业比重下降，知识型服务比重上升	5	起步期	61%~70%
	6	发展期	71%~80%
	7	成熟期	>80%

注：七个时期的划分和内容是相对的，有些内容在几个时期中均出现，但重点不同。
资料来源：何传启主编《中国现代化报告（2016）：服务业现代化研究》，北京大学出版社，2016，第87页。

（二）世界现代服务业发展的趋势与特点

研究与中国服务业处于同一水平时期世界现代服务业发展的趋势与特点，对于把握未来十年我国服务业发展的趋势与特点更具有研究和现实意义。

回顾世界服务业发展历史，当人均GDP处于2万国际元时，国家或区域服务业由"加速发展阶段"向"发达阶段"过渡，主要呈现以下特点和趋势[①]。

---

① 荣晨：《主要国家人均GDP达到2万国际元的经济特征》，《宏观经济管理》2019年第6期。

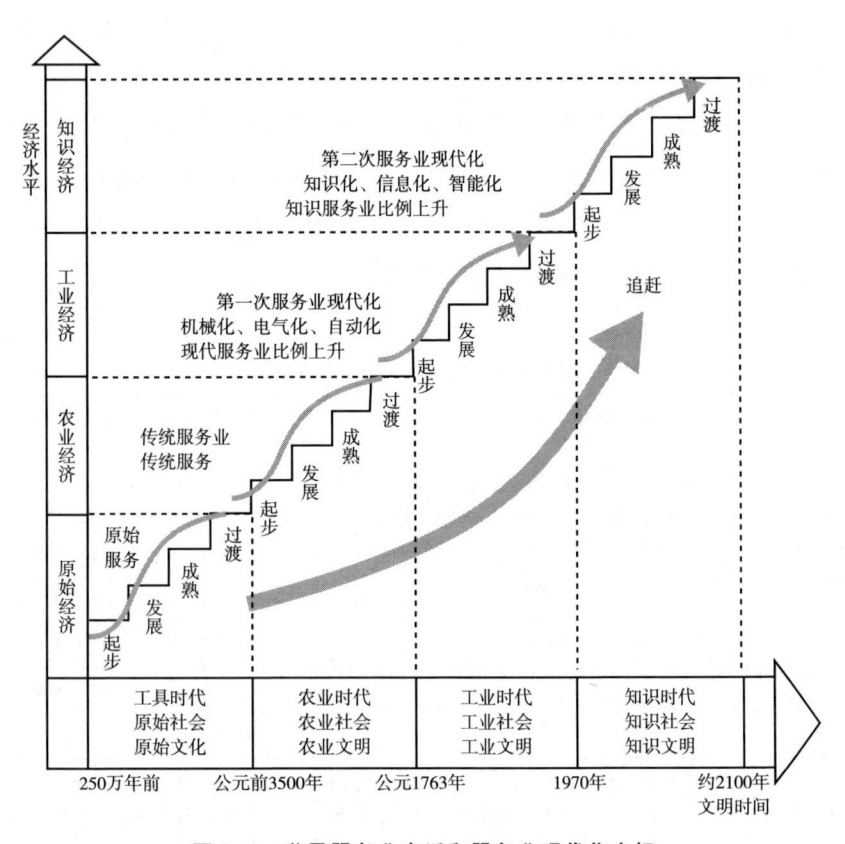

图 2-1 世界服务业变迁和服务业现代化坐标

资料来源：何传启主编《中国现代化报告（2016）：服务业现代化研究》，北京大学出版社，2016，第 118 页。

1. 现代服务业的规模不断扩大

20 世纪 60 年代以来，世界服务业规模迅速扩张，服务业增加值比重和劳动力比重分别超过 50% 和 70% 的国家数量不断增加。2013 年，服务业增加值比重和劳动力比重分别超过 50% 和 70% 的国家数量分别达到 71 个和 30 个。2010 年，世界服务业增加值比重和劳动力比重的平均值分别为 70% 和 51%，世界经济进入服务经济时代。当人均 GDP 处于 2 万国际元时，各国服务业增加值占 GDP 的比重基本达到 60% 左右（见表 2-9）。

第二章　国内外服务业发展的阶段、趋势与特点

表 2-9　20 世纪世界主要经济体服务业增加值占 GDP 比重

单位：%

国别	分项	60 年代	70 年代	80 年代	90 年代
美国	20 世纪 70 年代达 2 万国际元	—	62.1	66.4	72.8
加拿大		56.5	59.5	62.1	67.1
荷兰		53.9	60.5	64.6	69.8
法国	20 世纪 80 年代达 2 万国际元	57.9	62.2	67.6	72.4
德国		—	52.8	58.8	65.3
日本		—	55.5	59.9	63.3
意大利		—	53.9	60.4	67.8
英国		—	57.0	59.8	71.6
新加坡		—	65.7	64.0	66.3
澳大利亚		—	43.5	58.1	67.5
捷克	20 世纪 90 年代达 2 万国际元	—	—	—	53.3
西班牙		—	51.1	58.9	64.3
新西兰		—	48.4	58.5	65.6

资料来源：荣晨：《主要国家人均 GDP 达到 2 万国际元的经济特征》，《宏观经济管理》2019 年第 6 期，第 6 页。

2. 现代服务业逐步呈现科技化趋势

在人均 GDP 达 2 万国际元之后，科技创新成为经济增长和服务业发展的主要驱动力，主要国家研发投入比重不断提高（见表 2-10）。在此之前，服务业长期以传统劳动密集型产业为主，存在"鲍莫尔病"[①]。但随着技术进步以及商业模式的变化，服务业从有形发展到无形，从低技术含量发展到高科技的现代服务，从不可运输变成可以运输和跨境贸易，从传统服务业转向现代服务业。现代服务业在数据的处理和分析、产品的设计、品牌的创立和维护等活动中，知识发挥着核心的作用。据统计，欧盟服务业近 50% 的

[①] 〔意〕埃内斯托·费利等主编《服务业：生产率与增长》，李蕊译，格致出版社、上海人民出版社，2012。

工作机会是知识密集型服务行业提供的；美国知识密集型服务业对其GDP的贡献率高达50%。[①]

表2-10 20世纪末世界主要国家研发支出占GDP比重

单位：%

国别	分项	1996年	1997年	1998年	1999年	2000年
美国	20世纪70年代达2万国际元	2.55	2.58	2.60	2.64	2.71
加拿大		1.65	1.66	1.76	1.80	1.91
荷兰		1.99	2.00	1.90	1.98	1.82
法国	20世纪80年代达2万国际元	2.29	2.20	2.17	2.16	2.15
德国		2.20	2.25	2.29	2.40	2.45
日本		2.80	2.87	3.00	3.02	3.04
意大利		0.99	1.06	1.07	1.05	1.05
英国		1.83	1.77	1.76	1.82	1.81
新加坡		1.34	1.43	1.75	1.85	1.85
澳大利亚		1.65	—	1.51	—	1.57
捷克	20世纪90年代达2万国际元	0.99	1.09	1.15	1.15	1.21
西班牙		0.82	0.82	0.88	0.86	0.91
新西兰		—	1.08	—	0.98	—

资料来源：荣晨：《主要国家人均GDP达到2万国际元的经济特征》，《宏观经济管理》2019年第6期，第5页。

3. 现代服务业与制造业呈现融合趋势

现代服务业与制造业呈现不断深度融合的发展趋势，主要表现在两个方面。一是制造业投入呈现服务化趋势。在制造业管理、设计、法律、金融、商业等中间投入中，服务投入不断增加，制造业部门的功能日趋服务化（见表2-11）。二是制造业产出呈现服务化趋势。物质产品的产出形态体现出功能性和服务性。在OECD国家制造业产出中，服务所占的比重从20世纪70年代的15%上升到2000年的30%。德勤公司的《基于全球服务业和

[①] 边疆：《美国服务业现状和发展趋势》，《全球科技经济瞭望》2001年第9期。

零件管理调研》表明，在其调查的80家制造业公司中，从平均水平看，服务收入占总销售收入的比重超过25%（见表2-12）。

表2-11 OECD 9个国家各时期制造业的服务投入变化趋势

单位：%

时期	日本	加拿大	美国	法国	丹麦	澳大利亚	英国	荷兰	德国
20世纪70年代早期	15.7	8.29	21.14	16.26	14.72	17.10	15.59	11.05	—
20世纪70年代中期	17.69	8.90	19.01	18.02	15.83	18.98	—	10.12	—
20世纪80年代早期	17.58	11.97	21.29	20.03	15.52	—	23.22	11.70	19.42
20世纪80年代中期	19.70	12.03	22.86	22.40	16.62	23.44	18.18	12.12	21.66
20世纪90年代早期	24.70	11.06	24.12	24.73	16.79	23.15	21.91	—	24.33
20世纪90年代中期	26.43	18.23	26.55	26.82	24.83	26.27	30.89	27.79	28.82

资料来源：刘继国：《制造业服务化发展趋势研究》，经济科学出版社，2009，第55~56页。

表2-12 全球制造企业中服务业务所占比重

单位：%

全球工业	在全部销售收入中服务业务所占比重	
	平均值	最高的10个企业
航空和国防	47	超过50
汽车制造	37	超过50
电子信息	19	超过50
生物和医药设备	21	超过50
所有制造公司	26	超过50

资料来源：孙永波：《服务型制造的发展趋势与对策研究》，《产业创新研究》2020年第2期，第26~35页。

4. 现代服务业呈现全球化趋势

在人均GDP达2万国际元之后，人们对金融、健康、教育和旅游等服务需求急剧增加，发达国家的服务贸易通过跨境交付、境外消费、FDI和自然人流动等方式逐渐进入这些新兴市场。发达国家是世界主要的外包支出国，人均服务外包出口呈现递增趋势。其中，世界服务外包市场份额中，美国约占 2/3，欧盟和日本占近 1/3，发展中国家是主要的服务外包承接地。印度是亚洲的服务外包中心，墨西哥是北美的服务外包中心，东欧和爱尔兰是欧洲的服务外包中心，中国、菲律宾和俄罗斯等国也正在承接更多的服务外包。未来，中国和印度将成为世界最大的服务外包市场。

5. 服务业内部结构不断优化调整

从要素角度看，知识型服务业比重不断上升，而劳务型服务业比重持续下降[①]。1970~2011 年，OECD 中 15 个典型国家的人均劳务型服务业增加值占比不断下降，2011 年为 50%左右；知识型服务业比重持续上升，2011 年达到 50%左右；智力型服务业比重持续上升，2011 年为 40%左右。从产业功能看，生产性服务业优先增长，成为服务业增长的主要动力。生产性服务业国别差异比较大，2011 年平均比重在 30%左右。美国的批发贸易、信息业、金融和保险业、专业和商业服务业、教育服务业增加值占 GDP 比重由 20 世纪 60 年代的 6.5%、3.4%、3.8%、4.6%、0.6%分别上升至 70 年代的 6.7%、3.7%、4.5%、5.3%、0.7%（见表 2-13）。20 世纪 80 年代新加坡运输仓储业、信息通信、金融保险业增加值占 GDP 的比重较 70 年代分别提高了 1.3 个、0.4 个和 4.8 个百分点（见表 2-14）。

表 2-13 美国（20 世纪 70 年代达 2 万国际元）分行业增加值占 GDP 比重

单位：%

行业分类	1960~1969 年	1970~1979 年	1980~1989 年	1990~1999 年	2000~2009 年
采掘业	1.7	1.9	2.5	1.0	1.6
公用事业	2.2	2.2	2.6	2.0	1.6
建筑业	4.6	4.8	4.3	3.6	4.6
制造业	25.2	21.6	18.3	14.3	13.2
批发贸易	6.5	6.7	6.3	5.5	5.8
零售贸易	7.9	7.8	7.2	6.2	6.4
运输和仓储	4.1	3.8	3.3	2.8	2.9
信息业	3.4	3.7	4.1	4.0	4.9

[①] 张玉泉：《现代服务业的服务创新和关键技术》，《科技中国》2019 年第 4 期，第 65~68 页。

第二章　国内外服务业发展的阶段、趋势与特点

续表

行业分类	1960~1969年	1970~1979年	1980~1989年	1990~1999年	2000~2009年
金融和保险	3.8	4.5	5.5	6.0	7.2
房地产和租赁	10.6	10.6	11.8	11.0	12.6
专业和商业服务	4.6	5.3	7.4	8.5	11.2
教育服务	0.6	0.7	0.7	0.8	1.0
保健和社会救助	2.5	3.6	4.8	5.6	6.5
艺术、娱乐和休闲	0.6	0.6	0.7	0.8	1.0
住宿和餐饮服务	2.2	2.3	2.5	2.4	2.8

资料来源：荣晨：《主要国家人均 GDP 达到 2 万国际元的经济特征》，《宏观经济管理》2019 年第 6 期，第 7 页。

表 2-14　新加坡（20 世纪 80 年代达 2 万国际元）分行业增加值占 GDP 比重

单位：%

行业分类	1970~1979年	1980~1989年	1900~1999年	2000~2009年
制造业	21.4	23.6	23.7	21.5
建筑业	7.0	7.8	6.2	3.4
公用事业	2.3	2.2	1.7	1.5
批发零售	20.6	12.6	12.1	14.1
运输仓储	9.9	11.2	9.8	8.2
住宿餐饮	3.4	3.5	2.8	1.8
信息通信	2.0	2.4	3.0	3.4
金融保险	6.4	11.2	11.4	9.1
商业服务	8.1	8.3	10.5	10.2
其他服务	10.0	9.4	9.2	9.2

资料来源：荣晨：《主要国家人均 GDP 达到 2 万国际元的经济特征》，《宏观经济管理》2019 年第 6 期，第 7 页。

6. 服务消费占据主导地位

主要经济体在人均 GDP 达 2 万国际元后，消费结构随着收入增加逐步升级，发展型、享乐型消费成为导向。服务消费占个人消费支出比重上升。美国个人消费支出中，交通运输、医疗护理、娱乐、住宿服务、金融服务和保险占比明显上升，医疗护理尤其突出（见表 2-15）。英国也表现出相应特征（见表 2-16）。

表 2-15 美国（20 世纪 70 年代达 2 万国际元）个人消费支出结构

单位：%

消费分类	1960~1969 年	1970~1979 年	1980~1989 年	1990~1999 年
机动车辆及零部件	6.09	5.88	5.65	5.20
家具和家用设备	4.64	4.26	3.56	2.99
娱乐商品和车辆	2.29	2.90	2.75	2.99
其他耐用品	1.35	1.56	1.59	1.62
食品	17.12	14.79	11.68	9.14
服装	7.54	6.60	5.54	4.73
汽油、燃油及其他能源	4.39	4.38	4.24	2.76
其他非耐用品	8.38	7.63	7.35	7.56
家庭经营	17.26	17.07	18.40	18.29
交通运输	2.80	3.15	3.23	3.5
医疗护理	5.82	8.41	11.27	14.20
娱乐	2.06	2.24	2.70	3.54
住宿服务	6.15	6.60	6.72	6.49
金融服务和保险	4.25	4.94	5.96	6.98
其他服务	8.32	7.94	7.56	7.94

资料来源：荣晨：《主要国家人均 GDP 达到 2 万国际元的经济特征》，《宏观经济管理》2019 年第 6 期，第 8 页。

表 2-16 英国（20 世纪 80 年代达 2 万国际元）个人最终消费支出结构

单位：%

消费分类	1985 年	1986 年	1987 年	1988 年	1989 年	1990 年
食品和饮料	12.10	11.69	11.35	10.38	10.50	10.31
酒类和烟草	5.69	5.59	5.37	5.15	4.91	5.06
服装和鞋类	7.31	7.38	7.22	6.82	6.33	6.14
住房	27.62	26.89	26.40	25.75	26.03	27.09
家庭商品和家庭服务	5.97	6.08	6.13	6.16	5.79	5.38
医疗保健	1.05	1.02	1.00	1.04	1.08	1.12
交通运输	10.46	10.71	10.89	10.97	10.87	10.69
通信	1.68	1.71	1.69	1.65	1.65	1.68
娱乐和文化	8.91	9.01	9.23	9.33	9.69	9.68

续表

消费分类	1985年	1986年	1987年	1988年	1989年	1990年
教育	0.61	0.61	0.61	0.62	0.69	0.79
餐厅和酒店	9.10	8.89	9.17	10.14	9.84	9.99
杂项	10.05	10.78	11.17	12.10	12.72	12.19

资料来源：荣晨：《主要国家人均GDP达到2万国际元的经济特征》，《宏观经济管理》2019年第6期，第8页。

（三）世界现代服务业发展的前景分析

按照服务业发展的规律，从现代服务业的规模与结构科学预判未来世界现代服务业发展的前景。

1. 世界现代服务业的生产规模前景

基于世界发达国家前沿水平与世界平均水平，选择人均服务业增加值、服务业增加值比重、服务业劳动力比重、服务业劳动生产率四个指标分别分析[①]。

（1）服务业生产规模的世界前沿水平。采用高收入国家平均值代表世界服务业前沿水平。人均服务业增加值、服务业增加值比重、服务业劳动力比重、服务业劳动生产率均实现不同程度的提高，但是服务业增加值比重、服务业劳动力比重均有增长极限（见表2-17）。

表2-17 服务生产指标的世界前沿水平的情景分析

年份	服务业增加值比重(%)	服务业劳动力比重(%)	服务业劳动生产率(美元/人)	人均服务业增加值(美元)
参考1980~2013年增长率估算(%)	0.73	0.59	3.62	4.60
2020	78	74	99321	34077
2030	84	78	141735	53430
2040	—	83	202262	83772
2050	—	—	288636	131346

---

① 何传启主编《中国现代化报告（2016）：服务业现代化研究》，北京大学出版社，2016，第93~94页。

续表

年份	服务业增加值比重(%)	服务业劳动力比重(%)	服务业劳动生产率(美元/人)	人均服务业增加值(美元)
参考1990~2013年增长率估算(%)	0.63	0.7	2.62	2.73
2020	77	74	92803	30035
2030	82	79	120194	39319
2040	—	85	155669	51472
2050	—	—	201614	67382

资料来源：何传启主编《中国现代化报告（2016）：服务业现代化研究》，北京大学出版社，2016，第94页。

（2）服务业生产规模的世界平均水平。世界平均水平与世界先进水平相比，服务业劳动力比重和人均服务业增加值水平落后超过50年。服务业劳动生产率水平大约落后30年（见表2-18）。

表2-18 服务生产指标的世界平均水平的情景分析

年份	服务业增加值比重(%)	服务业劳动力比重(%)	服务业劳动生产率(美元/人)	人均服务业增加值(美元)
参考1980~2013年增长率估算(%)	1.41	0.28	3.28	5.21
2020	78	52	36629	9281
2030	89	53	50581	15422
2040	—	55	69847	25628
2050	—	56	96452	42588
参考1990~2013年增长率估算(%)	0.64	0.46	3.64	3.94
2020	74	53	37532	6844
2030	79	55	53663	7360
2040	84	58	76727	7915
2050	—	60	109704	8513

资料来源：何传启主编《中国现代化报告（2016）：服务业现代化研究》，北京大学出版社，2016，第94页。

2. 世界现代服务业的产业结构前景

从世界发达国家前沿水平与世界平均水平,选择知识型服务业增加值比重、智力型服务业增加值比重、人均服务贸易额三个指标分别分析[①]。

(1) 服务经济的世界前沿水平。采用高收入国家平均值代表世界服务业前沿水平。知识型服务业增加值比重、智力型服务业增加值比重、人均服务贸易额不断上升(见表2-19)。

表2-19 服务经济指标的世界前沿水平的情景分析

年份	知识型服务业增加值比重*(%)	智力型服务业增加值比重*(%)	人均服务贸易额(美元)
参考1980~2013年增长率估算(%)	0.53	0.59	6.93
2020	65	50	8540
2030	68	53	16691
2040	72	57	32619
2050	76	60	63748
参考1990~2013年增长率估算(%)	0.82	0.93	6.58
2020	67	52	8347
2030	72	57	15786
2040	78	63	29856
2050	85	69	56466

注:*世界前沿水平用美国指标来代表,增长率为1990~2010年和2000~2010年的年均增长率。

资料来源:何传启主编《中国现代化报告(2016):服务业现代化研究》,北京大学出版社,2016,第95页。

(2) 服务经济的世界平均水平。世界平均水平与世界先进水平相比,知识型服务业增加值比重、智力型服务业增加值比重、人均服务贸易额落后超过20年(见表2-20)。

[①] 何传启主编《中国现代化报告(2016):服务业现代化研究》,北京大学出版社,2016,第95~96页。

表 2-20 服务经济指标的世界平均水平的情景分析

年份	知识型服务业增加值比重*(%)	智力型服务业增加值比重*(%)	人均服务贸易额（美元）
参考 1980~2013 年增长率估算(%)	—	—	6.05
2020	—	—	2012
2030	—	—	3621
2040	—	—	6515
2050	—	—	11723
参考 1990~2013 年增长率估算(%)	0.60	1.00	6.21
2020	53	43	2034
2030	56	47	3715
2040	59	52	6786
2050	63	58	12396

注：*世界平均水平用捷克指标来代表，增长率为 1990~2010 年和 2000~2010 年的年均增长率。
资料来源：何传启主编《中国现代化报告（2016）：服务业现代化研究》，北京大学出版社，2016，第 95 页。

二 我国服务业发展的历程、特点及趋势

（一）我国服务业发展的历程与特点

新中国成立以来，我国服务业发展呈现总体由弱变强、行业由单一到复杂的基本特征。以我国服务业改革与政策演变为线索，改革开放以来，我国服务业大致经历了五个阶段（见图 2-2)[①]。

一是抑制阶段（1949~1978 年）。1949 年后，历经三年国民经济恢复时期，我国服务业逐步恢复发展。1953~1957 年我国对服务业进行了社会主义

---

① 朱永芳、王永水、李世奇等：《新中国成立 70 年服务业发展与改革的历史进程、经验启示》，《数量经济技术经济研究》2019 年第 8 期。

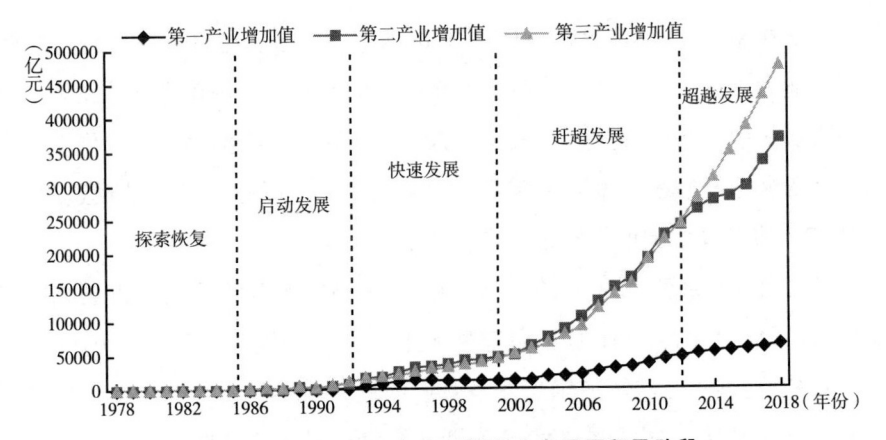

第二章　国内外服务业发展的阶段、趋势与特点

图 2-2　1978~2018 年中国服务业发展历程及阶段

资料来源：朱永芳、王永水、李世奇等：《新中国成立 70 年服务业发展与改革的历史进程、经验启示》，《数量经济技术经济研究》2019 年第 8 期，第 32 页。

改造。1958~1978 年，我国推行了"重工业赶超战略"，服务业被认为是"非生产部门"，处于被压抑发展状态（见图 2-3）。1952~1978 年，我国服务业增加值占国内生产总值的比重不升反降，由 1952 年的 28.7% 上升到 1960 年的 32.4%，达到峰值后下滑至 1978 年的 24.6%。

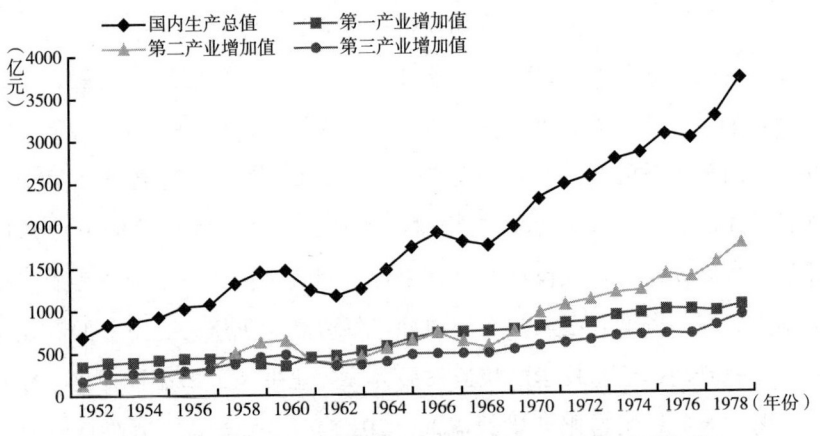

图 2-3　1952~1978 年中国国内生产总值及三次产业增加值

资料来源：朱永芳、王永水、李世奇等：《新中国成立 70 年服务业发展与改革的历史进程、经验启示》，《数量经济技术经济研究》2019 年第 8 期，第 31 页。

047

二是探索恢复发展阶段（1979~1985年）。伴随农村家庭联产责任制和国有工业为重点改革的展开，商贸、交通等服务业需求拉动式被动发展。出于解决农村中存在的大量隐性失业压力考量和服务短期实用主义的推动，原先极度压缩造成的服务短缺在政策上相对松绑后，服务业发展被迅速激活。1985年，服务业增加值超越第一产业增加值。

三是启动发展阶段（1986~1991年）。中国的服务业开启了市场化、产业化的征程。"七五"计划明确将服务业列入"五年计划"中，1985年建立"第三产业统计报告"。随着改革开放的进一步推进，《指导吸收外商投资方向暂行规定》《中外合作经营企业法》和《外资企业法》出台，客观上放松了旅游、餐饮、房地产等对外资限制，成为外资热衷投资进入的行业，服务业开始启动发展。

四是快速发展阶段（1992~2000年）。1992年，邓小平南方谈话，我国推进改革开放进入新阶段。1992年颁布了《关于加快发展第三产业的决定》，中国复关和入世申请进入实质性谈判阶段，在理论、政策以及实践层面开始迅速推动服务业的对外开放。同样重要的是，改革开放以来，我国居民收入水平稳步上升、居民储蓄不断积累直接催生了新的服务需求，服务业内生发展诉求与改革开放红利叠加使得服务业进入快速发展阶段。

五是赶超发展阶段（2001~2012年）。伴随加入世贸组织的深入，我国逐步放开金融、保险等关键领域，甚至对原先限制较多的通信、会展、旅游以及专业商务服务的开放程度也显著提升。2007年国务院颁布《关于加快发展服务业的若干意见》后，在金融、教育、文化、医疗等服务业领域有序开放，育幼养老、建筑设计、会计审计、商贸物流、电子商务等服务业领域也逐步放开外资准入限制。在国内外市场激烈竞争压力之下，服务业快速发展。这一时期，信息技术的快速发展为服务业带来了革命性变化，互联网金融、电子商务、快递服务迅速崛起。2012年，我国国内生产总值中第三产业增加值已经超越第二产业增加值，成为国民经济发展的主要贡献力量。

六是超越发展阶段（2013年至今）。与我国整体经济社会的改革步调基本一致，这一阶段服务业改革也逐渐步入攻坚克难阶段。以"国家自贸区战略"为重点，在政府职能转变、金融与贸易服务、外商投资准入等多方面进行试验探索，推动服务业纵深改革，我国服务业开放力度不断加大、开放质量显著提升。

在我国改革开放发展历程中，服务业作出了巨大贡献，呈现以下特征。

一是我国服务业发展规模不断壮大，成为我国第一大产业。1952~2023年，我国服务业增加值从195亿元扩大到688238亿元，实际年均增速8.2%，比GDP年均增速高0.3个百分点[1]。改革开放前，服务业在波动中发展成长。1952~1978年，服务业增加值从195亿元增长到905亿元，年均增长5.4%，比GDP年均增速低0.8个百分点，比第二产业低5.6个百分点。改革开放以来，服务业进入快速发展期。1978~2012年，服务业增加值从905亿元增长到244852亿元，年均增长10.8%，比1952~1978年均增速快1倍，比GDP年均增速高0.9个百分点，比第二产业低0.5个百分点。1985年服务业增加值占比超过第一产业，2012年超过第二产业，上升至45.5%。党的十八大以来，服务业进入新阶段。2012~2023年，服务业增加值从244852亿元增长到688238亿元，年均增长7.0%，高出GDP年均增速0.75个百分点，高出第二产业1.1个百分点。2015年服务业占国内生产总值的比重超过50%，占据国民经济半壁江山，2023年达到54.6%。

二是综合实力明显增强，对经济发展贡献日益显著。服务业在经济增长、就业、外贸、外资等方面发挥着"稳定器"作用[2]。1978~2023年，服务业对GDP的贡献率提升了32.2个百分点。党的十八大以来，服务业对GDP贡献率呈现加速上升趋势，受新冠疫情影响有所回落。2012~2023年，服务业对GDP的平均贡献率提升到54.19%，2019年最高值达到63.5%。1953~1978年，服务业就业人员年均增速虽然达到3.7%，但比重相对较小。1979~2022年，服务业就业人员年均增长4.9%，高出第

---

[1] 国家统计局：《中国统计年鉴（2023）》，中国统计出版社，2023。
[2] 程大中：《中国服务业与经济增长：一般均衡模型及其经验研究》，《世界经济》2010年第10期。

二产业 2 个百分点。党的十八大以后，服务业继续保持 4.4% 的增长速度，平均每年增加就业人员 1300 万人。2022 年底，服务业就业人员达到 34583 万人，比重达到 47.1%，成为我国吸纳就业最多的产业。2022 年，服务进出口总额为 8891.1 亿美元，占对外贸易总额的 12.4%，较 1982 年提升了 2.3 个百分点，越来越接近世界 20% 左右的平均水平。2001 年以前，外商主要投资于制造业。我国加入世贸组织后，投资于服务业的外资比重大幅上升。2005 年外商直接投资额中，服务业仅占 24.7%，2011 年这一比重超过 50%，2022 年达到 70%，服务业已经成为外商投资的首选领域。

三是服务业区域化发展水平差异明显。按照产业结构演变规律，在农业和工业得到相对充分发展后，服务业将逐渐成为国民经济中的第一大产业。按照东、中、西部进行考察便不难发现，我国不同区域服务业发展水平存在较大的差异性和不平衡性。1952~1992 年，我国服务业虽发展较快但发展水平较低，各区域服务业发展差异表现并不明显[1]；而自 1992 年起，东部地区服务业开始崛起，相对中西部地区的领先优势迅速扩大，尤其是 2006 年以后这一趋势越发显著。

四是服务业内部结构不断优化。新中国成立初期，我国服务业结构单一、市场疲软、商品匮乏，邮政通信网点稀少，交通运输网络稀疏，服务业以批发零售业和交通运输、仓储和邮政业等传统服务业为主，金融、房地产等现代服务业近乎空白。1985 年以后，我国现代服务业步入快速发展阶段[2]。2022 年，批发和零售业，住宿和餐饮业，交通运输、仓储和邮政业增加值占第三产业的比重分别为 17.9%、2.8% 和 7.8%，相比于 1978 年的 26.8%、4.9% 和 20.1% 均有较大幅度的下降；金融业和房地产业增加值占第三产业的比重为 15.2% 和 11.6%，相比于 1978 年的 8.5% 和 8.8%，都有较大的提升。

---

[1] 陈伟达：《现代服务业区域协调发展研究》，科学出版社，2013，第 23~26 页。
[2] 陈凯：《服务业内部结构高级化研究》，经济科学出版社，2009，第 56~62 页。

五是服务业新动能加快孕育，新产业新业态亮点纷呈。我国生产性服务业步入快速成长期，支撑制造业迈向价值链中高端。制造业升级对生产性服务业的需求日趋迫切。2016~2022年，规模以上生产性服务业企业营业收入年均增长12.2%，高于规模以上服务业企业年均增速0.3个百分点。2023年，全年服务业增加值比上年增长5.8%。其中，信息传输、软件和信息技术服务业，租赁和商务服务业，金融业分别增长11.9%、9.3%、6.8%。互联网行业跃入高速增长期，深刻改变社会生产生活方式。伴随智能手机以及3G、4G、5G通信网络的推广普及，大数据、云计算、人工智能等现代信息技术不断发展成熟，互联网与国民经济各行业融合发展态势正在加速成形，传统产业数字化、智能化水平不断提高，共享经济、数字经济深刻改变了社会生产生活方式，加速重构经济发展模式。

（二）我国服务业未来发展的趋势

依据世界服务业发展统计规律（见表2-1），2021年我国人均GDP为1.93万国际元，"十四五"末将迈入人均生产总值2万国际元门槛，服务业整体处于"加速发展阶段"。因区域、省域经济发展差异，东中西部、发达与欠发达省份服务业进入"加速发展阶段"的时间有明显差异。总之，这一时期，我国服务业将呈现与"世界服务业迈入人均生产总值2万国际元发展阶段"的一般性趋势和特征。前文已有论述，这里仅作方向性说明，不过多展开。其一般性趋势预判如下。

一是服务业将呈现加速发展态势，对经济增长的贡献进一步增强。我国经济进入高质量发展时期，在经济呈现中高速增长形势下，服务业将继续保持快于GDP约1个百分点的较高速度增长。服务业对国民经济的支持作用进一步增强。"十一五"时期，服务业对经济增长的贡献率为47.8%，"十二五"时期为62.0%，"十三五"时期为58.8%，"十五五""十六五"时期，服务业对经济增长的贡献率将保持在60%和65%以上。

二是服务业加速升级，产业结构加快调整。我国生产性服务业将会加速发展，生产性服务业增加值占服务业增加值的比重将进一步提升①，预计"十五五""十六五"末分别达到65%和70%。传统服务业比重不断下降至25%和20%以下，现代服务业对经济支撑作用逐渐增强，其增加值占GDP的比重将进一步提高。知识型和智力型服务业比重均会进一步提高，预计"十五五""十六五"末分别达到58%、60%和68%、70%。

三是服务业区域化布局将进一步优化。从东、中、西部来看，伴随中西部地区经济的快速增长，中西部地区服务业增加值占全国服务业的比重将进一步提高，预计达到45%以上，东部地区服务业增加值占全国服务业的比重将相对下降至55%以下。从板块来看，我国服务业将进一步向长三角、京津冀、珠三角、山东半岛、成渝、长株潭、武汉和关中平原城市群集中。

四是服务业创新将更加活跃，新产业、新业态、新模式层出不穷。在未来经济增长中，服务业将成为创新经济最为活跃的领域之一。在"互联网+"的赋能下，餐饮、交通、快递等传统服务业提质增效。服务制造化与制造服务化已经成为产业发展的新趋势。在新一轮科技革命的驱动下，新产业、新业态、新模式的"三新"经济在服务业蓬勃发展，平台经济、共享经济、体验经济相继涌现，数字化、智慧化、网络化服务业成为推动中国从高速发展转向高质量发展的新动能。

五是服务业开放程度进一步加强，服务业国际化水平逐步提升。伴随我国世界经济地位的进一步提升和我国共建"一带一路"倡议的实施，我国服务业诸多领域"门槛"将进一步放低，除了事关意识形态与国家安全的领域，包括金融、教育、文化、医疗在内的大部分服务行业已经或正在全面开放，进一步加剧了行业竞争。同时，也极大地提升了服务业的国际化水平。"十五五""十六五"时期我国服务贸易进出口额占对外贸易进出口额的比重将有望进一步提高到20%与23%以上。

---

① 段杰：《生产性服务业发展与区域经济增长研究》，清华大学出版社，2014，第23~28页。

第三章

中国推动现代服务业发展的政策、做法与经验

在我国经济发展进入新常态的大背景下,发展服务业已经成为产业结构升级的关键所在、发展方式转变的核心支撑、发展动能转换的重要路径。2012年以来,我国加快推进服务业现代化进程,先后出台了现代服务业发展的规划和政策,推动服务业发展进入新的阶段。全国各省区市,尤其是东部沿海地区的上海、江苏、广东等纷纷出台地方性政策,探索区域现代服务业发展路径,形成了有效做法与经验,为陕西推动现代服务业发展提供了经验借鉴。

一 国家推动发展现代服务业的政策梳理

改革开放后,经过40多年的高速增长,我国经济实现了长足发展,经济结构加快调整,产业加速转型,服务业现代化进程加快,服务业在国民经济中的地位和作用越来越重要。2012年,我国服务业增加值超过第二产业增加值。2015年,我国服务业增加值占GDP的比重超过50%,在经济上具有重大划时代意义。从"十二五"时期开始,国家更加重视服务业,加强对服务业发展的宏观指导,先后出台了综合性、专项性、多层次的现代服务业发展规划和政策。

（一）分阶段有重点地持续推动服务业转型发展、创新发展、高质量发展

国务院 2007 年出台了《国务院关于加快发展服务业的若干意见》（国发〔2007〕7 号）[①]，提出从优化服务业结构、调整发展布局、发展农村服务业、提高服务开放水平、深化服务业改革等方面推动发展服务业。2016年，我国发布《中华人民共和国国民经济和社会发展第十三个五年规划纲要》[②]，提出加快推动服务业优质高效发展，扩大服务业对外开放，优化服务业发展环境，推动生产性服务业向专业化和价值链高端延伸、生活性服务业向精细化和高品质转变。2017 年，国家发改委出台《服务业创新发展大纲（2017—2025 年）》（发改规划〔2017〕1116 号）[③]，从创新引领、转型升级、促进融合、提升质量、彰显特色、深化改革、扩大开放、夯实支撑等八个方面加快推进服务业创新发展，增强服务经济发展新动能。2017 年，党的十九大报告首次提出高质量发展，强调"加快发展现代服务业，瞄准国际标准提高水平"。2019 年，国家发改委等部门出台《关于新时代服务业高质量发展的指导意见》（发改产业〔2019〕1602 号）[④]，从推动服务创新、深化产业融合、拓展服务消费、设置服务标准、塑造服务品牌等十个方面推动服务业高质量发展。党的二十大报告提出："构建优质高效的服务业新体系，推动服务业同先进制造业、现代服务业深度融合。"

[①]《国务院关于加快发展服务业的若干意见》（国发〔2007〕7 号），https：//baike.so.com/doc/4982111-5205306.html，最后检索时间：2023 年 8 月 1 日。

[②]《中华人民共和国国民经济和社会发展第十三个五年规划纲要》，新华网 2016 年两会特别报道（2016 年 3 月 17 日），http：//www.xinhuanet.com//politics/2016lh/2016-03/17/c_1118366322.htm，最后检索时间：2023 年 10 月 17 日。

[③]《国家发展改革委关于印发〈服务业创新发展大纲（2017—2025 年）〉的通知》，国家发改委网站（2017 年 6 月 21 日），https：//www.ndrc.gov.cn/xxgk/zcfb/ghwb/201706/t20170621_962236.html，最后检索时间：2023 年 12 月 5 日。

[④]《国家发展改革委 市场监管总局关于新时代服务业高质量发展的指导意见》，国家发改委官方网站（2019 年 10 月 24 日），https：//www.ndrc.gov.cn/xxgk/zcfb/tz/201910/t20191024_1181944.html，最后检索时间：2023 年 12 月 5 日。

（二）分领域专项有序地推动服务业转型升级、结构优化

面对生产性服务业发展滞后问题，国务院 2014 年发布《国务院关于加快发展生产性服务业促进产业结构调整升级的指导意见》（国发〔2014〕26号）[①]，重点推进研发设计、第三方物流、融资租赁、信息技术服务、节能环保服务、检验检测认证、电子商务、商务咨询等行业。为推动生活性服务业补短板、上水平，提高人民生活品质，国家发展改革委2021 年发布《关于推动生活性服务业补短板上水平提高人民生活品质的若干意见》（国办函〔2021〕103号）[②]，提出加强公益性基础性服务供给、加快补齐服务场地设施短板、加强服务标准品牌质量建设、推动服务数字化赋能、培育强大市场激活消费需求等 9 个方面 30 项具体举措。同时，交通运输部、文化和旅游部、科技部、农业农村部、商务部、工信部、民政部等从分管领域分别出台了现代综合交通运输体系发展规划、数字交通规划；文化创意指导意见、文化发展规划、旅游发展规划、体育发展规划；国内贸易规划、商务发展规划、服务贸易规划；软件信息服务规划；家政服务规划、托育养老规划等等，推动各领域、各服务行业转型与高质量发展。

（三）深化服务业改革开放，加强产业、科技、财税等政策支持

国家持续深化服务领域改革，相继在全国推进设立了 22 个自由贸易试验区和海南岛自由贸易港，建立现代服务业综合改革示范区，设立服务业扩大开放综合示范区、全面深化服务贸易创新发展试点，支持深圳前海现代服

[①]《国务院关于加快发展生产性服务业促进产业结构调整升级的指导意见》（国发〔2014〕26号），中央人民政府网站（2014 年 8 月 6 日），https://www.gov.cn/zhengce/content/2014-08/06/content_8955.htm，最后检索时间：2023 年 12 月 5 日。

[②]《国务院办公厅转发国家发展改革委关于推动生活性服务业补短板上水平提高人民生活品质若干意见的通知》（国办函〔2021〕103 号），中央人民政府官方网站（2021 年 11 月 2 日），https://www.gov.cn/zhengce/content/2021-11/02/content_5648192.htm，最后检索时间：2023 年 12 月 6 日。

务业合作区、横琴粤澳深度合作区放宽市场准入，扩大和完善市场准入负面清单，深入推进服务业开放，探索加快服务业发展的新体制、新机制。国家发改委出台旨在推进产业转型发展的《产业结构调整指导目录》（2011年本、2019年本、2024年本①），明确产业支持方向与重点。国务院制定《国务院关于加快建立健全绿色低碳循环发展经济体系的指导意见》，提升服务业绿色化水平。推出财税金融政策，建立现代服务业发展基金，鼓励资金向现代服务业领域倾斜，发布了支持科技创新的税费指导政策，引导服务业创新发展。出台推进服务业信息化、数字化政策，发布软件与信息服务业发展规划，开展云计算服务创新发展试点示范，推进先进制造业与现代服务业深度融合，积极培育发展新业态、新模式（见表3-1）。

表3-1 国家重点服务业发展规划内容提要

政策名称	文件号或发布时间	核心内容提要
《国务院关于加快发展服务业的若干意见》	国发〔2007〕7号	发展目标：到2010年，服务业增加值占国内生产总值的比重比2005年提高3个百分点，服务业从业人员占全社会从业人员的比重比2005年提高4个百分点。到2020年，基本实现经济结构向以服务经济为主的转变。主要任务：大力优化服务业发展结构，科学调整服务业发展布局，积极发展农村服务业，着力提高服务业对外开放水平，加快推进服务领域改革，加大投入和政策扶持力度，不断优化服务业发展环境
《国务院关于推进文化创意和设计服务与相关产业融合发展的若干意见》	国发〔2014〕10号	发展目标：到2020年，文化创意和设计服务的先导产业作用更加强化，与相关产业全方位、深层次、宽领域的融合发展格局基本建立，相关产业文化含量显著提升，文化创意和设计服务增加值占文化产业增加值的比重明显提高，相关产业产品和服务的附加值明显提高，为推动文化产业成为国民经济支柱性产业和促进经济持续健康发展发挥重要作用。重点任务：提出塑造制造业新优势、加快数字内容产业发展、提升人居环境质量、提升旅游发展文化内涵、挖掘特色农业发展潜力、拓展体育产业发展空间、提升文化产业整体实力七大重点任务

---

① 《产业结构调整指导目录（2024年本）》，中央人民政府官方网站（2023年12月27日），https://www.gov.cn/zhengce/202401/content_ 6924187.htm，最后检索时间：2024年1月12日。

续表

政策名称	文件号或发布时间	核心内容提要
《国务院关于加快发展生产性服务业促进产业结构调整升级的指导意见》	国发〔2014〕26号	这是国务院首次对生产性服务业发展作出的全面部署。《指导意见》强调,要以产业转型升级需求为导向,引导企业进一步打破"大而全""小而全"的格局,分离和外包非核心业务,向价值链高端延伸,促进我国产业逐步由生产制造型向生产服务型转变。一是鼓励企业向产业价值链高端发展。二是推进农业生产和工业制造现代化。三是加快生产制造与信息技术服务融合。《指导意见》明确了生产性服务业重点发展研发设计、第三方物流、融资租赁、信息技术服务、节能环保服务、检验检测认证、电子商务、商务咨询、服务外包、售后服务、人力资源服务和品牌建设等主要产业重点领域
《国务院办公厅关于加快发展生活性服务业促进消费结构升级的指导意见》	国办发〔2015〕85号	《指导意见》明确,要以增进人民福祉、满足人民群众日益增长的生活性服务需要为主线,大力倡导崇尚绿色环保、讲求质量品质、注重文化内涵的生活消费理念,创新政策支持,积极培育生活性服务新业态新模式,全面提升生活性服务业质量和效益,为经济发展新常态下扩大消费需求、拉动经济增长、转变发展方式、促进社会和谐提供有力支撑和持续动力。《指导意见》明确,今后一个时期,重点发展居民和家庭、健康、养老、旅游、体育、文化、法律、批发零售、住宿餐饮、教育培训等贴近服务人民群众生活、需求潜力大、带动作用强的生活性服务领域,推动生活消费方式由生存型、传统型、物质型向发展型、现代型、服务型转变
《国务院关于促进服务外包产业加快发展的意见》	国发〔2014〕67号	这是国务院首次对促进服务外包产业加快发展作出全面部署。提出到2020年,服务外包产业国际国内市场协调发展,规模显著扩大,结构显著优化,企业国际竞争力显著提高,成为我国参与全球产业分工、提升产业价值链的重要途径
《国务院关于大力发展电子商务加快培育经济新动力的意见》	国发〔2015〕24号	《意见》提出了七方面的措施。一是营造宽松发展环境,降低准入门槛,合理降税减负,加大金融服务支持,维护公平竞争。二是促进就业创业,鼓励电子商务领域就业创业,加强人才培养培训,保障从业人员劳动权益。三是推动转型升级,创新服务民生方式,推动传统商贸流通企业发展电子商务,积极发展农村电子商务,创新工业生产组织方式,推广金融服务新工具,规范网络化金融服务新产品。四是完善物流基础设施,支持物流配送终端及智慧物流平台建设,规范物流配送车辆管理,合理布局物流仓储设施。五是提升对外开放水平,加强电子商务国际合作,提升跨境电子商务通关效率,推动电子商务走出去。六是构筑安全保障防线,保障电子商务网络安全,确保电子商务交易安全,预防和打击电子商务领域违法犯罪。七是健全支撑体系,健全法规标准体系,加强信用体系建设,强化科技与教育支撑,协调推动区域电子商务发展

续表

政策名称	文件号或发布时间	核心内容提要
《中华人民共和国国民经济和社会发展第十三个五年(2016-2020年)规划纲要》	2016年	第二十章:加快推动服务业优质高效发展。开展加快发展现代服务业行动,促进生产性服务业专业化,提高生活性服务业品质,完善服务业发展体制和政策,推动生产性服务业向专业化和价值链高端延伸、生活性服务业向精细化和高品质转变
《国家发展改革委关于印发〈服务业创新发展大纲(2017—2025年)〉的通知》	发改规〔2017〕1116号	发展目标:2025年,服务业市场化、社会化、国际化水平明显提高,发展方式转变取得重大进展,支撑经济发展、民生改善、社会进步、竞争力提升的功能显著增强,人民满意度明显提高,由服务业大国向服务业强国迈进的基础更加坚实。提出八大任务:创新引领,增强服务业发展动能;转型升级,优化服务供给结构;促进融合,构建产业协同发展体系;提升质量,推动服务业优质高效发展;彰显特色,优化服务业空间布局;深化改革,创建服务业发展良好环境;扩大开放,培育服务业国际竞争新优势;夯实基础,强化服务业发展支撑
《科技部关于印发〈"十三五"现代服务业科技创新专项规划〉的通知》	国科发高〔2017〕91号	总体思路:强化现代服务业科学理论研究和共性关键技术突破,打造生产性服务业、新兴服务业、文化与科技融合、科技服务业四大产业链,实现现代服务业与农业、工业、社会、文化在更高水平与更高层次上的有机融合,不断催生新技术、新产业、新业态、新模式,建成"功能完善、业态丰富、结构优化、布局合理"的现代服务业体系。重点任务:加强现代服务业理论研究和共性关键技术研发;推动生产性服务业向价值链高端延伸;积极培育发展新兴服务业;推进文化与科技深度融合发展;着力做大做强科技服务业;完善现代服务业科技创新体系;强化现代服务业发展支撑体系
《国家发展改革委、市场监管总局联合印发〈关于新时代服务业高质量发展的指导意见〉》	发改产业〔2019〕1602号	总体思路:坚定践行新发展理念,深化服务业供给侧结构性改革,支持传统服务行业改造升级,大力培育服务业新产业、新业态、新模式,加快发展现代服务业,着力提高服务效率和服务品质,持续推进服务领域改革开放,努力构建优质高效、布局优化、竞争力强的服务产业新体系,不断满足产业转型升级需求和人民美好生活需要,为实现经济高质量发展提供重要支撑。十大主要任务:推动服务创新、深化产业融合、拓展服务消费、提升就业能力、优化空间布局、建设服务标准、塑造服务品牌、改进公共服务、健全质量监管、扩大对外开放
《国家发展改革委关于推动先进制造业和现代服务业深度融合发展的实施意见》	发改产业〔2019〕1762号	总体思路:坚持以供给侧结构性改革为主线,充分发挥市场配置资源的决定性作用,更好发挥政府作用,顺应科技革命、产业变革、消费升级趋势,通过鼓励创新、加强合作、以点带面、深化业务关联、链条延伸、技术渗透,探索新业态、新模式、新路径,推动先进制造业和现代服务业相融相长、耦合共生。主要任务:培育融合发展新业态新模式,探索重点行业重点领域融合发展新路径,发挥多元化融合发展主体作用,强化用地、金融、人才保障

第三章 中国推动现代服务业发展的政策、做法与经验

续表

政策名称	文件号或发布时间	核心内容提要
《国务院办公厅转发国家发展改革委关于推动生活性服务业补短板上水平提高人民生活品质的若干意见》	国办函〔2021〕103号	提出加强公益性基础性服务供给、加快补齐服务场地设施短板、加强服务标准品牌质量建设、推动服务数字化赋能、培育强大市场激活消费需求等9个方面30项具体举措。《意见》强调：要加强公益性基础性服务供给，强化基本公共服务保障。扩大普惠性生活服务供给，大力发展社区便民服务。推动公共服务机构、便民服务设施、商业服务网点辐射所有城乡社区，推进社区物业延伸发展基础性、嵌入式服务。《意见》指出：加强服务标准品牌质量建设，加快构建行业性标杆化服务标准；支持以企业为主体、行业组织为依托，在养老、育幼、家政、物业服务等领域开展服务业标准化试点，推出一批标杆化服务标准
《"十四五"时期文化产业发展规划》	文旅产业发〔2021〕42号	发展目标：到2025年，文化产业体系和市场体系更加健全，文化产业结构布局不断优化，文化供给质量明显提升，文化消费更加活跃，文化产业规模持续壮大，文化及相关产业增加值占国内生产总值比重进一步提高，文化产业发展的综合效益显著提升，对国民经济增长的支撑和带动作用得到充分发挥。主要任务：推进文化产业创新发展；促进供需两端结构优化升级；优化文化产业空间布局；推动文化产业融合发展；激发文化市场主体发展活力；培育文化产业国际合作竞争新优势；深化文化与金融合作
《国务院关于印发〈"十四五"旅游业发展规划〉的通知》	国发〔2021〕32号	发展目标：到2025年，旅游业发展水平不断提升，现代旅游业体系更加健全，旅游有效供给、优质供给、弹性供给更为丰富，大众旅游消费需求得到更好满足。展望2035年，旅游需求多元化、供给品质化、区域协调化、成果共享化特征更加明显，优质旅游供给更加丰富，旅游业综合功能全面发挥，整体实力和竞争力大幅提升，基本建成世界旅游强国。重点任务：坚持创新驱动发展；优化旅游空间布局；构建科学保护利用体系；完善旅游产品供给体系；拓展大众旅游消费体系；建立现代旅游治理体系；完善旅游开放合作体系；健全旅游综合保障体系
《"十四五"服务贸易发展规划》	2021年10月13日	发展目标：建设强大国内市场取得新成效、推动高水平开放迈出新步伐、参与全球经济治理彰显新担当、防范化解风险能力得到新提升。重点任务：促进形成强大国内市场、推进对外贸易创新发展、提高利用外资质量、推动自贸区（港）高质量发展、优化区域开放布局、提升对外投资和经济合作水平、深化"一带一路"经贸合作、积极参与全球经济治理、完善商务领域风险防控体系等9个方面。同时，注重可操作性，提出35项推进商务高质量发展的重要抓手，包括15个重要平台和20项重要行动

续表

政策名称	文件号或发布时间	核心内容提要
《国务院关于加快建立健全绿色低碳循环发展经济体系的指导意见》	国发〔2021〕4号	提高服务业绿色发展水平:促进商贸企业绿色升级,培育一批绿色流通主体。有序发展出行、住宿等领域共享经济,规范发展闲置资源交易;加快信息服务业绿色转型,做好大中型数据中心、网络机房绿色建设和改造,建立绿色运营维护体系;推进会展业绿色发展,指导制定行业相关绿色标准,推动办展设施循环使用;推动汽修、装修装饰等行业使用低挥发性有机物含量原辅材料;倡导酒店、餐饮等行业不主动提供一次性用品
《国务院办公厅关于印发〈"十四五"现代物流发展规划〉的通知》	国办发〔2022〕17号	发展目标:到2025年,基本建成供需适配、内外联通、安全高效、智慧绿色的现代物流体系。主要任务:精准聚焦现代物流发展重点方向,加快培育现代物流转型升级新动能,深度挖掘现代物流重点领域潜力,强化现代物流发展支撑体系
《商务部关于加强商务领域品牌建设的指导意见》	商建函〔2023〕634号	发展目标:到2025年培育建成一批新消费品牌创新城市、一批"必购必带"城市礼物,不断提高商业品牌企业知名度,增强"中国商品"品牌和"中国服务"品牌国内国际影响力。到2035年,商务领域品牌建设成效更加显著,形成一批享誉世界的中国商品和服务品牌,一批服务卓越、影响力大的知名商业企业,品牌成为促进国内供需结构升级、增强贸易竞争优势的有力支撑。主要任务:围绕促进品牌新发展、提升商业新品质、拓展推广新渠道、丰富消费新场景,提出12条工作举措,更好发挥商务工作联通内外、贯通城乡、衔接产销优势对品牌建设的促进作用,大力培育中国品牌,积极引进国际品牌,增强我国大市场对全球品牌的吸引力,满足人民对美好生活的需要
《商务部关于印发〈数字商务三年行动计划(2024—2026年)〉的通知》	2024年4月26日	发展目标:以发展新质生产力为抓手,创新数字转型路径,提升数字赋能效果,做好数字支撑服务,打造数字商务生态体系,全方位提升商务发展数字化、网络化、智能化水平。到2026年底,商务各领域数字化、网络化、智能化、融合化水平显著提升,数字商务规模效益稳步增长,产业生态更加完善,应用场景不断丰富,国际合作持续拓展,支撑体系日益健全。重点任务:提出了"数商强基"行动、"数商扩消"行动、"数商兴贸"行动、"数商兴产"行动、"数商开放"行动等五大行动

二 地方推进发展现代服务业的措施及启示

"十二五"时期以来，在国家加快推进现代服务业战略政策的指引下，各省份立足本地实际，先后制定现代服务业发展总体规划，出台细化实施方案，推出服务业深化改革开放措施，出台系列支持政策，积极探索具有地方特色的现代服务业发展路径（见表3-2）。其中，上海"制造服务融合发展"、江苏"现代服务业双百工程"[1]、山东"新旧动能转换"、四川的"一干多支，五区协同""一核一轴两翼"[2]等政策亮点可圈可点。

我国北京、上海、广东、江苏、四川等省市加快推进发展现代服务业，积累了可供借鉴的有效做法与经验（见表3-3）。综合来讲，兄弟省份加快推进现代服务业各有创新、亮点纷呈，主要体现在以下几个方面。

（一）强化政府引导，构建系统完备的规划与政策体系

强化政府引导，制定包括服务业规划、实施意见、行动方案、实施细则、配套措施在内的较为完备的规划与政策体系，保障规划有效实施[3]。例如：江苏省先后出台了"十三五""十四五"现代服务业发展规划，推进生产性服务业、生活性服务业的转型规划，设立现代服务业改革示范区，制定推动现代服务业发展的财税、金融、土地、人才等系列政策。四川省出台了"十三五""十四五"服务业总体规划，制定了高技术服务业、五大新兴先导型服务业和人力资源服务业、服务贸易、家政服务业、科技服务业等专项

---

[1]《关于印发〈江苏省生产性服务业双百工程实施方案〉的通知》，江苏发改委网站（2016年7月4日），http://fzggw.jiangsu.gov.cn/art/2016/7/4/art_4640_6649012.html，最后检索时间：2023年12月9日。

[2]《四川省人民政府关于印发〈四川省"十四五"服务业发展规划〉的通知》（川府发〔2021〕38号），四川省人民政府网站（2021年12月16日），https://www.sc.gov.cn/10462/zfwjts/2021/12/16/cb8f9fb60cd74f40ae6b356563e4bcd5.shtml，最后检索时间：2024年8月26日。

[3] 曹林：《区域产业发展规划理论与实例》，社会科学文献出版社，2014，第90~97页。

规划，推出了价格政策、金融政策、财税政策、土地政策、公共平台建设等具体支持措施。

（二）立足当地实际，建立区域特色优势产业体系

各省份立足本地实际，建立体现本地特色的产业体系，确定产业推进重点与次序。如：上海以城市功能定位推进高端服务业发展，围绕上海建成"四个中心"和社会主义现代化国际大都市，增强金融服务业辐射力，提高商贸服务业创新力，提升航运服务业软实力①。四川省"十三五"时期，按照产业地位、作用及其成长性，提出优先发展五大新兴先导型服务业，巩固提升四大支柱型服务业，积极培育四大成长型服务业②。"十四五"时期，根据服务业成长情况，进一步提出构建"4+6"现代产业体系，推动商业贸易、现代物流、现代金融、文化旅游四大支柱型服务业转型升级，促进科技信息、商务会展、人力资源、川派餐饮、医疗康养、家庭社区六大成长型服务业做大做强③。

（三）推进产业集群，建立现代服务业集聚区认定标准

积极培育服务业集群，建立产业集聚区标准，促进服务业企业集聚发展④。上海市先后编制了"十一五""十二五"现代服务业集聚区规划，制定了《上海市生产性服务业功能区建设指引（2018年版）》⑤，推动建设了

---

① 《上海加速发展现代服务业实施纲要》，http://news.sina.com.cn/c/2005-02-23/08435176420s.shtml，最后检索时间：2023年12月5日。
② 《四川省人民政府关于印发四川省"十三五"服务业发展规划的通知》（川府发〔2017〕23号），四川省人民政府网站（2017年4月13日），https://www.sc.gov.cn/10462/c103044/2017/4/13/fe4331a4e31441f3ba93b5f2fb76f1d7.shtml，最后检索时间：2023年12月6日。
③ 《四川省人民政府关于印发〈四川省"十四五"服务业发展规划〉的通知》（川府发〔2021〕38号），四川省人民政府网站（2021年12月16日），https://www.sc.gov.cn/10462/zfwjts/2021/12/16/cb8f9fb60cd74f40ae6b356563e4bcd5.shtml，最后检索时间：2024年8月26日。
④ 代文：《现代服务业集群的形成与发展研究》，武汉理工大学博士学位论文，2007。
⑤ 《上海市生产性服务业功能区建设指引（2018年版）》，https://z.askci.com/news/20181217/1008534643.shtml，最后检索时间：2023年12月6日。

一批现代服务业集聚区和10个生产性服务业创新发展示范区。江苏省推进服务业集聚发展,实施生产性服务业百区提升示范工程,认定省级生产性服务业集聚示范区。推进建设特色化产业集聚区,要求各个集聚区要科学定位,明确1~2个主导产业,围绕产业链培育创新链,围绕创新链打造价值链,迅速提升产业集聚度,快速壮大主导产业规模。

(四)强化创新驱动,推动服务业技术创新、文化创意、业态创新

坚持服务业创新发展,推进服务业技术创新、工艺创新、文化创意、业态创新、模式创新。各省份均将创新作为推动服务业发展的第一动力,结合本地实际,推动服务业技术创新、数字化、文化创新,培育新经济、新业态、新模式。上海市以创建现代服务业创新发展示范城市试点为重点,出台《关于加快建设具有全球影响力的科技创新中心的意见》[1]《关于加快推进本市"四新"经济发展的指导意见》[2],出版《上海"四新"经济发展绿皮书》,推进发展新技术、新产业、新模式、新业态。广东省支持服务业创新发展,加快推进制造业服务化,建设国家、省市智能制造示范基地;促进与互联网深度融合,积极发展互联网+创新创业服务、互联网+先进制造服务、互联网+现代金融、互联网+现代物流服务、互联网+节能环保、互联网+惠民服务;培育新技术、新产业、新业态、新模式"四新"服务业态。

(五)强化要素保障,构建系统的生产要素支撑体系

现代服务业需要科技、数据、人力资本、现代金融等高端生产要素的有力支撑,系统性构建包括科技、数据、人才、金融、土地、税收在内的

---

[1] 《关于加快建设具有全球影响力的科技创新中心的意见》,https://wenku.so.com/d/ae144994be5fc318401114bfd9bec92c,最后检索时间:2023年12月6日。
[2] 《上海市人民政府办公厅转发市经济信息化委 市发展改革委制订的〈关于加快推进本市"四新"经济发展的指导意见〉的通知》(沪府办发〔2017〕26号),上海市人民政府网站(2017年3月27日),https://www.shanghai.gov.cn/nw42083/20200823/0001-42083_52238.html,最后检索时间:2023年12月6日。

现代服务业发展要素支撑体系。各省份着力培育新要素、提升传统要素以适应现代服务业发展需求。四川省构建了完善的服务业要素支持政策，出台《成都市关于鼓励知识产权成果进场交易的若干措施》，鼓励产权成果交易；强化技术支撑，建设云计算、物联网信息安全等一批基础共享服务平台，鼓励开发服务业共性和关键技术；强化人才支持，出台高端人才引进培养政策。推行服务业用电、用水、用气与工业基本同价的价格政策；改革适应服务业发展需求的柔性土地政策。江苏省创新财政支撑政策，构建"专项资金+引导基金+购买服务"的财政综合支持体系，完善服务业发展专项资金管理办法，探索设立服务业发展引导基金，深化政府采购制度改革，极大地发挥了政府资金的产业发展引导功能与引致社会资本的投资放大作用。

（六）推进高水平开放，深化服务业体制机制改革

开放为现代服务业发展注入了新动能和新活力，实现以开放促改革促发展。广东省始终站在中国开放的前沿，以建设粤港澳大湾区为机遇大力推进服务业开放合作发展，先后支持广州建立服务业扩大开放综合示范区、深圳建设前海深港现代服务业合作区，推动广东自贸试验区深化现代服务业体制机制改革。四川省推动深化改革增强服务业发展动力，积极建立统一、开放、有效的服务业市场，打破行政垄断、行业垄断，扩大政府服务购买，深化服务业投融资改革、行政审批制度改革，优化审批流程，取消不合理前置审批事项，加强事中事后监管。

（七）加强管理服务，实施包容审慎的监管模式

服务业体量大、覆盖面广、涉及领域多，新技术渗透快，新业态、新模式活跃，给传统服务管理模式带来极大挑战。各省区市加快推进建立政府宏观管理与行业自律相结合的服务业管理体制，实施包容审慎的服务业监管机制。例如：上海鼓励建立服务业中介组织进行产业管理与协调。上海出台了《上海市促进行业协会发展规定》《关于进一步促进本市中介服务业发展的

若干意见》①，鼓励服务业行业协会发展，并进行规范化管理。上海探索"一业多会"，引入行业协会竞争机制，加强规范化建设，促进行业协会自治自律。为鼓励发展服务业新技术、新产业、新业态、新模式，北京、上海、广东等省市实施包容审慎的监管模式，充分运用"大数据系统""移动云办公系统"，以"移动执法"精准定位监管，探索创新监管手段，提高监管效率。

表3-2 国内部分省份推进服务业发展政策内容提要

省市	政策名称	文号或时间	核心内容提要
上海市	《上海加速发展现代服务业实施纲要》	2005年	总体思路：按照加快推进国际经济、金融、贸易、航运中心建设的战略目标以及加快自身发展与主动服务全国的总体要求，坚持国际化带动、市场化促进、信息化支撑和法治化保障，突出关键领域，加强政策聚焦，降低准入门槛，强化市场主体，以体制机制创新为突破口，分层次、有重点地推进现代服务业领先增长，进一步提升上海城市综合服务功能，更好地服务全国。功能标志：一是努力形成国际金融中心的框架体系；二是争取成为国际集装箱中转航运枢纽；三是加快构筑知识密集服务高地；四是全面建设国际采购中心；五是全力打造国际文化时尚之都；六是积极建立承接世界服务外包基地
	《上海市经济和信息化委员会、上海市财政局关于印发〈上海市生产性服务业和服务型制造发展专项支持实施细则〉的通知》	沪经信规范〔2018〕5号	实施细则共计24条，重点支持加快本市生产性服务业和服务型制造的发展，推动经济提质、增效、升级。五大重点领域分别是：推动生产性服务业重点领域总集成总承包发展；引导"双推"工程服务平台创新发展；促进服务型制造发展，加快制造业与服务业融合；提升生产性服务业功能区服务能级；营造生产性服务业和服务型制造发展环境
	《上海市经济和信息化委员会关于印发〈上海市生产性服务业功能区建设指引（2018年版）〉的通知》	沪经信生〔2018〕408号	主要内容：构筑空间布局合理的产业发展新高地；建设功能完善、高效便捷的产业社区；打造与自然和谐共生的生态环境；推动信息化、智慧化功能区建设；提高产业创新能力和品牌效应；提升园区管理水平和营商环境

① 《上海市人民政府印发关于进一步促进本市中介服务业发展若干意见的通知》（沪府发〔2010〕4号），https://www.lexiscn.com/law/law-chinese-1-534027.html，最后检索时间：2023年12月6日。

续表

省市	政策名称	文号或时间	核心内容提要
上海市	《关于推动我市服务业高质量发展的若干意见》	2019年	发展目标:优化服务业内部结构,提升服务业能级和国际竞争力,基本形成结构优化、服务优质、布局合理、融合共享的服务业发展新格局。重要任务:优化空间布局,形成协同发展新格局;聚焦要素资源,强化服务业发展支撑。聚焦重点领域,构筑更具国际竞争力的产业高地,提升金融国际竞争力,做大做强服务贸易、提升行云服务软实力、构建技术转移服务体系、提升专业服务技术水平、增强信息技术服务能力、发展健康文化创意旅游会展业
上海市	《上海市人民政府办公厅关于印发〈上海市服务业发展"十四五"规划〉的通知》	沪府办发〔2021〕7号	发展目标:到2025年,服务业主体作用更加凸显,构建"一强、两高、两融合"现代服务业体系,呈现创新主体高能活跃、流量资源高效配置、总部机构多元集聚、开放格局内外联动的服务经济新特征,使上海在全球服务网络中的位势和能级不断攀升。发展任务:突出全球资源融通配置,增强城市核心服务功能国际竞争力;推动"两业"深度融合创新,抢占高端生产服务价值链制高点;优化空间布局,构建"一核、两带、三极、多片区"的服务业空间格局,形成点线串联、功能辐射的现代服务业发展网络
北京市	《北京市人民政府关于进一步优化提升生产性服务业加快构建高精尖经济结构的意见》	京政发〔2016〕25号	《意见》主要内容包括总体要求、优化产业结构、调整产业布局、促进产业提质增效、搭建共性服务平台、保障措施等6大方面26项重点任务以及落实细化的19条部门分工。《意见》颁布实施的主要目的:一是服务首都城市战略定位,落实产业政策;二是强化高精尖经济结构支撑,彰显首都经济特征;三是有效释放北京产业发展的积极信号
北京市	《北京市服务业扩大开放办公室关于印发〈服务业扩大开放重点领域开放改革三年行动计划〉的通知》	市服务业扩大开放办字〔2019〕25号	通过三年的专业服务领域开放改革突破,加速专业服务资源双向流动,使得产业体系更加开放、跨领域融合渗透的综合性专业服务机制初步建立、专业服务机构国际合作能力不断增强,同时落地一批示范性的品牌企业、形成一批具有国际影响力的品牌区域和平台项目,更高层次、更高水平参与国际竞争、国际贸易、国际经济治理。《行动计划》重点围绕降低准入门槛、推动资质互认、补齐发展短板、构建全球化服务网络等4个方面实现开放改革突破

续表

省市	政策名称	文号或时间	核心内容提要
北京市	《北京市发展和改革委员会关于印发北京市"十四五"时期现代服务业发展规划的通知》	京发改〔2021〕1606号	发展目标：全面优化提升生产性服务业，到2020年，生产性服务业对首都经济增长贡献进一步增加，占地区生产总值的比重稳步提高，质量效益明显提升，服务功能显著增强。总体思路：以首都发展为统领，以推动高质量发展为主题，坚持数字化、专业化、品质化、国际化发展导向，开展金融服务、信息服务、科技服务、文化产业、商务服务、流通服务、生活服务七大领域提质升级行动，实施人才集聚、业态融合、开放合作、改革活力释放、功能区提质增效、品牌建设等六项能级提升工程，加快构建与首都"四个中心"功能相适应的高质量现代服务业体系，打造国际一流的高能级服务枢纽，有力支撑国际一流的和谐宜居之都建设
江苏省	《江苏省人民政府关于加快发展生产性服务业促进产业结构调整升级的实施意见》	苏政发〔2015〕41号	总体思路：深入推进转型升级工程，进一步科学规划布局，放宽市场准入，完善行业标准，营造良好环境，加快生产性服务业创新发展，实现生产制造与信息技术服务的深度融合，促进农业生产和工业制造现代化，推动产业结构优化升级，加快构建以服务经济为主的现代产业体系，为"迈上新台阶、建设新江苏"提供有力支撑。发展重点：提出突出抓好规模实力优带动作用强的科技服务、信息技术服务、金融服务、现代物流、商务服务、服务外包等六大重点服务产业。同时，立足江苏实际，培育壮大成长潜力大市场前景广的电子商务、节能环保服务、检验检测、售后服务、人力资源服务、品牌和标准化等6个服务业细分领域和行业
	《江苏省生产性服务业双百工程实施方案》	2016年	"百企升级引领工程"采取地方培育、省级命名、分批认定、联动推进的方式实施。江苏省优化财税支持方式，支持符合条件的集团型物流企业总分机构实行增值税合并纳税，支持符合条件的科技型、创新型生产性服务业企业申请高新技术企业认定，经认定为高新技术企业的享受15%的企业所得税优惠税率。"百区提升示范工程"从提高产业集聚度、优化产业链条、促进企业融合发展等方面采取措施推动生产性服务业集聚区提升发展，对发展前景好、示范带动作用强的省级现代服务业集聚区给予表彰奖励，优先支持其申报省级生产性服务业集聚示范区
	《江苏省新一轮服务业综合改革试点实施意见》	苏发改服务发〔2017〕1562号	提出新一轮服务业综合改革试点重点围绕以下四个方面开展：一是探索更好发挥市场与政府作用的导向机制；二是探索生产性服务业向价值链高端延伸的基本路径；三是探索生活性服务业便利化、精细化、品质化发展的有效方式；四是探索集聚区发展从传统要素向新兴要素驱动转换的内在规律

续表

省市	政策名称	文号或时间	核心内容提要
江苏省	《省发展改革委关于印发〈服务业创新发展江苏行动纲要(2017-2025年)〉的通知》	苏发改服务发〔2017〕1474号	对江苏服务业发展的主要目标、重点领域、各细分行业等提出了发展要求。明确提出:聚力创新,增强服务业发展动能;大力推进服务业发展新技术、新工艺、新业态、新模式,以信息技术和先进文化提升服务业发展水平;积极营造服务业创新发展的宽松环境,增强服务业发展新动能
江苏省	《省政府办公厅关于印发江苏省"十四五"公共服务规划的通知》	苏政办发〔2021〕98号	总体思路:正确把握处理政府和市场关系,持续推进基本公共服务均等化,多元扩大普惠性非基本公共服务供给,丰富多层次多样化生活服务供给,稳步提升公共服务保障水平,加快构建优质均衡的公共服务体系,为在率先建设全体人民共同富裕的现代化道路上走在前列提供有力支撑,着力创造现代化的高品质生活,让人民群众的获得感幸福感安全感更加充实、更有保障、更可持续。重点任务:全面提高基本公共服务供给质量;率先实现基本公共服务均等化;持续扩大普惠性非基本公共服务供给;大力推进生活服务品质化;系统提升公共服务效能
江苏省	《省政府办公厅关于印发江苏省"十四五"现代服务业发展规划的通知》	苏政办发〔2021〕34号	总体思路:以现代服务业"331"工程为突破口,推动生产性服务业向专业化和价值链高端延伸,推动生活性服务业向高品质和多样化升级,努力构建优质高效、充满活力、竞争力强的服务产业新体系,助力"中心—基地—枢纽"建设,为推进江苏现代化经济体系建设走在前列、奋力谱写"强富美高"现代化建设新篇章提供强大支撑。重点领域:加快构建优质高效、布局优化、竞争力强的江苏特色"775"现代服务业体系,主攻发展七个具有竞争力的优势型服务产业,壮大发展七个具有高成长性的成长型服务产业,突破发展五个具有前瞻性的先导型服务产业,为实现经济高质量发展提供有力支撑。重点任务:推进空间格局优化、制造服务创新、服务消费升级、市场主体培育、协同融合发展、集聚示范提升、品牌标准引领、对外开放合作、服务综合改革等九大任务
四川省	《四川省人民政府关于加快发展生产性服务业促进产业结构调整升级的实施意见》	川府发〔2015〕25号	总体思路:统筹五大新兴先导型服务业推进战略,围绕全省生产性服务业重点领域和薄弱环节,培育壮大市场主体,提升制造业服务化水平,推进农业生产和工业制造现代化,促进生产性服务业专业化、高端化发展,增强对产业结构调整升级的支撑带动作用。主要任务:积极对接国家生产性服务业发展重点,结合五大新兴先导型服务业发展部署,适应产业转型升级发展需要,重点发展电子商务、现代物流、现代金融、研发设计、科技成果转移转化、信息技术服务、服务外包、检验检测认证、节能环保服务、人力资源服务、商务咨询、售后服务等12个领域

续表

省市	政策名称	文号或时间	核心内容提要
四川省	《关于印发〈四川省"十四五"服务业发展规划〉的通知》	川府发〔2021〕38号	总体思路:加快建设"4+6"现代服务业体系,推动生产性服务业向专业化和价值链高端延伸、生活性服务业向高品质和多样化升级,促进现代服务业与先进制造业、现代农业深度融合,高水平扩大服务业开放,加快建设现代服务业强省,为全面建设社会主义现代化四川提供有力支撑。重点领域:巩固提升四大支柱型服务业,培育壮大六大成长型服务业。优化服务业发展布局,深入推进"一干多支、五区协同"战略部署,构筑"一核一轴两翼"区域服务业发展布局。强化创新驱动赋能,推动服务业数字化智能化网络化、推动技术工艺创新、推进商业模式创新。提高服务供给质量,推进服务业标准化品牌化、激发各类市场主体活力、完善新型监管机制。推动产业融合发展,推进现代服务业与先进制造业深度融合,促进现代服务业与现代农业深度融合。深化服务业改革开放,高水平推进服务业对外开放,以制度型开放深化服务业改革,强化服务业领域风险防控
	《中共四川省委四川省人民政府关于加快构建"4+6"现代服务业体系,推动服务业高质量发展的意见》	川委发〔2020〕10号	总体思路:坚持"创新引领、融合发展,区域协同、干支联动,优化供给、质效并重,深化改革、开放共享"原则,以改革开放为动力,以供给侧结构性改革为主线,加快构建"4+6"现代服务业体系,更好满足人民美好生活需要,为推动治蜀兴川再上新台阶提供有力支撑。重要任务:推动商业贸易、现代物流、现代金融、文化旅游四大支柱型服务业转型升级;促进科技信息服务、商务会展、人力资源、川派餐饮、医疗康养、家庭社区服务六大成长型服务业做大做强;推动形成区域服务业协调发展新格局,推动成渝地区双城经济圈服务业一体化发展,统筹推进干支协同发展;全面提升服务业供给质量,推进标准化进程,提高服务供给质量;推动服务消费扩容提质;创新服务业发展方式,推动产业融合、集聚集群发展、业态模式创新、双向开放发展
	《四川省发展和改革委员会关于印发〈关于推动生活性服务业补短板上水平提高人民生活品质的行动方案〉的通知》	川发改社会〔2022〕407号	发展目标:到2025年,全省生活性服务业行业标准基本建立,政策体系不断健全,服务供给持续扩大,消费潜力充分释放,服务模式加快创新,产业规模稳步扩大,发展效益进一步显现,全省生活性服务业增加值达到1.5万亿元。主要任务:实施基本公共服务提质行动;实施普惠性生活服务扩容行动;实施生活性服务场地设施补短板行动;实施生活性服务品质提升行动;实施生活性服务行业人力资源培优行动;实施生活性服务数字赋能行动;实施生活性服务消费市场培育行动;实施生活性服务环境优化提升行动

续表

省市	政策名称	文号或时间	核心内容提要
广东省	《广东省人民政府办公厅关于加快发展生产性服务业的若干意见》	粤府办〔2015〕54号	主要任务:做强先进制造业产业链"微笑曲线"两端,建设研发平台、推进成果转化、提高工业设计,发展检验检测认证、投融资服务、信息服务、节能环保、现代物流、供应链管理、电子商务、品牌培育、服务外包。推动制造企业服务化,鼓励制造企业发展集成服务、强化外部服务环节、专业性生产服务。加快建设面向先进制造业的公共服务平台,支持建设先进制造业基地配套生产性服务中心,鼓励建设"互联网"公共信息平台,电子商务和物流信息服务平台,搭建对外开放合作支撑服务平台。打造生产性服务业集群化集聚化发展载体,建设和提升生产性服务业集聚区。加大政策支持力度,创新财税、金融、用地和人才等各项政策
广东省	《广东省发展和改革委员会关于印发〈广东省现代服务业发展"十三五"规划〉的通知》	粤发改服务函〔2017〕1873号	总体思路:按照市场化、信息化、国际化和产业融合的发展方向,以推进供给侧结构性改革为契机,着力推动生产性服务业向专业化和价值链高端延伸发展,着力推动生活性服务业向精细化和高品质转变,着力培育发展服务业新业态,构建经济增长的重要引擎,着力提高城乡居民生活品质,增强经济发展新动力,打造服务经济强省和国际化区域服务中心。主要任务:着力发展高端生产性服务业;创新发展优势生产性服务业;提升发展生活性服务业;加快建设以广州、深圳为辐射中心,以汕头、湛江和韶关为次中心,延伸至市县两级以及乡镇的辐射扩散式服务网络;支持服务业业态创新
广东省	《广东省人民政府办公厅关于印发〈广东省公共服务"十四五"规划〉的通知》	粤府办〔2021〕37号	总体思路:完善统筹城乡的民生保障制度,深化公共服务供给侧结构性改革,加强公共服务需求侧管理,推动我省在全面建设社会主义现代化国家新征程中走在全国前列、创造新的辉煌。主要任务:围绕幼有所育、学有所教、劳有所得、病有所医、老有所养、住有所居、弱有所扶以及优军服务保障和文体服务保障等领域,建立健全八大服务体系
陕西省	《陕西省人民政府关于加快发展服务业的若干意见》	陕政发〔2012〕56号	总体思路:以市场化、产业化、现代化、国际化为方向,深化改革开放,积极探索创新,厘清思路,统筹规划,突出重点,完善政策,下功夫、出实招,全力推动全省服务业加快发展,力争到2015年,服务业增加值占全省生产总值的比重较2011年提高4个百分点,服务业整体发展水平和质量得到明显提高。明确服务业发展重点:加快发展科技信息服务、交通物流、商贸流通、文化产业、旅游产业、房地产业、金融业、民生服务业

第三章　中国推动现代服务业发展的政策、做法与经验

续表

省市	政策名称	文号或时间	核心内容提要
陕西省	《陕西省人民政府办公厅关于加快发展高技术服务业的实施意见》	陕政办发〔2012〕61号	发展重点：以市场需求为导向，以体制机制创新为动力，以高技术的延伸服务和支撑科技创新的专业化服务为主攻方向，重点发展信息技术服务、数字内容服务、卫星应用服务、航空航天专业服务、研发设计和检验检测服务、技术转移服务、中介咨询服务、知识产权服务等八大领域的高技术服务业，建设西部云计算、航空航天特色旅游、软件服务外包和生物技术研发外包等特色基地，形成"市场驱动、企业推进、政府引导、社会参与"的发展格局，不断加快高技术服务业的市场化、规模化、专业化和国际化进程
	《陕西省人民政府关于加快发展生产性服务业的实施意见》	陕政发〔2015〕58号	提出在金融服务、现代物流、电子商务、研发设计、人力资源服务、信息技术和会展服务七大领域实施重点突破。培育生产性服务业集聚区、生产性服务业企业集团、生产性服务业重大项目、国家和省级服务业综合改革试点等四大载体。今后五年，生产性服务业年均增速达到12%以上，占全部服务业增加值的比重达到50%左右，占比提高10个百分点以上
	《陕西省发展和改革委员会关于印发〈陕西省"十三五"服务业发展规划〉的通知》	陕发改产业〔2017〕254号	《规划》明确，陕西省"十三五"服务业增速将高于全省生产总值增速，年均增长10%以上，服务业占全省生产总值比重每年提高1个百分点，"十三五"末达到45%以上。"十三五"期间，服务业发展导向涉及生产性服务业、生活性服务业。"十三五"期间，陕西省深化服务业改革开放，破除体制机制障碍，营造公平竞争环境，以西安国家级服务外包示范城市为核心，依托西安高新区软件园等服务外包园区，优化服务外包产业结构，加快推动互联网向服务业全领域拓展，推动产业优化升级。在此基础上，陕西省进一步放宽发展领域，支持民间资本进入民用机场、电信、油气勘探开发等领域，鼓励民营企业依托高校建立深度融合的新型研发中心，设立联合基金，积极引进省外、境外企业家、战略投资者以及技术和管理人才来陕投资兴业
	《陕西省发展和改革委员会关于印发〈陕西省服务业创新发展三年行动计划（2019—2021年）〉的通知》	陕发改贸服〔2019〕1518号	发展目标：提出力争到2021年，服务业增加值占全省的比重由2018年的42.8%提升至46%，生产性服务业占比由2018年的40%提升至46%以上。重点任务：开展物流降本增效升级行动、实施金融服务效能提升行动、推进文化旅游融合发展行动、深化科技成果转化行动、引领信息服务升级行动、聚力会展服务振兴行动、加快服务贸易提升行动、推广电商服务普及行动、优化人力资源支撑行动

071

续表

省市	政策名称	文号或时间	核心内容提要
陕西省	《陕西省发展和改革委关于印发〈陕西省"十四五"服务业高质量发展规划〉的通知》	陕发改贸服〔2021〕1637号	发展目标:到2025年,我省服务业增加值力争突破1.8万亿元,服务业增加值占全省地区生产总值的比重为50%左右,生产性服务业增加值占服务业增加值比重为50%左右,生产性服务业效率和专业化水平显著提高,为谱写陕西高质量发展新篇章注入动力。主要任务:做大做强科技服务、软件和信息技术、现代物流、现代金融四大优势产业,重点发展文化旅游、职业教育、商贸服务、会展服务及健康养老等五大特色产业,培育壮大电子商务、设计服务和服务贸易等三大新兴产业,并推进实施数字赋能工程,推动服务业模式创新和业态创新;推进实施融合发展工程,不断提升服务业发展的核心竞争力;推进实施平台优化工程,打造100个现代服务业集聚区;推进实施品牌创建工程,促进服务标准化和品牌化;推进实施主体培育工程,切实增强发展后劲

表3-3 上海、广东、江苏、四川发展现代服务业的做法、经验与启示

省市名称	主要做法	主要措施及启示
上海	1. 以城市功能定位推进高端服务业发展	(1)围绕上海建成"四个中心"和社会主义现代化国际大都市,形成具有全球影响力的科技创新中心,巩固提升现代服务业发展水平。 (2)基本实现"四个中心"核心服务功能,增强金融服务业辐射力,提高商贸服务业创新力,提升航运服务业软实力
	2. 推进生产性服务业与制造业融合发展	(1)制定规划引导。制定了《上海市生产性服务业和服务型制造发展专项支持实施细则》和《上海市推动先进制造业和现代服务业深度融合发展的实施意见》。 (2)重点聚焦产业链对接、价值链提升和服务模式创新。推进发展总集成总承包、研发设计、供应链管理、检验检测、电子商务与信息化服务、金融专业服务、节能环保、专业维修、专业中介、职业教育等十大重点领域,在总集成总承包服务领域培育一批"制造+服务"供应商。在产业互联网领域培育一批与实体经济紧密结合的电子商务平台企业。 (3)推进示范功能区建设。在产业载体方面培育一批产业集聚度高、特色鲜明的生产性服务业功能区,形成例如金桥、市北、漕河泾松江、康桥、保集E智谷等以研发总部、电子商务、检验检测、高端医疗、智能制造等不同产业为主导的特色化集聚区。全市形成"一体二带三区"功能区集群("一体"指"新城产城综合体";"二带"是"外环金腰带""长三角产业结合带";"三区"包括"老工业基地调整区"、"中心调整区"和"制造基地配套区")

第三章　中国推动现代服务业发展的政策、做法与经验

续表

省市名称	主要做法	主要措施及启示
上海	3. 建立了完备的现代服务业发展规划与政策体系	(1)按照战略、规划、实施意见与政策措施构建多层次规划政策体系。《上海加速发展现代服务业实施纲要》(2005)、《上海加速发展现代服务业若干政策意见》(2005)、《关于促进本市生活性服务业发展的若干意见》(2014)、《上海市服务业发展"十三五"规划》(2016)、《上海市生产性服务业和服务型制造发展专项支持实施细则》(2018)、《上海市生产性服务业功能区建设指引(2018年版)》(2018)、《上海市服务业发展引导资金使用和管理办法》(2018)、《关于全力打响上海"四大品牌"率先推动高质量发展的若干意见》(2018)、《上海市服务业发展"十四五"规划》(2021)。 (2)按照重点行业与领域出台相关政策。《关于进一步促进本市中介服务业发展的若干意见》(2010)、《上海市人民政府关于加快发展养老服务业推进社会养老服务体系建设的实施意见》(2014)、《上海:关于加快建设具有全球影响力的科技创新中心的意见》(2015)、《上海现代服务业标准》(2019)、《上海市人民政府关于促进本市快递业发展的实施意见》(2017)、《上海市发展涉外法律服务业实施意见》(2018)、《上海市体育产业发展实施方案(2016—2020年)》(2016)、《上海市大数据发展实施意见》(2016)、《关于加快推进本市5G网络建设和应用的实施意见》(2019)、《上海市新一轮服务业扩大开放若干措施》(2019)等政策,连续发布《上海现代服务业发展报告》《上海生产性服务业发展报告》
	4. 建立服务业行业协会、中介组织进行行业管理与协调	(1)鼓励服务业行业协会发展,并进行规范化管理。先后出台《上海市促进行业协会发展规定》(2002)、《上海市促进行业协会发展规定修正案》(2010)、《关于推进本市企业协会政社分开工作的实施意见》(2009)、《关于进一步促进本市中介服务业发展的若干意见》(2010)、《上海市社会组织直接登记管理若干规定》(2024)。 (2)积极成立上海现代服务业联合会、服务业联盟、上海服务业发展研究院等各领域各类专业行业协会。 (3)探索一业多会,引入行业协会竞争机制。按照产业链细分环节成立各类行业协会。如在汽车领域中,上海细分产业链环节,在已有上海市汽车行业协会(1996年)的情况下,相继成立了上海汽车配件用品流通行业协会(2002年)、上海汽车销售行业协会(2003年)、上海市汽车维修行业协会(2005年)及上海汽车服务行业协会(2013年)等。 (4)加强规范化建设,促进行业协会自治自律。2007年上海被民政列为全国民间组织规范化建设评估试点城市。 (5)加强能力建设,提升行业协会综合能力。行业协会从企业利益出发,建设公共服务平台,发布市场信息,开展国内外经济技术交流与合作,举办培训、咨询、展览、营销等活动,帮助企业提高员工素质、改善经营管理、开拓国内外市场。在行业管理过程中,行业协会以制订行规行约、行业公约为抓手,规范市场秩序,建立行业自律机制,积极推进行业和企业诚信建设

073

续表

省市名称	主要做法	主要措施及启示
上海	5. 推进现代服务业集聚发展	(1)编制出台了《上海市现代服务业集聚区发展"十二五"规划》,制定《上海市生产性服务业功能区建设指引(2018年版)》(2018)。 (2)持续经历了雏形形成、加速形成、功能品质提升三个阶段,分段施策。跨入21世纪以来,上海现代服务业集聚进入了积极规划、着力品牌建设的发展期。规划一批现代服务业集聚区,并加大在规划、功能定位、政策指导等方面的引导扶持力度。规划打造10个左右以生产性服务业集聚为主要特色的创新发展示范区
	6. 大力推进服务业技术创新、产业创新	(1)以上海创建现代服务业创新发展示范城市试点为重点推进服务业创新工作,出台《关于加快建设具有全球影响力的科技创新中心的意见》(2015)。 (2)出台《关于加快推进本市"四新"经济发展的指导意见》(2017),出版《上海"四新"经济发展绿皮书》,推进发展新技术、新产业、新模式、新业态。 (3)推进服务业与制造业联动发展。①引导制造业产出服务化,实现服务型制造。重点提升技术研发、市场拓展、品牌运作、咨询服务等服务产品的核心价值;②鼓励制造业投入服务化,推进服务外包,外包非核心业务,聚焦科技创新、产品创新、管理创新、市场创新的支撑作用;③加快制造业企业服务区域化,鼓励跨区重组发展总部基地。 (4)推进发展"四新"经济。①增强技术创新能力;②推广应用新兴技术;③积极创新服务模式和业态
	7. 强化要素支撑	(1)完善财政支撑。形成"专项资金+引导基金+购买服务"的财政综合支持体系,完善服务业发展专项资金管理办法,探索设立服务业发展引导基金,深化政府采购制度改革。 (2)创新金融支持方式。①拓宽服务业企业发展融资渠道。鼓励通过发行股票、企业债券、项目融资、股权置换以及资产重组等多种方式筹措资金。积极利用知识产权质押、信用保险保单质押、股权质押、商业保理等市场化方式融资。②鼓励各类股权投资和创业投资机构面向服务业企业开展业务。 (3)优化土地政策。①做好服务业发展规划与城市总体规划、土地利用规划的衔接,优化用地结构。②积极开展混合用地试点。③按照"总量锁定、增量递减、存量优化、流量增效、质量提高"的要求,通过城市更新、盘活存量建设用地等方式,支持服务业发展
广东	1. 制定规划体系进行引导	先后出台了《广东省服务业发展"十二五"规划》《广东省现代服务业发展"十三五"规划》《广东省科技创新"十四五"规划》《广东省人民政府办公厅关于促进家政服务业提质扩容的实施意见》等系列政策

续表

省市名称	主要做法	主要措施及启示
广东	2. 优化空间布局	(1)发展导向。着力推进生产性服务业多层次集聚发展。核心区重点发展高端、高技术服务业,次级中心城市、地县级城市依托自身产业优势及人才禀赋等合理发展不同层次的生产性服务业;着力构建广覆盖、功能完善的生活性服务体系。建立健全网络式社区服务体系。鼓励发展专业化的生活服务企业,鼓励大型专业服务机构发展分支机构服务社区,或建立专业化服务基地。 (2)发展格局。以建设粤港澳世界一流湾区为导向,加快建设以珠三角尤其是广州、深圳为辐射中心,以汕头、湛江和韶关为次中心,延伸到市县两级以及乡镇的辐射扩散式服务网络,各地根据不同情况发展有专业特点的区域服务,形成中心辐射与专业分工相结合的服务业发展格局
	3. 支持服务业业态创新	(1)推进制造业服务化。①推进智能制造,建设国家、省市智能制造示范基地;②推进物联网协同制造,建设互联网与工业融合创新试点企业;③发展总集成总承包"双总"服务;④鼓励发展个性化定制服务、全生命周期管理、网络精准营销等新型制造模式;⑤增强工业设计对制造业的提升作用;⑥打造一批具有较强自主创新能力和集成服务能力的"广东服务"供应商龙头骨干企业。 (2)促进与互联网深度融合。深入实施"互联网+"行动计划,实施互联网+工程、互联网+创新创业服务、互联网+先进制造服务、互联网+现代金融、互联网+现代物流服务、互联网+节能环保、互联网+惠民服务。①培育发展一批"互联网+"示范园区、示范平台、示范企业、示范项目;②创建18个"互联网+"小镇;③深入实施大数据战略,创建珠三角国家大数据综合试验区,在若干产业行业建设大数据创新应用试点示范;④建设第一批广东省大数据产业园、大数据创业创新孵化园和广东省大数据交易中心。 (3)培育"四新"服务业态。①发展创意经济;②引导新一代信息技术、虚拟现实技术、人工智能、卫星导航等新技术推广应用;③大力发展智能出行、在线旅游、远程教育、在线医疗等新业态;④推进发展共享经济,重点实现行业突破、建设分享网络平台、建设共享经济实验室;⑤打造跨界融合产业集团和产业联盟
	4. 关于支持发展的系列政策	(1)土地支持政策。①要求建立服务业重点项目库,优先安排项目用地;各级政府在实施城乡规划和"三旧"改造中收购储备的存量土地优先用于高端生产性服务业项目;工业企业利用自有工业用地兴办自营生产性服务业,涉及提高用地容积率的可按新用途办理相关手续;鼓励生产性服务项目用地采取租赁方式取得土地使用权,积极探索实行弹性出让方式供地。②出台《关于深入推进"三旧"改造工作实施意见》。③制定深圳市前海深港现代服务业合作区土地租赁管理办法。 (2)税收优惠政策。①出台《关于落实扶持服务业发展若干税收优惠政策的通知》(2008),按照会展业、代理业、旅游业、金融保险业、科技服

续表

省市名称	主要做法	主要措施及启示
广东	5. 关于支持发展的系列政策	务业、医疗卫生服务、民用航空、文化教育、大公司大集团分类制定了具体的税收优惠政策;②制定了《关于落实促进行业协会商会改革发展财政扶持措施的意见》;③出台《关于广东横琴新区、福建平潭综合实验区、深圳前海深港现代化服务业合作区企业所得税优惠政策及优惠目录的通知》,推出了更为优惠的现代服务业合作政策。 (3)人才政策。①加快建立以先进制造业实训为主的高技能人才培训基地和现代服务业所需的高技术人才培训基地,开展现代学徒制试点。对成功引进海外高层次人才和智力的机构或有功人员给予奖励;落实高端人才安家落户、出入境签证、个税优惠等政策。②深圳出台《深圳市关于加快发展人力资源服务业的若干措施》
江苏	1. 制定了较为完备的引导规划体系	出台《江苏省现代服务业"十四五"发展规划》(2021)、《省政府关于加快发展生产性服务业促进产业结构调整升级的实施意见》(2015)、《江苏省生产型服务业双百工程实施方案》(2016)、《江苏省政府关于加快互联网平台经济发展的指导意见》(2015)、《江苏省新一轮服务业综合改革试点实施意见》(2017)、《服务业创新发展江苏行动纲要(2017—2025年)》(2017)等系列政策
江苏	2. 推进服务业集聚发展	(1)实施生产性服务业百区提升示范工程,认定省级生产性服务业集聚示范区。 (2)各地推进特色化产业集聚区。如丹阳市制定出台《丹阳市关于培育和扶持眼镜产业发展的若干政策意见》,常州建设绿色建筑产业示范区(节能环保)、盐城建设大数据产业园。 (3)各个集聚区科学定位,明确1~2个主导产业,围绕产业链培育创新链,围绕创新链打造价值链,迅速提升产业集聚度,快速壮大主导产业规模
江苏	3. 服务业产业要素保障体系	(1)服务业人才支撑。①制定了《江苏省现代服务业人才发展规划(2017—2020年)》(2017)、《关于聚力创新深化改革打造具有国际竞争力人才发展环境的意见》(2017)。②引进海内外人才。组织实施现代服务业国际人才引进"一三一"计划。柔性引进省内外现代服务业高层次人才。③培养服务人才。引导省内高校和科研院所主动对接企业技术需求,调整专业,按需制定人才教育培训方案。重点发展专业人才学历教育、技能培训和高层次人才提升。 (2)服务业发展资金支撑。①建立各类现代服务业专项引导基金。先后制定了《江苏省省级现代服务业(金融业)发展专项引导资金管理暂行办法》(2008)、《江苏省省级现代服务业(其他服务业)发展专项资金管理办法》(2015)、《江苏省省级现代服务业(文化产业)发展专项资金使用管理办法》(2016)等。②探索实行知识产权质押、信用保险保单质押等融资方式。③加大生产性服务业企业研究开发费用加计扣除和高新技术企业、进口设备税收减免优惠政策

第三章 中国推动现代服务业发展的政策、做法与经验

续表

省市名称	主要做法	主要措施及启示
江苏	4. 培育江苏服务品牌	(1)实施品牌价值提升工程,打造江苏服务品牌企业和江苏服务区域品牌。 (2)建设一批商标密集型企业。 (3)完善服务业品牌价值评价机制。 (4)发展售后服务新业态,健全售后服务认证制度和质量监测体系
	5. 强化服务业跨界融合	(1)推进服务业与农业融合,发展创意农业。 (2)推进服务与制造业双向融合。①推进制造业服务化进程。②推进制造业向创意研发、售后服务等前端服务环节延伸,向后端增值服务扩展。 (3)搭建服务制造融合平台。建设工业云计算服务和工业大数据平台、数据中心
四川	1. 制定了比较完备的产业规划体系	(1)总体规划。《四川省"十三五"服务业发展规划》(2017)、《四川省"十四五"现代服务业发展规划》(2021)。 (2)专项规划。《关于加快发展高技术服务业的实施意见》(2012)、《四川省五大新兴先导型服务业发展工作推进方案》(2014)、《四川省人民政府关于加快发展生产性服务业促进产业结构调整升级的实施意见》(2015)、《四川省人民政府关于加快发展服务贸易的实施意见》(2015)、《四川省科技服务业发展规划(2016—2020年)》(2016)、《四川省促进家政服务业发展行动方案(2017—2020年)》(2017)、《四川关于加快发展人力资源服务业的意见》(2020)。 (3)重大举措。《四川省物价局关于运用价格政策加快生产性服务业发展的若干意见》(2007)、《关于推动四川省制造业主辅分离促进生产性服务业发展的实施意见》(2014)、《四川省服务业"三百工程"实施方案(2016—2020年)》(2016)
	2. 服务业要素及支持政策	(1)鼓励产权成果交易。出台《成都市关于鼓励知识产权成果进场交易的若干措施》。鼓励建设知识产权成果交易平台、促进知识产权成果进场交易、支持知识产权成交后产业化。对批准设立的知识产权交易平台,一次性给予补贴,并按照年度实际完成交易及融资总额的1%给予平台奖励;对提供项目在成都市政府认定的成果交易平台实现交易的中介服务机构,按照不高于交易额的3%给予补贴。 (2)区域服务业发展支持政策。①《成都市加快服务业发展支持政策》(2019),支持城市服务业改造提升、电子商务生态圈、农村电子商务示范、市场拓展、中介服务走出去。②《雅安市支持服务业倍增发展十条政策措施》(2019)。a. 鼓励企业升规上限,对首次被纳入限额以上批发业、零售业、住宿业、餐饮业经营单位,规模以上服务业企业一次性给予5万元补贴。b. 鼓励企业做大做强,设立服务业企业"上台阶奖"。c. 支持新经济新业态发展。利用电子商务平台开展交易,年销售额100万元

077

续表

省市名称	主要做法	主要措施及启示
四川	3. 服务业要素及支持政策	以上应用企业,给予平台服务费50%的补贴,最高不超过5万元;电子商务年销售额首次达1000万元的企业和本土平台,一次性分别给予10万元的奖励。包括支持电子商务、支持新建、升级改造成为智慧菜市场的农贸市场。d. 鼓励建设现代服务业集聚区。对被列入国家、省级、市级的现代服务业集聚区,给予集聚区管理单位(行政事业单位除外)一次性奖励50万元、30万元、10万元。 (3)人才支持。①强化人才引进,多渠道引进国内外高素质、复合型现代服务业人才。在落户、职称评定、社会保险、医疗卫生及子女就学等方面给予优惠。②加强人才培养,实施现代服务业人才培养计划。引导高等院校、职业学校设立服务业学科,支持高等院校、科研机构等与服务业企业合作建立实训基地,鼓励各类教育培训机构开展高技能人才、专业技术人才再培训、再教育。 (4)价格政策。推进要素同价相关政策落地落实,推动鼓励类服务业用电、用水、用气与工业基本同价。 (5)土地政策。扩大服务业用地供给,提高服务业建设用地比例。支持服务业企业发展、园区建设用地。落实退出后的工业用地优先用于发展服务业相关政策。挖潜盘活城镇存量土地和城乡建设用地增减挂钩结余的土地指标。鼓励利用工业厂房、仓储用房等存量房产、建设用地资源兴办现代服务业项目。 (6)强化技术支撑。建设一批云计算、物联网信息安全、专业数据技术服务等基础共享服务平台,鼓励开发服务业共性和关键技术,促进共性和关键性技术在省内转化与共享
	4. 优化空间布局	提出了"一核引领、两带崛起、五区拓展"的服务业空间布局。①一核:以成都市中心城区和天府新区为中心,扩大核心区域服务功能的辐射半径,引领带动周边区域服务业发展,形成"核心引领、多点支撑"发展格局。②两带:成渝城市群高端服务发展带和长江通道绿色服务经济带。③五区拓展。成都平原高端服务业引领区、川南生产性服务业创新示范区、川东北复合型服务功能扩展区、攀西运动康养服务特色区、川西北生态文化旅游服务集聚区
	5. 突出重点,统筹推进服务业行业发展	"十三五"时期:(1)优先发展的五大新兴先导型服务业:电子商务、现代物流、现代金融、科技服务、养老健康。(2)巩固提升四大支柱型服务业:现代旅游、商贸流通、文化体育、房地产。(3)积极培育四大成长型服务业:现代会展、服务外包、人力资源服务、节能环保服务。 "十四五"时期:构建"4+6"现代产业体系,推动商业贸易、现代物流、现代金融、文化旅游四大支柱型服务业转型升级,促进科技信息服务、商务会展、人力资源、川派餐饮、医疗康养、家庭社区服务六大成长型服务业做大做强

续表

省市名称	主要做法	主要措施及启示
四川	6. 深化改革增强服务业发展动力	(1)建立统一、开放有效的服务业市场,打破行政垄断、行业垄断。 (2)扩大政府服务购买。 (3)深化服务业投融资改革。 (4)进行政审批制度改革,优化审批流程,取消不合理前置审批事项,加强事中事后监管。 (5)推进服务业市场化改革,进一步放宽市场准入,推动公共服务、垄断行业、机关事业单位及国有企业后勤服务、社会组织、行业协会等方面的市场化改革。 (6)总结推广国家服务业综合改革试点经验
	7. 推进"三百"工程	(1)深入实施服务业"三百工程"。滚动推进100个重点项目、100户重点企业、100个重点品牌建设。完善服务业"三百工程"数据库,分行业、分层级建立服务业重大项目储备库、企业名录库、服务品牌库,实行每年动态调整、梯队替补的动态管理机制。 (2)推进重点项目建设。加强项目前期规划编制、评估论证等工作,找准国家产业政策、投资导向的对接点,积极主动做好项目的预审、用地报批、征地拆迁、环评等前期服务,加大项目事前、事中、事后环节管理力度,规划一批、引进一批、承接一批、开工一批、完成一批服务业重大项目。 (3)推动服务业企业转型升级。促进企业体制创新、制度创新、机制创新,做大做强服务业重点企业。分类推进生产性服务业、生活性服务业企业培育计划,积极创建全省服务业百强企业。 (4)实施服务业重点品牌培育计划。完善服务品牌评价指标体系,创建地方服务品牌,引导鼓励企业争创"中国质量奖提名奖""中国驰名商标"、入评"中国服务业企业500强"等。实施质量对标提升行动,推动服务业标准体系建设、标准信息平台建设、标准化人才队伍建设,积极开展国家级和省级服务业标准化试点示范工作

三 江苏省发展现代服务业的做法与经验

江苏与陕西是东西部对口支援结对省份,经济交流联系密切。江苏在推进现代服务业发展方面积累了不少好的做法与经验,值得学习借鉴。

（一）强化战略指引与规划引领，上下联动地市积极跟进

1. 适时调整服务业发展战略

伴随"十二五"江苏进入工业化后期，江苏省委省政府将服务业提升至战略层面高度重视，在不同的经济发展阶段聚焦不同的战略重点。"十二五"时期，实施"十百千工程"，协调推进发展生产性服务业与生活性服务业；"十三五"时期，相继实施"双百"工程、"百千万"互联网工程，重点发展生产性服务业；"十四五"时期，实施服务业高质量发展战略，聚焦"先进制造业与现代服务业深度融合"与"总部经济"。

2. 强化规划引领作用

省级层面出台了《江苏省"十三五"现代服务业发展规划》《江苏省"十四五"现代服务业发展规划》《关于加快发展生活性服务业促进消费升级的实施意见》《服务业创新发展江苏行动纲要（2017—2025年）》《江苏省现代服务业人才发展规划（2017—2020年）》《江苏省互联网平台经济"百千万"工程实施方案》《江苏省生产性服务业双百工程实施方案》等多个推动服务业发展的总体规划、行业规划、实施方案、配套政策和支持措施，建立完善的规划政策体系。江苏13个地市跟进出台推进各地现代服务业发展的实施方案、细则与措施，上下联动，保障发展战略与规划的顺利实施。

（二）服务业管理体制不断完善，改革创新推进有力

1. 理顺服务业管理体制

基于服务业覆盖面宽、涉及领域广、牵涉部门多的特点，江苏省成立了以常务副省长任组长、30多个省厅职能部门负责人为成员的江苏省现代服务业发展领导小组，下设办公室（后期与省发改委服务业处合署办公），负责指导和综合协调全省服务业发展工作；成立了江苏省发改委服务业处，制定全省服务业发展政策，统筹服务业行业发展规划衔接，综合协调服务业发展中的重大问题。各地市、区县也相应成立了组织机构，统筹本地服务业发展工作。

第三章　中国推动现代服务业发展的政策、做法与经验

2. 深入推进服务业综合改革试点工作

"十二五"时期，江苏省推进创建南京国家服务业综合改革试点，并积极推广发展经验。"十三五"时期，借鉴国家开展服务业综合改革试点的做法，制定了《江苏省新一轮服务业综合改革试点实施意见》，在南京市雨花台区、南京空港经济开发区（江宁片区）、江阴市等16个单位（区县、开发区）开展省级服务业综合改革试点工作，力推"一区一策"，在体制机制、发展模式、政策引导等方面探索创新。"十四五"时期，江苏积极探索"先进制造业与现代服务业深度融合"与"总部经济"工作。

（三）突出产业重心，构筑服务业发展的领先势头

江苏聚焦优势行业关键领域，以产业集聚区平台为核心，龙头企业为重点，重大项目为抓手，聚合力量，构筑服务业产业优势。

1. 把准服务业发展重点

江苏通过制定服务业发展规划，确定了服务业发展的重点领域。"十三五"时期，江苏聚焦生产性服务业"六大六小"领域，即科技服务、信息技术服务、金融服务、现代物流、商务服务、服务外包等六大服务产业领域和电子商务、节能环保服务、检验检测、售后服务、人力资源服务、品牌和标准化等六个服务业细分领域和行业，为政府政策引导、产业投资、项目扶持指明了方向。"十四五"时期，构建"775"服务业体系：主攻发展7个具有竞争力的优势型服务产业，壮大发展7个具有高成长性的成长型服务产业，突破发展5个具有前瞻性的先导型服务产业。

2. 着力推进服务业集聚区建设

"十二五"时期，江苏重点推进建设现代服务业园区。"十三五"时期，江苏实施生产性服务业百区提升示范工程，制定了省级生产性服务业集聚区标准，重点建设100家生产性服务业集聚区。现代服务业园区和集聚区已经成为江苏现代服务业发展的重要载体。

3. 培育行业龙头企业

江苏始终坚持以企业为市场主体，尤其高度重视民营企业发展。"十三

五"时期，江苏启动了"百企升级引领工程"，遴选 100 家在重点鼓励行业引领先进发展水平的生产性服务业领军企业、100 家互联网重点平台企业，大力度促进生产性服务业向价值链高端攀升。

4. 聚力抓好重点项目

把握"五个优先"，确定年度 150 个重点项目，实行滚动调整，推动服务业发展。五个优先：一是优先安排符合"高轻优强"产业发展方向，覆盖"8+8"重点领域（即生产性服务业 8 个重点领域和生活性服务业 8 个重点领域）的项目；二是优先安排促进服务业"三大工程"深入实施的项目；三是优先安排示范带动效应强的项目；四是优先安排创新驱动发展的项目；五是从苏南、苏中、苏北实际出发优先安排兼顾区域平衡的项目。

（四）加大财金支持力度，提高政府资金使用效率

江苏高度注重提高财税资金使用效率，充分发挥财税政策对服务业的培育和引导作用。设立服务业发展财政引导资金，每年安排 4 亿元左右并逐年增加，重点支持"双百工程"（每个认定企业、集聚区支持 100 万元）、互联网平台经济"百千万"工程、年度 150 个重大项目和服务业综合改革试点（每个试点支持 1000 万元）。为了进一步提高财政资金的使用效率，江苏省进一步推进财政资金改革创新。

1. 推进基金市场化高效运作模式

江苏建立了现代服务业发展基金，并委托江苏省高科技投资集团核心平台毅达资本进行市场化管理运营，资金运营效率大大提高。基金初始规模为 7.5 亿元，其中财政资金为 5 亿元（每年投资 1.25 亿元），省高科技投资集团出资 2.5 亿元，基金募集吸纳社会资本参与，总体规模达到 15 亿元。适应创新创业的需要，设立了服务业发展天使资金（初创基金）。

2. 创新服务企业贷款业务方式

设立了服务业"融资增信"非固定资产抵押贷款产品，帮助服务业中小企业解决融资难题。"十三五"时期，江苏省财政投入现代服务业融资增信风险补偿资金 3.75 亿元，引导银行为中小型现代服务业企业提供贷款额

度达 60 亿元，在很大程度上缓解了服务业中小企业"融资难、融资贵"问题。

3. 推动发行企业债

江苏制定了江苏省企业债融资指导意见，推动发行企业债达 3000 亿元，实现了企业债市县全覆盖，有效缓解了企业资金匮乏的燃眉之急。

（五）强化智力支持，加强服务业管理协调工作

1. 加大人才培育力度

建立了江苏省服务业培训基地，每年出资 150 万元，组织全省服务业行政管理人员、服务业集聚区管理人员和企业家 500 人次赴国内外知名大学、人力资源机构参加专题培训，有效提高了服务业管理人员与企业家整体素质。

2. 强化决策智力支持

建立研究基地，与南京财经大学联合成立江苏现代服务业研究院，整合优质科研资源，开展江苏现代服务业研究报告、江苏现代服务业发展指数、江苏现代服务业集聚区运行监测报告等年度常规任务，并根据需要公开招标相关研究课题。

3. 推动建立企业联合组织

江苏省推动成立"江苏省现代服务业联合会"，支持搭建企业合作交流平台。出台企业协会引导政策，鼓励成立行业协会，加强对行业协会的培育。充分发挥行业协会的桥梁纽带作用，整合行业协会与社会力量，实施有效的行业管理。

4. 扩大媒体宣传

搭建媒体宣传平台，与新华日报社共建"江苏服务"专刊，及时解读最新政策、传递产业资讯、报道行业最新动态。

第四章

陕西何时迎来"服务经济时代"

服务业发展遵循基本经济规律，表现特定的发展趋势与特点。科学提出陕西现代服务业发展战略的前提是要把握服务业发展规律，预测服务业发展趋势。本章采用定量方法，选取现代服务业核心指标，回顾陕西现代服务业发展历史，预测未来 12 年（2024～2035 年）发展趋势，科学判断陕西服务业所处发展阶段，预判陕西服务经济时代何时来临，为选择现代服务业发展战略和制定政策提供基本依据。

一 服务经济时代判断的标准

被称为服务经济鼻祖的美国服务经济学家富克斯在其经典著作《服务经济学》中提出"服务经济时代"的判断标准，如此表述："美国现在正在经济发展方面开创一个新时期。在第二次世界大战结束以后，这个国家已经成为世界上第一个'服务经济'国家，即第一个一半以上就业人口不从事食物、衣着、房屋、汽车或其他实物生产的国家。"① 可见，富克斯是用服务业就业人数占全部就业人数比重来判断服务经济时代的。这无疑是最重要的指标之一，然而，这一个指标过于单一，还要考虑服务业增加值占 GDP 比重、服务业开放度等系列指标。但是，简略而言，当服务业增加值占比、

---

① 〔美〕维克托·R. 富克斯：《服务经济学》，许微云、万慧芬、孙光德译，商务印书馆，1987，第 74 页。

就业人数占比2个核心指标均超过50%时，可以认为基本跨入了服务经济时代。

二 陕西服务业核心指标的估算

本章主要对陕西服务业增加值、就业人数、劳动生产率进行估算。

（一）陕西经济增长测算

1. 参照法测算

预测服务业增加值首先需要预测国内生产总值。长期以来，陕西经济增长与全国经济增长保持一定的数量关系。参照全国增速估算陕西增速的办法成为一个简单有效的测算方法。

国内外诸多研究机构、学者对中国潜在增长率进行预测。2020年标普，预计未来10年，中国经济的年均增速将放缓至4.6%。[①] 2021年，林毅夫预测中国未来10年经济增速将保持6%。2022年刘元春团队预测至2035年，中国经济潜在增速为4.7%~4.8%。高盛预测2024~2029年中国平均经济增速约为4%。刘世锦在主编的《双碳目标下的绿色增长》一书中，运用生产函数法，综合劳动产出弹性、资本存量潜在增速、劳动力潜在增速和全要素生产率潜在增速的预测结果，测算2021~2031年的中国GDP潜在增长率。本书采用相同的方法，预测2032~2035年劳动分配系数、资本分配系数、劳动增速、资本存量增速及全要素生产率增速，从而预测2032~2035年的中国GDP增速（见表4-1）。

[①]《预计未来10年中国经济年均增速在4.6%左右，提高生产率将是中国经济可依靠的最后一个主要推动力》，标普全球评级，https://sinozizhi.com/newsinfo/1574349.html，最后检索时间：2024年2月1日。

表 4-1　2024~2035 年我国潜在增长率预测结果

年份	劳动分配系数	资本分配系数	劳动增速（%）	资本存量增速（%）	全要素生产率增速（%）	GDP增速（%）	GDP 五年平均增速（%）
2024	58.63	41.37	-0.32	6.82	2.37	5.0	("十四五") 5.26
2025	58.63	41.37	-0.42	6.55	2.30	4.8	
2026	58.63	41.37	-0.43	6.31	2.23	4.6	("十五五") 4.27
2027	58.63	41.37	0.05	6.10	2.16	4.7	
2028	58.63	41.37	-0.70	5.91	2.10	4.1	
2029	58.63	41.37	-0.43	5.72	2.03	4.1	
2030	58.63	41.37	-0.86	5.54	1.96	3.7	
2031	58.63	41.37	-0.56	5.35	1.96	3.9	("十六五") 3.56
2032	58.63	41.37	-0.82	5.18	1.90	3.6	
2033	58.63	41.37	-0.61	5.01	1.84	3.6	
2034	58.63	41.37	-0.43	4.85	1.79	3.5	
2035	58.63	41.37	-0.72	4.70	1.75	3.4	

注：笔者采用相同的方法对 2032~2035 年相关数据进行测算并预测潜在增长率。
资料来源：刘世锦主编《双碳目标下的绿色增长》，中信出版社，2022，第 124~130 页。

2000~2023 年，陕西生产总值增速比全国平均增速高 1.5 个百分点，2013~2023 年平均高出 0.7 个百分点，2020~2023 年平均低 0.3 个百分点（见表 4-2）。2012 年，中国进入经济新常态，陕西经济增速与全国增速高差逐步降低，尤其是新冠疫情三年期间，增速高差迅速回落直至逆差。疫情平稳转段以后，陕西生产总值增速逐步恢复保持低差增长态势。综合历史数据，剔除异常年份，考虑增速的持续回落，陕西生产总值平均增速比全国高出 0.3~0.8 个百分点。因此，以平均增速高出全国 0.5 个百分点，依据国家 GDP 增速预估值推算陕西生产总值增速（见表 4-3）。

表 4-2　2000~2023 年陕西生产总值与全国 GDP 增速比较

年份	陕西生产总值 绝对值（亿元）	陕西生产总值 实际增速（%）	全国 GDP 绝对值（亿元）	全国 GDP 实际增速（%）	陕西与全国增速差额（个百分点）
2000	1804.00	10.4	100230.1	8.5	1.9
2001	2010.62	9.8	110863.1	8.3	1.5

第四章　陕西何时迎来"服务经济时代"

续表

年份	陕西生产总值 绝对值(亿元)	实际增速(%)	全国GDP 绝对值(亿元)	实际增速(%)	陕西与全国增速差额(个百分点)
2002	2253.39	11.1	121717.4	9.1	2
2003	2587.72	11.8	137422.0	10.0	1.8
2004	3141.56	13.0	161840.2	10.1	2.9
2005	3817.15	12.1	187318.9	11.4	0.7
2006	4595.64	12.3	219438.5	12.7	−0.4
2007	5681.78	14.3	270092.3	14.2	0.1
2008	7177.78	14.7	319244.6	9.7	5
2009	7997.83	12.2	348517.7	9.4	2.8
2010	9845.19	13.9	412119.3	10.6	3.3
2011	12175.06	13.1	487940.2	9.6	3.5
2012	14142.41	12.2	533530.0	7.9	4.3
2013	15905.35	10.5	592963.2	7.8	2.7
2014	17402.50	9.6	643563.1	7.4	2.2
2015	17898.80	7.7	688858.2	7.0	0.7
2016	19045.75	7.5	746395.1	6.8	0.7
2017	21473.45	7.8	832035.9	6.9	0.9
2018	23941.88	8.1	919281.1	6.7	1.4
2019	25793.17	6.0	986515.2	6.0	0
2020	26014.14	2.1	1013567.0	2.2	−0.1
2021	29800.98	6.5	1143669.7	8.1	−1.6
2022	32772.68	4.3	1210207.0	3.0	1.3
2023	33786.07	4.3	126058.2	5.2	−0.9
2000~2023年年均增速	—	9.8	—	8.3	1.5
2013~2023年年均增速	—	6.8	—	6.1	0.7
2020~2023年年均增速	—	4.3	—	4.6	−0.3

资料来源：《中国统计年鉴（2022）》《陕西统计年鉴（2022）》，中国统计出版社，2022；《中华人民共和国2023年国民经济和社会发展统计公报》，国家统计局网站（2024年2月29日），https://www.stats.gov.cn/sj/zxfb/202402/t20240228_1947915.html，最后检索时间：2024年5月24日；《2023年陕西省国民经济和社会发展统计公报》，陕西统计局网站（2024年3月27日），http://tjj.shaanxi.gov.cn/tjsj/ndsj/tjgb/qs_444/202403/t20240327_2324303.html，最后检索时间：2024年5月24日。

表 4-3 2024~2035 年陕西生产总值与全国 GDP 增长比较

年份	全国 GDP 预测值（亿元）	陕西生产总值预测值（亿元）	全国 GDP 增速预测值（%）	陕西生产总值增速预测值（%）
2024	132361.1	35644.3	5.0	5.5
2025	138714.4	37533.5	4.8	5.3
2026	145095.3	39447.7	4.6	5.1
2027	151914.8	41498.9	4.7	5.2
2028	158143.3	43407.9	4.1	4.6
2029	164627.2	45404.7	4.1	4.6
2030	170718.4	47311.6	3.7	4.2
2031	177376.4	49393.4	3.9	4.4
2032	183761.9	51418.5	3.6	4.1
2033	190377.4	53526.6	3.6	4.1
2034	197040.6	55667.7	3.5	4.0
2035	203740.0	57838.7	3.4	3.9
年均增速	—	—	4.0	4.5

2. 基于趋势外推法的生产总值增速预测

立足陕西经济发展基础，在研判未来发展形势的基础上，与陕西经济主管部门及相关经济学者充分沟通讨论，综合考虑各种因素进行预测。2024~2035 年陕西生产总值增速保持中高水平，呈现逐步回落态势。2024 年、2025 年陕西生产总值增速预计分别为 5.5% 和 5.2%。"十五五"与"十六五"陕西 GDP 年均增速分别为 4.7% 和 4.1% 左右（见表 4-4）。

表 4-4 2024~2035 年基于实际增长趋势外推法的陕西生产总值预测

年份	陕西生产总值增速预测值（%）	陕西生产总值预测值（亿元）
2024	5.5	35644.3
2025	5.2	37497.8
2026	5.0	39372.7
2027	5.0	41341.3
2028	4.6	43243.0

第四章 陕西何时迎来"服务经济时代"

续表

年份	陕西生产总值增速预测值(%)	陕西生产总值预测值(亿元)
2029	4.5	45189.0
2030	4.5	47222.5
2031	4.5	49347.5
2032	4.5	51568.1
2033	4.3	53785.6
2034	4.3	56098.3
2035	4.3	58510.7

通过采用两种预测方法相互印证,发现两种预测方法预测值相差不多,综合判断,进一步将陕西生产总值预测值进行修正。结果见表4-5。

表4-5 2024~2035年陕西生产总值增速修正预测值

年份	基于外推法的增速预测值(%)	基于参照法的增速预测值(%)	增速修正预测值(%)	生产总值修正预测值(亿元)
2024	5.5	5.5	5.5	35644.3
2025	5.2	5.3	5.3	37533.5
2026	5.0	5.1	5.1	39447.7
2027	5.0	5.2	5.1	41459.5
2028	4.6	4.6	4.6	43366.6
2029	4.5	4.6	4.6	45361.5
2030	4.5	4.2	4.3	47312.0
2031	4.5	4.4	4.4	49393.8
2032	4.5	4.1	4.3	51517.7
2033	4.3	4.1	4.2	53681.4
2034	4.3	4.0	4.1	55882.4
2035	4.3	3.9	4.0	58117.7

(二)陕西服务业增加值测算

根据2000年以来服务业增加值占生产总值的变化情况(见表4-6),结

陕西现代服务业高质量发展研究

合当前及未来陕西经济发展趋势，按照年均提高0.8个、1.2个和1.6个百分点的低、中、高三种情景预测服务业增加值占比情况。其中，中情景是发生概率较大的情景（见表4-7、表4-8）。

表4-6 2000~2023年陕西与全国服务业增加值占生产总值的比重

单位：%

年份	全国服务业增加值占比	陕西服务业增加值占比
2000	39.8	42.31
2001	41.2	43.18
2002	42.2	42.76
2003	42.0	41.11
2004	41.2	40.71
2005	41.3	41.67
2006	41.8	40.44
2007	42.9	39.69
2008	42.9	38.93
2009	44.4	40.37
2010	44.2	38.87
2011	44.3	36.99
2012	45.5	36.88
2013	46.9	37.87
2014	48.3	39.02
2015	50.8	42.65
2016	52.4	44.33
2017	52.7	44.79
2018	53.3	45.51
2019	54.3	46.61
2020	54.5	48.14
2021	53.3	45.60
2022	52.8	43.50
2023	54.6	44.60
2000~2023年服务业占比年均提高(个百分点)	0.64	0.10
2013~2023年服务业占比年均提高(个百分点)	0.77	0.67

第四章 陕西何时迎来"服务经济时代"

续表

年份	全国服务业增加值占比	陕西服务业增加值占比
2000~2023年服务业占比年均提高(个百分点)(剔除疫情影响)	0.76	0.23
2013~2023年服务业占比年均提高(个百分点)(剔除疫情影响)	1.23	1.46

资料来源：《中国统计年鉴（2022）》《陕西统计年鉴（2022）》，中国统计出版社，2022；《中华人民共和国2023年国民经济和社会发展统计公报》，国家统计局网站（2024年2月29日），https：//www.stats.gov.cn/sj/zxfb/202402/t20240228_1947915.html，最后检索时间：2024年5月24日；《2023年陕西省国民经济和社会发展统计公报》，陕西统计局网站（2024年3月27日），http：//tjj.shaanxi.gov.cn/tjsj/ndsj/tjgb/qs_444/202403/t20240327_2324303.html，最后检索时间：2024年5月24日。

表4-7 采用趋势外推法预测陕西服务业增加值占GDP比重

单位：%

年份	低情景(0.8个百分点)	中情景(1.2个百分点)	高情景(1.6个百分点)
2024	45.4	45.7	46.2
2025	46.2	46.9	47.8
2026	47.0	48.1	49.4
2027	47.8	49.3	51.0
2028	48.6	50.5	52.6
2029	49.4	51.7	54.2
2030	50.2	52.9	55.8
2031	51.0	54.1	57.4
2032	51.8	55.3	59.0
2033	52.6	56.5	60.6
2034	53.4	57.7	62.2
2035	54.2	58.9	63.8

表4-8 采用趋势外推法预测陕西服务业增加值

单位：亿元，%

| 年份 | 低情景(0.8个百分点) || 中情景(1.2个百分点) || 高情景(1.6个百分点) ||
	增加值	增速	增加值	增速	增加值	增速
2024	16150.5	7.2	16200.1	7.5	16467.7	9.3
2025	17300.3	7.1	17480.3	7.9	17941.0	8.9

091

续表

年份	低情景(0.8个百分点) 增加值	增速	中情景(1.2个百分点) 增加值	增速	高情景(1.6个百分点) 增加值	增速
2026	18540.4	6.9	18864.6	7.9	19487.2	8.6
2027	19836.5	7.0	20340.2	7.8	21164.4	8.6
2028	21096.2	6.4	21921.0	7.8	22832.6	7.9
2029	22429.9	6.3	23474.2	7.1	24609.3	7.8
2030	23750.4	5.9	25027.8	6.6	26399.9	7.3
2031	25190.6	6.1	26721.8	6.8	28351.8	7.4
2032	26634.8	5.7	28434.4	6.4	30336.9	7.0
2033	28155.0	5.7	30242.5	6.4	32437.1	6.9
2034	29726.6	5.6	32064.6	6.0	34625.3	6.7
2035	31348.6	5.5	34067.0	6.2	36901.1	6.6

1. 低情景

按照年均提高0.8个百分点的保守估计，陕西服务业增加值占生产总值的比重将在2030年超过50%，达到50.2%，在2035年达到54.2%。

2. 中情景（基准情景）

按照年均提高1.2个百分点的中等增速估计，陕西服务业增加值占生产总值的比重将在2028年超过50%，达到50.5%，在2035年达到58.9%。

3. 高情景

按照年均提高1.6个百分点的乐观增速估计，陕西服务业增加值占生产总值的比重将在2027年超过50%，达到51%，在2035年达到63.8%。

（三）陕西服务业就业增长测算

使用劳动力需求弹性对服务业就业人数进行估算[①]。首先估算整体经济的劳动力需求弹性和服务业劳动力需求弹性，然后利用生产总值和服务业增加值增长率推算整体经济和服务业就业人数，从而可以计算服务业就业人

---

① 夏杰长等：《中国现代服务业发展战略研究》，经济管理出版社，2019，第32~34页。

员占全社会就业人员的比重。劳动力需求弹性（就业需求弹性）的公式为：（服务业就业人员增量占服务业就业人员比重）/（生产总值增量占生产总值比重）。

1. 就业需求弹性

2000年以来，剔除2019年奇异值与疫情因素后，陕西的就业需求弹性总体平稳，呈现微降趋势。2001~2018年，整体就业需求弹性平均值为0.0581，2013~2018年整体就业需求弹性平均值为0.0310。陕西的服务业就业需求弹性总体稳定，呈现逐步上升趋势。2001~2018年，服务业就业需求弹性平均值为0.2430，2013~2018年服务业就业需求弹性平均值为0.7529（见表4-9）。

2. 服务业就业人数预测

鉴于服务业就业需求弹性变化趋势，服务业的资本密集化程度加深。本书假设自2024年以后陕西服务业的就业需求弹性为0.3000，整体经济的就业需求弹性为0.0410，根据服务业和整体经济的就业需求弹性可推算服务业就业人数比重（见表4-10）。

预测结果显示：2025年，陕西服务业就业人数占整体就业人数的比重将超过50%，达到50.7%。至2030年，服务业就业人数所占比重将达到56.1%，相当于发达国家中等水平。预测结果与世界经济体劳动就业结构变化趋势基本一致。国际经验表明，随着经济增长和城镇化进程的加快，服务业将成为吸收劳动就业的主渠道。国际上大多数国家和地区的服务业就业人数远多于第二产业。中等收入国家的服务业就业人数通常是第二产业的2~3倍。

综上所述，按照中情景估算，我们可以得到2025年、2028年重要时间节点关键预测值。2025年，陕西服务业就业人数为1055.3万人，所占比重为50.7%，陕西服务业增加值为17480.3亿元，占生产总值的比重为46.9%；2028年，陕西服务业就业人数为1131.5万人，占整体就业人数的比重为54.1%，陕西服务业增加值为21921.0亿元，占生产总值的比重为50.5%。

表 4-9　2000~2022 年陕西整体就业需求弹性与服务业就业需求弹性

年份	服务业就业人数（万人）	服务业增加值（亿元）	整体就业人数（万人）	整体增加值（亿元）	整体就业需求弹性	服务业就业需求弹性
2000	504	763.20	1813	1804.00	—	—
2001	494	868.17	1785	2010.62	-0.1348	-0.1443
2002	563	963.62	1874	2253.39	0.4129	1.2704
2003	551	1063.89	1912	2587.72	0.1367	-0.2048
2004	615	1278.80	1941	3141.56	0.0709	0.5750
2005	651	1590.79	1976	3817.15	0.0839	0.2399
2006	655	1858.41	1986	4595.64	0.0248	0.0365
2007	679	2255.21	2013	5681.78	0.0575	0.1716
2008	710	2794.21	2039	7177.78	0.0491	0.1910
2009	691	3228.80	2060	7997.83	0.0901	-0.1721
2010	660	3826.96	2083	9845.19	0.0483	-0.2422
2011	659	4503.35	2087	12175.06	0.0081	-0.0086
2012	465	5215.31	2091	14142.41	0.0119	-1.8621
2013	482	6023.91	2090	15905.35	-0.0038	0.2358
2014	537	6790.62	2101	17402.50	0.0559	0.8965
2015	626	7634.46	2107	17898.80	0.1001	1.3337
2016	666	8443.14	2111	19045.75	0.0296	0.6032
2017	711	9618.32	2111	21473.45	0.0000	0.4854
2018	802	10896.42	2112	23941.88	0.0041	0.9632
2019	968	12022.57	2114	25793.17	0.0122	2.0027
2020	1030	12524.38	2105	26014.14	-0.4969	1.5345
2021	1036	13692.88	2091	30121.74	-0.0421	0.0624
2022	986	14264.23	2066	32772.68	-0.1359	-1.1567
2001~2022 年平均值					0.0174	0.3096
2001~2018 年平均值					0.0581	0.2430
2013~2018 年平均值					0.0310	0.7529

注：2012~2019 年陕西省第三产业就业人口不包括农村就业人口。

资料来源：《中华人民共和国 2023 年国民经济和社会发展统计公报》，国家统计局网站（2024 年 2 月 29 日），https://www.stats.gov.cn/sj/zxfb/202402/t20240228_1947915.html，最后检索时间：2024 年 5 月 24 日；《2023 年陕西省国民经济和社会发展统计公报》，陕西统计局网站（2024 年 3 月 27 日），http://tjj.shaanxi.gov.cn/tjsj/ndsj/tjgb/qs_444/202403/t20240327_2324303.html，最后检索时间：2024 年 5 月 24 日。

表 4-10　2024~2035 年陕西整体就业人数与服务业就业人数及占比预测值

单位：万人，%

年份	整体就业人数	服务业就业人数	服务业就业人数所占比重
2024	2075.3	1030.9	49.7
2025	2079.8	1055.3	50.7
2026	2084.2	1080.3	51.8
2027	2088.5	1105.6	52.9
2028	2092.5	1131.5	54.1
2029	2096.4	1155.6	55.1
2030	2100.1	1178.4	56.1
2031	2103.9	1202.5	57.2
2032	2107.6	1225.6	58.1
2033	2111.3	1249.1	59.2
2034	2114.8	1271.6	60.1
2035	2118.3	1295.2	61.1

（四）陕西服务业劳动生产率预测

服务业劳动生产率指标是衡量服务业高质量的重要指标之一。由于服务业行业差异大且部分行业垄断性强，测算全要素生产率存在诸多困难。因此，我们以劳动生产率作为替代性衡量指标。劳动生产率是单位就业人员创造的增加值，即采用服务业增加值除以服务业就业人数计算。2000~2012 年，陕西服务业劳动生产率多数年份以 15% 以上的增速高位增长，2013~2023 年，剔除奇异值后，服务业劳动生产率转入低位增长阶段（见表 4-11）。

根据之前预测的服务业增加值和服务业就业人数可以推算陕西 2024~2035 年服务业的劳动生产率，见表 4-12。可以看出，陕西服务业劳动生产率年均增速为 4.79%。

表 4-11　2000~2023 年陕西服务业劳动生产率

年份	服务业就业人数（万人）	服务业增加值（亿元）	服务业劳动生产率（元/人）	服务业劳动生产率增速（%）
2000	504	763.20	15142.9	—
2001	494	868.17	17574.3	16.1
2002	563	963.62	17115.8	-2.6
2003	551	1063.89	19308.3	12.8
2004	615	1278.80	20793.5	7.7
2005	651	1590.79	24436.1	17.5
2006	655	1858.41	28372.7	16.1
2007	679	2255.21	33213.7	17.1
2008	710	2794.21	39355.1	18.5
2009	691	3228.80	46726.5	18.7
2010	660	3826.96	57984.2	24.1
2011	659	4503.35	68336.1	17.9
2012	465	5215.31	112157.2	64.1
2013	482	6023.91	124977.4	11.4
2014	537	6790.62	126454.7	1.2
2015	626	7634.46	121956.2	-3.6
2016	666	8443.14	126773.9	4.0
2017	711	9618.32	135278.8	6.7
2018	802	10896.42	135865.6	0.4
2019	968	12022.57	124200.1	-8.6
2020	1030	12524.38	121595.9	-2.1
2021	1036	13692.88	132170.7	8.7
2022	986	14264.23	144667.6	9.5
2023	1000	15067.42	150674.2	4.2

注：2023 年服务业就业人数为估算。
资料来源：《陕西统计年鉴（2023）》，中国统计出版社，2023；《2023 年陕西省国民经济和社会发展统计公报》，陕西统计局网站（2024 年 3 月 27 日），http：//tjj.shaanxi.gov.cn/tjsj/ndsj/tjgb/qs_444/202403/t20240327_2324303.html，最后检索时间：2024 年 5 月 24 日。

表 4-12　2024~2035 年陕西服务业劳动生产率预测值

年份	服务业增加值（亿元）	服务业就业人数（万人）	服务业劳动生产率（元/人）	服务业劳动生产率增速（%）
2024	16200.1	1030.9	157145.2	4.3
2025	17480.3	1055.3	165642.9	5.4
2026	18864.6	1080.3	174623.7	5.4

续表

年份	服务业增加值 （亿元）	服务业就业人数 （万人）	服务业劳动生产率 （元/人）	服务业劳动生产率 增速（%）
2027	20340.2	1105.6	183974.3	5.4
2028	21921.0	1131.5	193734.0	5.3
2029	23474.2	1155.6	203134.3	4.9
2030	25027.8	1178.4	212388.0	4.6
2031	26721.8	1202.5	222218.7	4.6
2032	28434.4	1225.6	232003.9	4.4
2033	30242.5	1249.1	242114.3	4.4
2034	32064.6	1271.6	252159.5	4.1
2035	34067.0	1295.2	263025.0	4.3

综合以上分析，2023年，陕西服务业增加值占生产总值的比重为44.6%，就业人数占整体就业人数的比重接近49%。可见，陕西距离富克斯教授所说的"服务经济时代"的标准还差"一步之遥"，已经非常接近了。按照预测值看，可以预见，在2025年和2028年，陕西服务业就业及增加值所占比重将会相继过半，届时陕西将迎来"服务经济时代"。服务经济时代正在向我们走来，但是要推进现代服务业高质量发展，依然任重而道远。

三 陕西服务业发展阶段与水平评价

（一）陕西服务业发展阶段

1. 基于富克斯意义"服务经济时代"的逼近

按照上文测算结果：2024年陕西服务业劳动就业人数占整体就业人数的比重将接近一半，据测算，2028年陕西服务业增加值占生产总值的比重将超过50%。届时，将与富克斯教授说的判断标准一致。事实上，服务业已经成为陕西经济的重中之重，居民消费方式的服务化趋势也很明显，新技术在服务业领域运用非常广泛。所以，综合起来考虑，当前，陕西已经很接近"服务经济时代"了，或者处于服务经济时代的"窗口期"。以此推算陕西将在2028年前后真正迎来"服务经济时代"。

2. 基于服务业现代化发展阶段的判断

按照何传启等人关于服务业现代化发展阶段的判断（见表2-8），陕西服务业增加值占比2020年就已经达到48.14%，受疫情影响2023年回落为44.6%，均在40%~50%的区间，但没超过50%。因此，陕西服务业处于第一次服务业现代化的成熟期。主要特征有以下几方面。一是服务业市场化程度不断加深、规模化不断推进，服务业专业化与标准化水平加快提升。二是科技创新、现代教育、现代物流、文化旅游等现代服务业比重大幅上升，批发零售、餐饮等传统服务业比重下降。三是生产性服务业，尤其是研发设计、知识产权保护等行业，优先加速发展。

3. 基于购买力平价的服务业发展阶段的判断

如前文所述，国内诸多学者按照购买力平价计算的人均经济水平与服务业发展之间的关系，将世界服务业发展分为四个阶段（见表2-7）。2021年，陕西人均生产总值为75360元，折合17961国际元。据此判断，陕西应该居于服务业"加速发展阶段"，陕西服务业进入快速发展阶段，服务业增加值所占比重会加速提高。但是，基于陕西发展基础及产业结构的差异，服务业增加值占比远低于世界同类国家或地区水平，也低于国内平均发展水平。

（二）与同类省份的发展水平比较分析

按照"总量规模相当、追赶目标适度、地理邻近"原则，选取经济总量与陕西相当的4个省份、排名领先陕西1位的1个省份、与陕西相邻8个省份，选用2015~2022年度数据，对其服务业阶段与发展水平进行综合比较分析（见表4-13）。

第四章 陕西何时迎来"服务经济时代"

表4-13 对比省份选择依据与确定

分类依据	所属省份	对比省份
陕西毗邻8省份	河南、山西、湖北、重庆、四川、甘肃、内蒙古、宁夏	河南、山西、湖北、重庆、四川、甘肃、内蒙古、宁夏、安徽、辽宁、江西、广西
生产总值规模超过陕西1位的省份	安徽	
生产总值总量规模与陕西相当的4省份	辽宁、江西、重庆、广西	

在同类13个省份中,陕西人均生产总值排名居第4位,仅次于内蒙古、湖北与重庆(见表4-14)。相应对照国际服务业占比标准,陕西服务业增加值占生产总值的比重应介于61%~70%的水平。然而陕西实际服务业增加值占生产总值的比重仅约为45%,不仅大大落后于世界服务业占比的平均水平,也落后于国内同类经济省份。

表4-14 2021年同类13个省份不同计价的人均生产总值

省份	人均生产总值(人民币元)	人均生产总值(国际元)	所处阶段
山 西	64821	15450	加速发展阶段中期
内蒙古	85422	20360	加速发展阶段后期
辽 宁	65062	15507	加速发展阶段中期
安 徽	70321	16760	加速发展阶段中期
江 西	65560	15626	加速发展阶段中期
河 南	59410	14160	加速发展阶段前期
湖 北	86416	20597	加速发展阶段后期
广 西	49206	11728	加速发展阶段前期
重 庆	86879	20707	加速发展阶段后期
四 川	64326	15332	加速发展阶段中期
陕 西	75360	17961	加速发展阶段中期
甘 肃	41046	9783	与工业并行阶段后期
宁 夏	62549	14908	加速发展阶段前期

注:根据世界银行公布的购买力平价数据进行计算。

资料来源:《世界各国人均GDP(购买力平价计)数据》,https://www.kylc.com/stats/global/yearly_overview/g_gdp_per_capita_ppp.html,最后检索时间:2024年10月5日;《中国统计年鉴(2022)》,中国统计出版社,2022。

陕西现代服务业高质量发展研究

1. 同类省份服务业发展规模的比较

陕西服务业总体规模偏小。2022年，陕西服务业增加值为14264.2亿元，占全国的比重仅为2.23%，在全国31个省区市中，陕西服务业增加值居第17位，比其生产总值全国排名落后3位；在同类13个省份中，排名第8位（见图4-1），居中游水平；在8个邻省（区、市）排名中，陕西服务业增加值规模居第5位，分别是河南、四川、湖北的47.4%、48.1%和69.6%，相当于重庆的92.5%；在与陕西经济体量相当的4省（区、市）中，陕西服务业增加值排名倒数第2，仅高于广西。

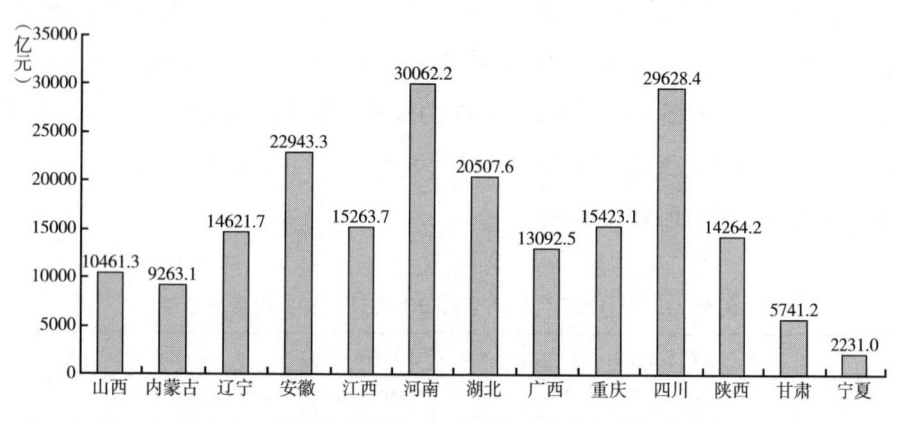

图4-1 2022年同类13个省份服务业增加值规模比较

资料来源：《中国统计年鉴（2023）》，中国统计出版社，2023。以下数据未作特殊说明，来源均同此。

2. 同类省份服务业人均规模的比较

陕西服务业人均规模具有发展潜力。2022年，陕西人均服务业增加值为36057.1元。在同类13个省份中，陕西排名第4位（见图4-2），分别是内蒙古、安徽、重庆的93.5%、96.3%和75.1%。从全国来看，2022年，陕西人均服务业增加值仅占全国人均服务业增加值的79.7%，还有较大发展空间和潜力。

3. 同类省份经济总量中服务业份额的比较

陕西服务业增加值比重虽然不断提高但依然较低。2015年，陕西服务

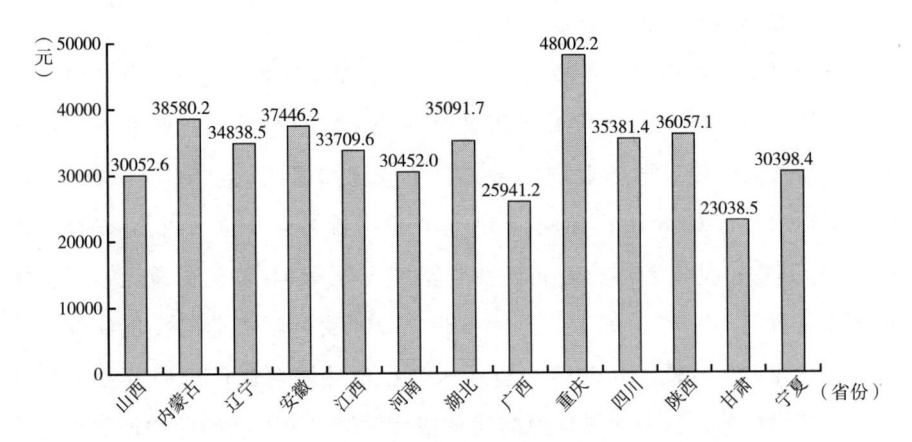

第四章 陕西何时迎来"服务经济时代"

图 4-2 2022 年同类 13 个省份人均服务业增加值规模比较

业增加值占生产总值的比重为 40.7%，比全国服务业增加值占比低 10 个百分点，在全国 31 个省区市中，排名倒数第 8。在同类 13 个省份中（见图 4-3），排名倒数第 6，高于河南（40.2%）、安徽（39.1%）等。2022 年，陕西服务业增加值占生产总值的比重为 43.5%，依然比全国服务业增加值占比低近 10 个百分点，在全国排名倒数第 3，仅高于山西和内蒙古，比河南低 5.5 个百分点、比安徽低 7.4 个百分点。

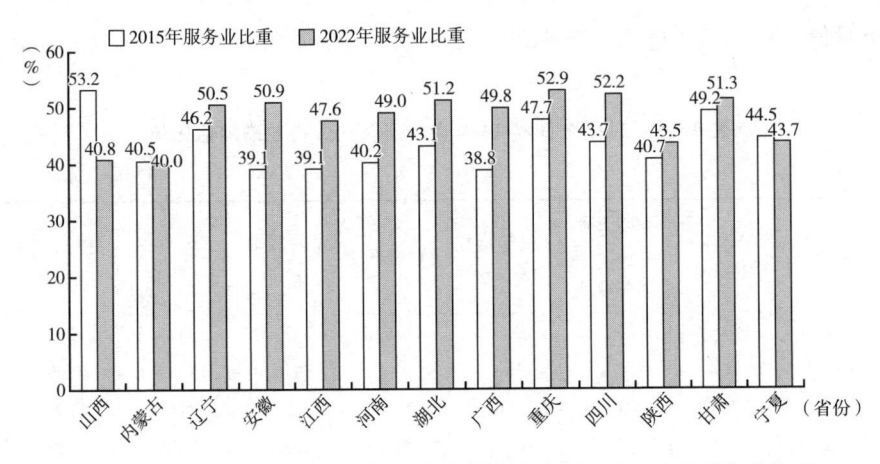

图 4-3 2015 年和 2022 年同类 13 个省份服务业增加值占生产总值的比重

4. 同类省份服务业结构差异的比较

陕西服务业结构层次不断优化，孕育形成竞争优势性行业。从传统行业来看，2022年，陕西以批发和零售业，交通运输、仓储和邮政业，住宿和餐饮业为代表的传统服务业增加值占服务业增加值的比重为27.1%，低于全国平均水平（28.8%）；在同类13个省份中排名第8位（见表4-15、表4-16）。其中，批发和零售业占比为15.0%，居第10位；交通运输、仓储和邮政业占比（9.2%）较高，居第8位，显示交通物流业的突出地位；住宿和餐饮业占比较低。从非传统行业来看，虽然陕西非传统服务业增长迅速，但其增加值占服务业增加值的比重依然偏低。陕西金融业增加值所占比重（15.1%）较低，低于全国平均水平（15.3%），比重庆低1.1个百分点。从现代服务业竞争优势看，与全国平均水平比较，对陕西2013~2022年服务业增加值偏离份额分析结果表明（见表4-17），陕西交通运输、仓储和邮政业竞争力分量分值为负值（-39.89），反映出低于全国平均水平，当前尚不具有竞争力；信息传输、软件和信息技术服务业（167.9），金融业（127.61），科学研究和技术服务业（126.07）三个行业竞争力分量分值为正值且较大，说明陕西这三个行业在全国具有较强的竞争力和发展优势。房地产业（38.87）、租赁和商务服务业（24.23）竞争力分量分值为正值，但绝对值较小，说明这两个产业在全国具有一定竞争力。

表4-15 2022年同类13个省份服务业分行业增加值比较

单位：亿元

省份	(1)批发和零售业	(2)交通运输、仓储和邮政业	(3)住宿和餐饮业	(4)金融业	(5)房地产业	(6)其他产业	(1)+(2)+(3)合计
河南	4496.5	3721.1	1066.5	1359.0	3631.0	13414.5	9284.1
四川	5132.1	1587.5	1180.1	3840.1	3446.0	14130.1	7899.7
湖北	3593.4	2313.9	1186.5	3639.7	3909.4	12482.3	7093.8
安徽	4240.8	2171.7	825.9	2935.1	2937.1	9600.8	7238.4
辽宁	2229.1	1367.6	302.9	2138.3	1501.1	6912.6	3899.6
陕西	2103.3	1293.8	400.8	2109.7	1617.9	6485.2	3797.9

第四章 陕西何时迎来"服务经济时代"

续表

省份	(1)批发和零售业	(2)交通运输、仓储和邮政业	(3)住宿和餐饮业	(4)金融业	(5)房地产业	(6)其他产业	(1)+(2)+(3)合计
江西	2844.5	1341.7	555.5	2140.5	2117.4	6129.9	4741.7
重庆	2816.7	1084.0	567.7	2491.0	1668.6	6748.5	4468.4
广西	2156.3	1098.3	385.9	1934.7	1899.3	5566.1	3640.5
内蒙古	1585.3	1317.9	291.6	981.7	830.3	4200.0	3194.8
山西	1666.7	1198.5	213.8	1359.0	1165.5	4771.7	3079.0
甘肃	795.6	555.6	155.0	925.1	573.2	2681.0	1506.2
宁夏	218.8	213.5	54.1	352.2	185.1	1166.2	486.4
全国平均	114517.7	49673.7	17855.3	96811.0	73821.3	279918.4	182046.7

数据来源：《中国统计年鉴（2023）》，中国统计出版社，2023。

表4-16 2022年同类13个省份服务业分行业增加值占服务业增加值比重比较

单位：%

省份	(1)批发和零售业占比	(2)交通运输、仓储和邮政业占比	(3)住宿和餐饮业占比	(4)金融业占比	(5)房地产业占比	(6)其他产业占比	(1)+(2)+(3)合计占比
河南	15.2	12.6	3.6	11.1	12.3	45.3	31.3
四川	17.5	5.4	4.0	13.1	11.8	48.2	26.9
湖北	13.2	8.5	4.4	13.4	14.4	46.0	26.2
安徽	18.7	9.6	3.6	12.9	12.9	42.3	31.9
辽宁	15.4	9.5	2.1	14.8	10.4	47.8	27.0
陕西	15.0	9.2	2.9	15.1	11.5	46.3	27.1
江西	18.8	8.9	3.7	14.1	14.0	40.5	31.3
重庆	18.3	7.0	3.7	16.2	10.9	43.9	29.1
广西	16.5	8.4	3.0	14.8	14.6	42.7	27.9
内蒙古	17.2	14.3	3.2	10.7	9.0	45.6	34.7
山西	16.1	11.6	2.1	13.1	11.2	46.0	29.7
甘肃	14.0	9.8	2.7	16.3	10.1	47.0	26.5
宁夏	10.0	9.7	2.5	16.1	8.5	53.3	22.2
全国平均	18.1	7.9	2.8	15.3	11.7	44.4	28.8

数据来源：《中国统计年鉴（2023）》，中国统计出版社，2023。

表 4-17 2013~2022 年陕西现代服务业增加值偏离份额分析

分项	份额分量	结构分量	竞争力分量	总偏离分量	总变化量
现代服务业	1526.01	11.70	502.81	514.51	2040.53
交通运输、仓储和邮政业	347.65	-86.25	-39.89	-126.14	221.51
信息传输、软件和信息技术服务业	194.69	129.92	167.90	297.82	492.51
金融业	420.13	13.84	127.61	141.45	561.58
租赁和商务服务业	62.35	8.33	24.23	32.56	94.91
科学研究和技术服务业	150.26	-17.89	126.07	108.18	258.44
房地产业	295.02	-35.96	38.87	2.91	297.93

5. 同类省份服务业经济增长贡献的比较

陕西服务业对生产总值增长的贡献度逐年提高，受新冠疫情影响出现回落，疫情平稳转段后逐步恢复，但仍低于全国平均水平。2015 年陕西服务业经济增长贡献率为 53.9%，低于全国 55.9% 的平均水平（见表 4-18）。2020 年，陕西服务业经济增长贡献率为 57.5%，发挥了支撑经济增长的重要作用。2022 年，陕西服务业经济增长贡献率下降到 28.7%，低于全国平均水平，与四川、河南等省份相比有一定差距。

表 4-18 2015 年、2020 年、2022 年 13 个同类省份服务业经济增长贡献率比较

单位：%

省份	2015 年服务业经济增长贡献率	2020 年服务业经济增长贡献率	2022 年服务业经济增长贡献率
河南	44.2	70.9	32.4
四川	83.0	50.1	43.3
湖北	46.0	56.3	33.3
安徽	46.3	37.8	33.0
辽宁	873.8	111.4	26.9
陕西	53.9	57.5	28.7
江西	35.1	43.0	43.1
重庆	47.5	37.9	39.2
广西	41.9	58.2	35.8
内蒙古	110.5	-43.3	25.8

续表

省份	2015年服务业经济增长贡献率	2020年服务业经济增长贡献率	2022年服务业经济增长贡献率
山西	123.5	25.5	30.2
甘肃	834.4	65.1	34.0
宁夏	63.0	51.7	18.4
全国平均	55.9	46.3	41.8

资料来源：13个省份2016年、2021年、2023年统计年鉴。

6. 陕西服务业与工业发展水平的比较

陕西服务化水平快速提升。从长期增长情况看，陕西服务业增加值实际增速不断加快，并逐步超过工业增加值实际增速。剔除疫情影响，"十一五""十三五"时期（2010年除外），陕西服务业增加值实际增速一直高于工业（见图4-4）。剔除疫情影响，2000~2019年，陕西服务业增加值年均实际增速为11.7%，工业增加值年均实际增速为11.9%，二者基本持平。2013年以来，陕西服务业增加值年均实际增速为9.4%，工业增加值年均实际增速为7.8%。从服务业与工业增加值比值来看，陕西服务业与工业增加值比值呈上升态势，2015年为1，2020年上升至1.41，2022年受新冠疫情影响回落至1.08，但同期全国服务业与工业增加值比值分别为1.62、1.76和1.59，陕西与其存在较大差距。在同类13个省份中，陕西服务业与工业增加值比值排名靠后。其中，2015年、2020年、2022年河南服务业与工业增加值比值分别为0.93、1.52和1.54，四川服务业与工业增加值比值分别为1.19、1.87和1.8。从陕西服务业与工业在全国占比来看，2015年、2020年、2022年，陕西服务业增加值占全国服务业增加值的比重均略高于2%，同时期陕西工业增加值占全国工业增加值的比重接近或高于3%（见表4-19）。数据表明，与工业增加值占全国份额相比，陕西服务业处于较弱地位。从全国各省份服务业与工业增加值规模排名来看，2022年陕西服务业增加值排名第18位，陕西工业增加值全国排名从2015年的第14位上升到2022年的第12位。

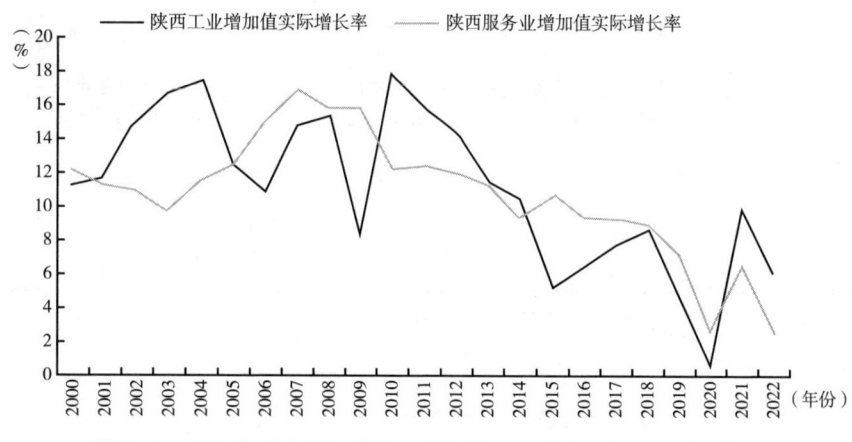

图 4-4　2000 年以来陕西服务业增加值与工业增加值实际增速情况

资料来源：《陕西统计年鉴（2023）》，中国统计出版社，2023。

表 4-19　2015 年、2020 年和 2022 年陕西服务业增加值与工业增加值占全国比重及排名

年份	陕西服务业增加值占全国比重(%)	陕西工业增加值占全国比重(%)	陕西服务业增加值全国排名(位)	陕西工业增加值全国排名(位)
2015	2.12	3.11	18	14
2020	2.27	2.83	17	14
2022	2.23	3.30	18	12

资料来源：《陕西统计年鉴（2023）》，中国统计出版社，2023；《中国统计年鉴（2023）》，中国统计出版社，2023。

通过以上陕西与全国、同类省份服务业发展阶段和服务业发展水平的比较可以看出，参考世界服务经济发展历史和规律，尽管按照经济发展水平，陕西已经进入服务业加速发展阶段中期，但受制于轻视服务业的传统观念、较低的人均收入水平、失衡的产业结构、偏能源资源性工业结构、僵化的制度约束等原因，陕西服务业发展水平依然滞后，已经成为陕西经济健康持续发展的短板，也成为抑制经济转型升级、推进实现高质量发展的重要障碍。因此，高度重视服务业并将其上升为陕西经济战略已经成为必然的战略选择。

第五章

陕西现代服务业发展基础

改革开放,尤其是党的十八大以来,陕西现代服务业稳步持续发展,创新驱动活力明显增强,质量效益显著提升,呈现创新发展潜力较大、国有经济占比较高等特征,存在总体规模偏小、产业结构不优、企业主体不强等短板,面临产业融合程度不深、体制机制障碍、要素瓶颈约束等因素。陕西服务业长足发展为未来产业转型升级、高质量发展奠定了坚实基础。客观认识陕西现代服务业发展特征、存在问题及制约因素,对推动现代服务业高质量发展和科学提出高质量发展战略具有重要意义。

一 陕西现代服务业发展现状与特征

(一)发展现状

1. 体量规模持续攀升,增长支撑作用明显

"十三五"以来,陕西服务业保持较快增长①。2019年,陕西服务业增加值为12022.6亿元,占生产总值的比重达到46.6%。受新冠疫情影响,服务业增速回落,2022年,全省服务业增加值为14264.2亿元,占生产总值比重回调至43.5%,较2015年提高0.8个百分点。服务业投资保持较快增

---

① 曹林、黄静:《2022年陕西服务业发展形势分析与2023年预测》,载程宁博、王飞、王建康、裴成荣主编《陕西经济发展报告(2023)》,社会科学文献出版社,2023,第76~79页。

速，2020年服务业固定资产投资达到18779.2亿元，占全社会固定资产投资比重为68.5%，较2015年提高了6.8个百分点。2022年，全省服务业法人单位数为670958个，是2015年的2.52倍，成为新增市场主体的重要力量。2022年全省服务业就业人数986万人，比2015年增加了360万人，成为吸纳社会就业的重要渠道。服务业对生产总值增长贡献保持高位水平，剔除疫情影响，对全省生产总值增长平均贡献率达到50%以上（见表5-1），成为新时期推动全省经济增长的重要力量[①]。

表5-1 2015年、2020~2022年陕西服务业发展总体态势

主要指标	2015年	2020年	2021年	2022年	均速(%)
地区生产总值（亿元）	17898.8	26181.9	30121.7	32772.7	9.1
服务业增加值（亿元）	7634.5	12551.7	13692.9	14264.2	9.4
服务业增加值比重(%)	42.7	47.9	40.9	43.5	—
服务业对全省生产总值增长贡献率(%)	53.9	57.5	47.5	28.7	—
服务业就业人数（万人）	626	1030	1036	986	6.7
整体就业人数（万人）	2107	2105	2091	2066	-0.3
服务业就业人数占比(%)	29.7	48.9	49.5	47.7	—
服务业固定资产投资（亿元）	12459.0	18779.2	—	—	8.6
全社会固定资产投资（亿元）	20177.9	27436.0	—	—	6.3
服务业固定资产投资占比(%)	61.7	68.5	—	—	—

① 孟来果：《陕西服务业发展的现状、问题及对策》，《中国集体经济》2020年第23期。

续表

主要指标	2015年	2020年	2021年	2022年	均速(%)
全体法人单位数（个）	358073	689053	732756	963293	15.2
服务业法人单位数（个）	266437	513144	516138	670958	14.1
服务业法人单位数占比(%)	74.4	74.5	70.4	69.7	—

注：2022年、2023年陕西省统计年鉴仅公布固定资产投资增速，未公布绝对值。
资料来源：《陕西统计年鉴（2023）》，中国统计出版社，2023。

2. 内部结构趋向优化，优势行业日益形成

从内部结构来看（见表5-2），2022年，陕西批发和零售业增加值占服务业增加值比重为14.7%，金融业为14.8%，房地产业为11.3%，交通运输、仓储和邮政业为9.1%，信息传输、软件和信息技术服务业，科技服务等其他服务业为45.5%。从动态行业演变来看，金融业、其他服务业等现代服务业保持较快增长，2015年以来增加值年均增速分别为8.7%和11.6%；而批发和零售业与住宿和餐饮业等传统服务业增速放缓，年均增速分别为6.1%和2.6%，远低于服务业平均增速的9.3%，占服务业增加值的比重也呈现下降趋势，表明陕西服务业内部结构不断趋向优化。

从全国行业竞争优势来看（见表4-17），如前文对陕西省服务业偏离份额分析结果表明，全省交通运输、仓储和邮政业竞争力分量为负值，反映其竞争力低于全国平均水平；信息传输、软件和信息技术服务业，金融业两个行业所有指标均为正值且绝对值较高，说明陕西这两个行业在全国具有较强的竞争力和发展优势；科学研究和技术服务业竞争力分量绝对值较高，说明其在全国竞争优势明显。房地产业、租赁和商务服务业竞争力分量为正值，但绝对值较小，表明其相对全国具有一定竞争力。因此，全省形成了以信息传输、软件和信息技术服务业，金融业，科学研究和技术服务业为代表的竞争优势产业。同时，现代服务业发展步伐加快，第三方物流、跨境电子商

务、快递等新业态、新模式不断涌现，互联网金融、创业投资与私募基金等新行业发展迅猛。

表5-2 2015年、2020~2022年陕西服务业行业增加值比较

分项	2015年	2020年	2021年	2022年	年均增速（%）
地区生产总值（亿元）	17898.8	26181.9	30121.7	32722.7	9.0
服务业增加值（亿元）	7634.5	12551.7	13692.9	14264.2	9.3
批发和零售业增加值（亿元）	1390.9	1834.3	2040.0	2103.3	6.1
交通运输、仓储和邮政业增加值（亿元）	803.7	1135.8	1247.2	1293.8	7.0
住宿和餐饮业增加值（亿元）	334.5	376.3	404.9	400.8	2.6
金融业增加值（亿元）	1177.3	1820.9	1962.5	2109.6	8.7
房地产业增加值（亿元）	796.0	1538.7	1668.8	1617.9	10.7
其他服务业增加值（亿元）	3014.2	5634.4	6100.2	6485.2	11.6

注：服务业（第三产业）增加值与服务业六类行业合计增加值不一定相等。
资料来源：《陕西统计年鉴（2023）》，中国统计出版社，2023。

3. 创新驱动活力增强，质量效益不断提升

（1）创新驱动不断增强。陕西在全国率先建设创新型省份，西安、宝鸡、汉中三市已被列为国家创新型试点市。《2022年全国科技经费投入公报》显示[1]，2022年，陕西共投入研究与试验发展（R&D）经费769.6亿元，是2015年的2倍，研究与试验发展（R&D）经费投入强度为2.35%。2022年签订各类技术合同49928项，合同成交金额3053.5亿元，是2015年的4.23倍；省级以上孵化载体达到489个，其中国家级145个[2]。2022年，陕西高新技术企业增至12208家，全国排名第12位，科技型中小企业15952

---

[1] 《2022年全国科技经费投入统计公报》，国家统计局网站（2023年9月18日），https：//www.stats.gov.cn/sj/zxfb/202309/t20230918_1942920.html，最后检索时间：2024年2月25日。
[2] 《2023年陕西省国民经济和社会发展统计公报》，陕西省统计局网站（2024年3月27日），http：//tjj.shaanxi.gov.cn/tjsj/ndsj/tjgb/qs_444/202403/t20240327_2324303.html，最后检索时间：2024年5月21日。

家，排名全国第 11 位，创新驱动发展驶入快车道①。

（2）质量效益持续提高。2001~2012 年，陕西服务业劳动生产率高速增长，年均增速超过 10%。2013 年以来，服务业劳动生产率增速回落。2015~2022 年，整体呈波动上升趋势（见图 5-1）。

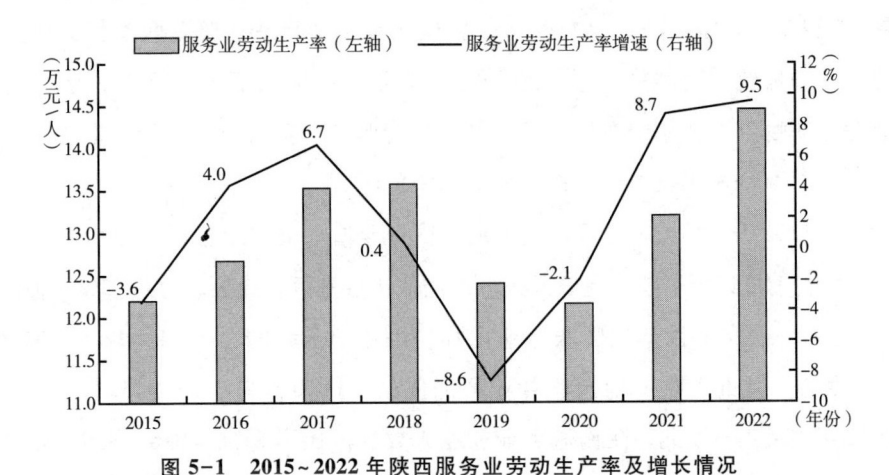

图 5-1　2015~2022 年陕西服务业劳动生产率及增长情况

资料来源：《陕西统计年鉴（2023）》，中国统计出版社，2023。

4. 服务业新动能加速释放，新业态亮点纷呈

现代服务业，尤其是生产性服务业增势良好，成为带动全省服务业增长的重要动力。《2023 年陕西省国民经济和社会发展统计公报》显示，2023 年，信息传输、软件和信息技术服务业增加值较 2022 年增长 8.3%，租赁和商务服务业为 8.2%，科学研究和技术服务业为 4.8%，金融业为 5.1%，均高于服务业的平均增速（4.1%）。数字技术创新应用消费新场景拉动市场销售较快增长。全省线上消费占比持续提高，2023 年，限额以上企业（单位）通过公共网络实现的商品销售额同比增长 7.2%，高于限额以上企业（单位）消费品零售额增速 3.7 个百分点，拉动限额以上企业（单位）消费品零售额增长 1.2 个百分点；占限额以上企业（单位）消费品零售额的比

---

① 《高质量发展调研行：陕西营造出"热带雨林式"的科创生态》，https://new.qq.com/rain/a/20230909A06APL00.html，最后检索时间：2024 年 5 月 21 日。

重为19.7%，较2022年同期提高2.5个百分点[1]。快递市场规模持续扩大。2023年陕西邮政行业寄递业务量累计达21.96亿件，较2022年增长22.55%，其中，快递业务量累计完成15.23亿件，较2022年增长34.96%。新业态新模式亮点纷呈。社交电商、直播带货、无人销售等新业态蓬勃发展，"智慧+""酒店+"等新经济、新模式带来消费新体验。西安将大唐文化演绎到极致，网红社交带火夜经济。新业态逐步"下沉"区县，诸多新业态、新场景、新品牌在区县开花结果，为服务消费增长带来新增量[2]。

5. 区域分布比较集中，载体建设支撑有力

（1）从三大区域布局看，关中地区服务业增加值占全省服务业增加值比重稳定在七成以上，陕北地区服务业增加值比重呈微升趋势，约占15%。2015年，关中、陕北、陕南地区服务业增加值的占比为72.8∶14.4∶12.8。2022年，关中、陕北、陕南地区服务业增加值的占比调整为72.5∶15.2∶12.3。2022年，关中、陕北、陕南服务业就业人数的占比为81.8∶9.6∶8.6，关中城市群服务业就业人数的占比超过80%，现代服务业区域分布集中。

（2）从城市布局看，陕西呈现西安"一市独大"的服务业格局，西安服务业增加值所占比重接近"半壁江山"。西安服务业增加值占全省服务业增加值的比重由2015年的48%提高至2022年的49.7%。榆林服务业增加值占全省服务业增加值的比重由2015年的9.9%提高至2022年的10.9%。2015年按照所占比重大小依次排序为咸阳、渭南、宝鸡、汉中，2022年服务业增加值所占比重分别为7.5%、6.5%、6.5%和5.5%，如图5-2所示。

（3）从空间载体看，全省服务业初步呈现集聚发展态势。开发区、特色街区、文化景区等成为全省服务业的重要载体，现已形成西安高新区高新技术服务业集聚区、国际港务区物流产业集聚区、宝鸡高新区国家创新型科

---

[1] 《2023年全省消费市场总体平稳》，陕西省统计局网站（2024年2月6日），http://tjj.shaanxi.gov.cn/tjsj/tjxx/qs/202402/t20240206_2316717.html，最后检索时间：2024年4月13日。

[2] 曹林、张爱玲：《2023年陕西服务业发展形势分析与2024年预测》，载程宁博、王建康、裴成荣主编《陕西经济发展报告（2024）》，社会科学文献出版社，2024，第85~86页。

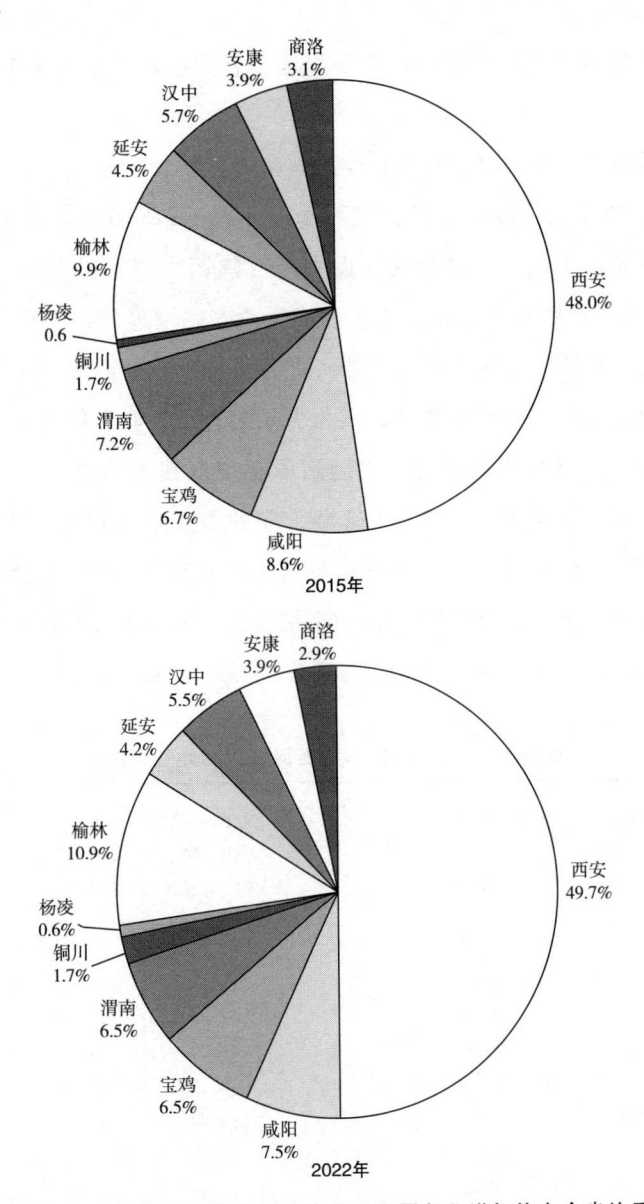

图 5-2 2015 年与 2022 年陕西各地市服务业增加值占全省比重

资料来源：《陕西统计年鉴（2016）》，中国统计出版社，2016；《陕西统计年鉴（2023）》，中国统计出版社，2023。

技园区、咸阳临空产业物流园、汉中两汉三国文化景区、延安宝塔山红色景区等一批国家级和省级现代服务业集聚区,有力推动了全省服务业的集聚、集约发展。

6. 综合改革扎实推进,对外开放不断深化

(1) 服务业改革深入推进。陕西深入开展了西安市、西咸新区国家服务业综合改革试点工作,高标准建设中国(陕西)自贸试验区(简称陕西自贸)、西安国家自主创新示范区,依托西安临空经济示范区、陕西科技资源统筹区,全面、系统地进行了服务业各领域的创新改革。国家、省、市三级服务业综合改革试点聚集区,成为引领全省服务业发展的重要引擎。

(2) 服务业开放不断深化。伴随陕西自贸区建设的深入推进,全省服务业对外开放不断深化。2012~2022年,陕西服务进出口总额由42.2亿美元增加至72.97亿美元,2022年占全部进出口总额的8.9%。服务业实际利用外资额逐年攀升,由2012年的9.67亿美元,提高到2021年的39.21亿美元,占实际利用外资额的比重也提高至38.3%(见表5-3)。

表5-3 2012~2022年陕西服务业对外开放情况

年份	货物进出口总额(亿美元)	服务进出口总额(亿美元)	服务进出口总额占全部进出口总额比重(%)	实际利用外资额(亿美元)	服务业实际利用外资额(亿美元)	服务业实际利用外资额占比(%)
2012	148.0	42.20	22.2	29.36	9.67	32.9
2013	201.3	52.77	20.8	36.78	10.35	28.1
2014	273.6	70.58	20.5	41.76	16.78	40.2
2015	305.2	95.00	23.7	46.21	4.94	10.7
2016	299.3	71.95	19.4	50.12	19.37	38.6
2017	401.7	73.74	15.5	58.94	15.05	25.5
2018	532.4	76.28	12.5	68.48	15.75	23.0
2019	509.9	75.81	12.9	77.29	17.25	22.3
2020	545.5	60.41	10.0	84.43	22.25	26.4
2021	713.7	64.84	8.3	102.46	39.21	38.3
2022	748.3	72.97	8.9	14.64	6.58	44.9

资料来源:《陕西省对外投资合作业务简况(2016-2022)》,陕西省商务厅官方网站,https://sxdofcom.shaanxi.gov.cn/newstyle/pub_newschannel.asp?chid=100355。

（二）发展特征

陕西省现代服务业具有以下发展特征。

1. 较高比重的研发投入形成较大创新发展潜力

陕西总体经济实力位居全国中游水平，与江苏、安徽、湖北、四川等兄弟省份比较还有一定差距，但是陕西省科教资源丰富，科研综合实力一直排在全国前列，是现代服务业创新发展的潜在优势。2022年，陕西R&D经费支出占地区生产总值比重为2.35%，高于安徽、湖北、四川等省份；技术合同成交额达到3053.5亿元，居全国前列，仅次于北京、广东、江苏、上海、山东等省份，每万人口发明专利拥有量为20.76万件，居全国第7位，高于安徽、湖北、四川等省份。

2. 生产性服务业呈现服务对象重工化、企业性质国有化的明显特征

生产性服务业是为制造业服务的中间性服务产业，具有伴生性特点。与陕西制造业基础和所有制特征相适应，生产性服务业具有以下两大明显特征。一是具有服务对象重工化特征。譬如研发设计产业中，能源化工、国防工业服务的比重较高；工业设计偏向服务于重工业；批发业中以石油煤炭重工业产品为主；物流业中以能源运输与重化工业品为重点。二是具有国有企业比重偏高的所有制特征。2021年陕西服务业企业法人单位中，国有企业有3902家，占全省内资企业的1.69%，这一比重不仅远高于全国（0.82%），也高于江苏（0.47%）、安徽（0.87%）、湖北（0.93%）、四川（1.07%）四省份。

3. 现代服务业区域布局不均衡

陕西服务业布局高度集中，形成以西安为核心、关中城市群为重点、陕南陕北区域中心城市为节点的服务业区域分布形态。具有以下两大明显特征。一是西安形成全省服务业中心。西安服务业增加值占全省服务业增加值比重接近50%，且高技术服务业、专业化生产性服务业高度集中于此。二是依托关中城市群初步形成服务业经济带。关中地区的咸阳、宝鸡、渭南、铜川等城市分布集中，促成服务业的连片集聚发展，关中地区服务业增加值

占全省的比重接近75%。三是服务业依托城镇体系形成"省会西安—区域中心城市—县城—服务业集聚区"的空间等级结构。依托开发区、特色街区、专业产业园形成的服务业集聚区正在成为服务业高质量发展的高效载体。

二 陕西现代服务业发展存在的问题及制约

（一）存在的问题

1. 现代服务业规模偏小，供给总量相对不足

"十三五"以来，陕西服务业虽然取得长足发展，但是现代服务业规模偏小。2019年，陕西现代服务业的法人单位数为176713个，占全国的2.18%，比相邻的湖北、四川、河南低1~4个百分点，与发达省份江苏（8.72%）相比更是差距较大（见表5-4）；陕西现代服务业的固定资产投资为10366.5亿元，均低于毗邻的湖北、四川、河南等省份，仅占全国总量的3.46%；陕西现代服务业（部分行业）的营业收入合计为6272.1亿元，

表5-4 2019年陕西与其他省份现代服务业的数据比较

指标	法人单位数 合计（个）	占比（%）	就业人数 合计（万人）	占比（%）	固定资产投资 合计（亿元）	占比（%）	营业收入 合计（亿元）	占比（%）
全国	8120679	100	8131.6	100	299606.2	100	349512	100
江苏	708475	8.72	671.7	8.26	20850	6.96	31650.7	9.06
安徽	281248	3.46	267.5	3.29	12293.8	4.10	8946.5	2.56
湖北	340926	4.20	318.6	3.92	14954.4	4.99	11539.3	3.30
四川	281504	3.47	373	4.59	18773.4	6.27	12479.2	3.57
陕西	176713	2.18	203.2	2.50	10366.5	3.46	6272.1	1.79
河南	433288	5.34	422.4	5.19	18161.6	6.06	12662.8	3.62

注：此处的现代服务业主要包括信息传输、软件和信息技术服务业，交通运输、仓储和邮政业，金融业，房地产业，文化、体育和娱乐业，科学研究和技术服务业，租赁和商务服务业等七大类数据，其中因统计数据口径等原因营业收入未包括金融业。

资料来源：《中国第三产业统计年鉴（2020）》，中国统计出版社，2020。

占全国的1.79%，低于相邻的湖北、四川、河南等省份1个多百分点，仅占发达省份江苏的19.8%。陕西现代服务业的就业人数为203.2万人，仅占全国的2.5%，比相邻的湖北、四川、河南低1~3个百分点，仅占发达省份江苏的30%。

2. 行业结构层次较低，发展水平不高

从陕西服务业内部结构看，传统服务业一直占较大比重，新兴服务业份额偏小。从增加值来看，2022年，批发和零售业，住宿和餐饮业，交通运输、仓储和邮政业等传统服务业占比约27%，而信息传输、软件和信息技术服务业，租赁和商务服务业，科学研究和技术服务业等新兴服务业占比偏低，这表明服务业依然是附加值低的劳动、资本密集型产业，发展水平不高。从发达省份来看，信息传输、计算机服务、物流、金融等正在成为服务业的主导力量，而陕西此类高价值现代服务业有效服务供给能力不足，发展水平低，尚未形成具有竞争力的产业。

3. 龙头企业数量偏少，示范带动能力较弱

龙头企业作为一个行业发展的火车头，对整个产业有着非常重要的示范和带动作用。目前，陕西已经成长起来一批重要的现代服务业企业，但与发达省份相比，龙头企业数量仍较少，尤其是缺乏一批经营规模大、实力雄厚和知名度高的大企业、大集团和具有全国影响力的品牌。2021年，陕西省规模以上服务业企业为3901家，仅占全国的2%左右。中国企业联合会、中国企业家协会发布的《2023年中国服务业企业500强》[①]显示，陕西进入该榜单的服务业企业只有8家，分别为排名69位的东岭集团有限公司、排名99位的陕西投资集团、排名138位的陕西交通控股集团有限公司、排名146位的陕西泰丰盛合控股集团有限公司、排名197位的西安迈科金属国际集团、排名278位的西安城市基础设施建设投资集团有限公司、排名304位的西安曲江文化产业投资（集团）有限公司、排名313位的陕西粮农集团有

---

① 《2023年中国服务业企业500强》，http://finance.sina.com.cn/zt_d/subject-1695177531/，最后检索时间：2024年8月8日。

限责任公司，登榜企业数量占全国的比重仅为1.6%。

4. 国际化开放程度不高，市场竞争力较弱

从外贸依存度来看，陕西外贸依存度一直在低水平徘徊。2022年陕西外贸依存度14.75%，与全国平均水平相差约20个百分点，低于四川（17.76%）3个百分点，比发达省份江苏低20多个百分点。从服务业实际使用外资占比来看，2022年陕西服务业实际利用外资占比44.9%，低于江苏（51.1%）、湖北（71.3%）等省份，也低于全国69.1%的平均水平。同时，陕西服务贸易出口规模相对依然较小，多数新兴行业只有进口没有出口。陕西服务业进出口额在全国的占比很小，2022年仅为0.8%，远低于江苏、四川等省。

（二）制约因素

1. 收入与消费水平偏低，制造业融合程度不高

人均收入与消费水平较低制约生活性服务业发展，制造业与生产性服务业融合不够制约生产性服务业壮大。陕西城乡居民收入水平较低，2022年，陕西城镇常住居民人均可支配收入42431元，相当于全国的86.1%；农村居民人均可支配收入15704元，相当于全国的78.0%。受收入水平低的限制，生活性服务业需求动力不足。陕西相当数量的工业企业生产方式仍较为落后，工业产业链条较短，且以物质材料消耗占比较高的实体产品为主，金融、研发、设计、市场营销、人力资源、信息技术等附加值较高的生产要素占比较小，导致工业企业对市场化的生产性服务业需求不足，从而束缚了陕西生产性服务业的发展。

2. 市场化程度不高，面临体制机制障碍

陕西服务业市场化、社会化程度不够，管制过多、行业失范、事业化经营等多种不合理现象并存。在金融、信息服务、科技服务等一些行业准入门槛较高、管制过多、投资主体单一，造成行业竞争不足，影响企业的服务能力、质量和效率。在陕西创新投资基金领域较为典型，存在政府过多干预倾向，投资基金管理层选拔、经营团队国际化程度不够等问题，削弱了创新投

资基金的市场竞争力；物流、律师、会计、咨询等一些新兴行业准入门槛较低，缺乏配套的行业规范，造成低价竞争和无序竞争，如冷链物流标准和服务规范体系缺乏，咨询业缺少进入门槛与技术规范；一些本来应该实行市场化经营的产权交易、技术交易等中介服务机构，却作为公益性社会事业来管理，这些都阻碍了现代服务业水平的提升。

3. 产业服务体系不健全，存在要素瓶颈约束

陕西现代服务业面临高端专业人才不足和创新资本发展滞后的两大瓶颈约束。一是专业人才不足。专业人才是现代服务业发展的重要支撑，现代服务业发展缓慢的主要制约因素就是专业人才紧缺。受经济发展和地域的影响，陕西虽然科研院所、高校众多，每年培养的本科、研究生人数居全国前列，但人才流失严重，高层次人才特别是领军型、管理型、复合型高级人才缺乏，导致整体创新能力不强，影响了高端现代服务业的发展。二是金融服务能力较弱。陕西现代服务业以轻资产、缺少抵押物的中小微企业居多，金融机构针对中小微企业的金融产品和服务少，导致这类企业获取银行贷款较为困难。

第六章

陕西现代服务业发展的战略定位：高质量发展

中国特色社会主义进入新时代，中国经济发展也迈入新时代，基本特征就是中国经济已由高速增长阶段转向高质量发展阶段。基于服务业在经济中的重要地位和作用，推动服务业实现质量至上、效益优先是整体经济实现高质量发展的必由之路。习近平总书记在党的二十大报告中提出："高质量发展是全面建设社会主义现代化国家的首要任务"，"坚持以推动高质量发展为主题，加快建设现代化经济体系"，"构建优质高效的服务业新体系，推动现代服务业同先进制造业、现代农业深度融合"。这是对中国经济现阶段发展特征和当前经济工作重点的重大判断，是适应中国社会主要矛盾变化的必然选择。现代服务业是国民经济体系的重要组成部分，是现代化产业体系的重要内容、经济社会发展不可或缺的重要力量。因此，以高质量发展为定位推进现代服务业发展成为重要而紧迫的任务。

一　陕西现代服务业高质量发展：必由之路

（一）推动服务业高质量发展是适应新发展阶段的现实选择

改革开放 40 多年来，随着经济快速发展，陕西综合实力显著增强。2023 年陕西地区生产总值达到 33786.07 亿元，人均生产总值超过 1 万美

第六章　陕西现代服务业发展的战略定位：高质量发展

元，目前正处在从中等收入水平继续向上跃升的重要阶段。但是，受思维惯性、路径依赖、低端锁定和创新瓶颈等影响，陕西经济发展出现了转型升级困难，新旧动能转换受阻，结构性、体制性、周期性问题相互交织错综复杂，经济运行面临较大压力。尤其是2022年、2023年陕西经济增速下滑，稳定经济发展的压力较大。为了适应新发展阶段的新要求，突破和超越传统发展模式的积弊和短板，迫切需要高端生产性服务业和高品质生活性服务业赋能创新驱动、高质量供给引领和创造新需求来推动发展。习近平总书记在中共中央政治局第十一次集体学习时强调："发展新质生产力是推动高质量发展的内在要求和重要着力点，必须继续做好创新这篇大文章，推动新质生产力加快发展。"[①] 这一重要论断为陕西实现高质量发展和构建优质高效的服务业新体系指明了方向。可见，推动服务业高质量发展既是为陕西实现发展转型和产业升级提供倒逼机制，也是畅通国内大循环、促进国内国际双循环、构建新发展格局的根本要求。

（二）推动高质量发展是解决社会主要矛盾的必然要求

改革开放40多年来，陕西经济社会快速发展，人民物质文化生活水平稳步提升。党的十九大报告指出，随着中国特色社会主义进入新时代，我国社会主要矛盾已经转变为人民日益增长的美好生活需要和不平衡不充分的发展之间的矛盾。这一矛盾的主要方面是发展的不平衡不充分，服务业发展的不平衡不充分是其中的重要短板，主要表现为生产性服务业发展不足，高品质生活性服务业发展滞后，公共服务业难以满足人民日益增长的高质量需求。为此，我们应该坚持以人民为中心的发展思想，把发展质量和效益摆到更加突出的位置，大力发展现代服务业，着力在创新发展、提升效益、补齐短板上下功夫，积极回应广大群众的期盼，解决好人民群众普遍关心的就业、教育、医疗、健康等突出问题，努力推进现代服务业

[①] 《习近平在中共中央政治局第十一次集体学习时强调 加快发展新质生产力 扎实推进高质量发展》，央视网（2024年2月2日），http：//news.cctv.com/2024/02/01/ARTIAUDH41gDj1VvRfby6n4R240201.shtml，最后检索时间：2024年4月26日。

与制造业、农业深度融合,优化供给侧结构性改革,提供更优质产品和更舒心服务,不断满足高质量生产需求与人民群众个性化、多样化和高端化的美好生活需要。

(三)推动高质量发展是实现服务业自身转型升级的内在要求

改革开放40多年来,作为陕西经济社会发展的重要组成部分,服务业取得了巨大发展成就。主要表现为:服务业发展规模持续扩大,成为吸纳劳动力就业的主要渠道,对GDP增长的贡献持续提高。然而,陕西服务业整体发展水平不高,发展质量亟待提升,面临着生产性服务业发展水平低下,难以适应工业升级需求;服务业企业成本高企,服务标准、品牌缺失,体制机制障碍制约等问题。为此,转型升级成为服务业健康持续发展的迫切需要,推动服务业高质量发展也成为实现服务业自身转型升级的内在要求。

(四)推动高质量发展是实现社会主义现代化的重要路径

历经改革开放,我国经济社会发展取得了历史性伟大成就,发生了历史性伟大变革,为继续发展积累了多方面优势和条件。在此背景下,党的十九届五中全会提出,我国"到二〇三五年基本实现社会主义现代化远景目标"。对照现代化发展目标,陕西发展不平衡不充分问题仍然突出,重点领域关键环节改革任务仍然艰巨,创新能力不适应高质量发展要求,产业发展不平衡,农业基础还不稳固,制造业竞争力还不强,服务业现代化水平还不高,城乡区域发展和收入分配差距较大,民生保障存在短板。为此,必须聚焦聚力服务业高质量转型发展,形成优质高效和多样化的供给体系,让产品和服务的品牌形象立起来、强起来,不断提高产品和服务供给的质量、效率和竞争力,从而在新时代新阶段高质量发展进程中赢得主动,奋力谱写中国式现代化建设的陕西新篇章。

二 现代服务业高质量发展水平评价及障碍分析

（一）陕西现代服务业高质量发展评价研究设计

1. 服务业高质量发展指标体系构建

当前，服务业高质量发展指标体系的研究尚处于初期探索阶段，既有成果相对较少。多数学者基于新发展理念构建指标体系，潘莉[1]运用综合指数法，从创新驱动、结构优化、速度效益、协调融合、社会贡献5个方面衡量了浙江省各市服务业高质量发展水平；胡观景、李启华[2]，洪群联[3]等以新发展理念为基准，从产业层面构建服务业高质量发展评价指标体系；谢颖妮[4]运用熵权TOPSIS模型，基于新发展理念构建了指标评价体系，对陕西省2011~2020年现代服务业高质量发展指数进行测度。部分学者从投入产出角度构建服务业高质量发展评价指标体系，鲁朝云、刘国炳[5]以"投入效率—产出质量"为框架，从产业规模、生态文明等六个方面对我国现代服务业高质量发展水平进行评价；张明志、刘红玉、李兆丞等[6]采用指数法，构建了一个包含结构高质量、效益高质量、规模高质量、品牌高质量4个一级指标和16个二级指标的服务业高质量发展评价指标体系；汤婧、夏杰

---

[1] 潘莉：《服务业高质量发展指数研究与实证分析》，《统计科学与实践》2019年第3期，第37~38页。
[2] 胡观景、李启华：《新发展理念视角下服务业高质量发展评价指标体系构建》，《中国工程咨询》2020年第10期，第69~72页。
[3] 洪群联：《中国服务业高质量发展评价和"十四五"着力点》，《经济纵横》2021年第8期。
[4] 谢颖妮：《陕西省现代服务业高质量发展水平评价及障碍因子诊断》，《投资与合作》2023年第2期。
[5] 鲁朝云、刘国炳：《现代服务业高质量发展评价指标体系构建及应用》，《大连海事大学学报》（社会科学版）2019年第5期，第64~68页。
[6] 张明志、刘红玉、李兆丞等：《中国服务业高质量发展评价与实现路径》，《重庆工商大学学报》（社会科学版）2022年第3期，第26~30页。

长[①]构建了服务贸易高质量发展评价指标体系。

从服务业高质量发展内涵的多维性可以判断，其评价体系也应是综合的、多元的。新发展理念是新时代我国经济发展的主线和方向，因此可以作为理解和评价服务业高质量发展的五个维度。基于此，本书以新发展理念为基础，构建服务业高质量发展的指标体系，通过建立熵权 TOPSIS 模型，测度陕西服务业高质量发展的水平；利用因子障碍度模型分析影响陕西现代服务业高质量发展的障碍因子，从而为科学提出陕西现代服务业高质量发展战略提供选择依据。

基于新发展理念，遵循全面性、典型性和可量化三大原则，从创新发展、协调发展、绿色发展、开放发展、共享发展 5 个方面，构建包括 5 个一级指标、13 个二级指标、20 个三级指标的服务业高质量发展综合评价指标体系（见表 6-1）。

表 6-1　建立于新发展理念基础之上的服务业高质量发展评价指标体系

一级指标	二级指标	三级指标	度量方式	指标属性
创新发展	创新投入	R&D 经费投入强度	1. 研发经费支出占生产总值比重(%)	+
	创新水平	创新经济效益	2. 技术合同成交额占服务业增加值比重(%)	+
		技术市场交易水平	3. 技术合同成交总额(亿元)	+
	创新质效	劳动生产率	4. 服务业增加值与服务业就业人数之比(元/人)	+
协调发展	区域结构	城镇化率	5. 城镇常住人口占常住人口比重(%)	+
		区域协调	6. 地市人均服务业增加值最高与最低之比	−

[①] 汤婧、夏杰长：《我国服务贸易高质量发展评价指标体系的构建与实施路径》，《北京工业大学学报》（社会科学版）2020 年第 5 期，第 47~52 页。

第六章 陕西现代服务业发展的战略定位：高质量发展

续表

一级指标	二级指标	三级指标	度量方式	指标属性
协调发展	产业结构	服务业增加值比重	7. 服务业增加值占生产总值比重(%)	+
	产业结构	产业结构高级化	8. 现代服务业就业人数占服务业就业人数比重(%)	+
	投资结构	服务业投资水平	9. 服务业固定资产投资额占全社会投资比重(%)	+
绿色发展	能耗水平	单位产出能耗	10. 服务业能源消费总量除以服务业增加值(吨标煤/万元)	−
	能耗水平	现代服务业人均能耗	11. 服务业能源消费总量除以服务业就业人数(吨标煤/人)	−
	废水排放	现代服务业废水排放量	12. (服务业增加值÷生产总值)×废水排放总量(万吨)	+
	废气排放	现代服务业二氧化碳排放量	13. (服务业增加值÷生产总值)×二氧化碳排放总量(万吨)	+
开放发展	对外贸易	外贸依存度	14. 进出口总额占服务业增加值比重(%)	+
	外商投资	外资依存度	15. 服务业外商直接投资额占服务业增加值比重(%)	+
共享发展	经济共享	就业收入水平	16. 城镇非私营单位服务业就业人员工资总额除以相应就业人员数量(元/人)	+
	经济共享	人均服务业增加值	17. 服务业增加值与常住人口之比(元/人)	+
	公共服务	教育投入水平	18. 教育支出与常住人口之比(元/人)	+
	公共服务	医疗发展水平	19. 医疗卫生支出与常住人口之比(元/人)	+
	公共服务	社会保障水平	20. 社会保障和就业支出与常住人口之比(元/人)	+

注："指标属性"一列中"+"为正向指标，越大越好，"−"为负向指标，越小越好。

2. 熵权 TOPSIS 评价方法

指标体系的权重确定有主观定权和客观定权两种方法。为了增强综合评价结果的客观性，避免人为因素对指标权重的干扰，本研究采用客观定权熵权法（Entropy Weight Method，EWM）对标准进行加权，并使用 TOPSIS 依据评价指标体系 20 个指标，对 2012~2022 年（11 个年度）的服务业高质量发展水平进行评价。

（1）熵权法确定各指标权重

在信息论中，熵是系统无序程度的一种度量。熵值越小，系统的无序程度越小。熵权法是根据信息量确定指标的权重，是客观定权法。

首先计算其比例：

$$P_{ij} = \frac{x_{ij}}{\sum_{i=1}^{m} x_{ij}} \quad i=1,2,\cdots,m; j=1,2,\cdots,n \tag{1}$$

计算熵 e_j：

$$e_j = -\frac{1}{\ln m}\sum_{i=1}^{m} p_{ij}\ln p_{ij} \quad i=1,2,\cdots,m; j=1,2,\cdots,n \tag{2}$$

计算熵权 w_j：

$$w_j = \frac{1-e_j}{\sum_{j=1}^{n}(1-e_j)} \tag{3}$$

采用熵权法确定的指数权重分别如表 6-2 所示。

表 6-2 采用客观定权熵权法确定的指数权重

指数	X_1	X_2	X_3	X_4	X_5	X_6	X_7
w_j	0.0417	0.0598	0.0759	0.0348	0.0455	0.0582	0.0438
指数	X_8	X_9	X_{10}	X_{11}	X_{12}	X_{13}	X_{14}
w_j	0.0572	0.0317	0.0334	0.0564	0.0456	0.0430	0.0394
指数	X_{15}	X_{16}	X_{17}	X_{18}	X_{19}	X_{20}	
w_j	0.0484	0.0599	0.0532	0.0751	0.0477	0.0492	

注：变量编号与指标体系中度量指标同序。

(2) TOPSIS 评价

TOPSIS 是多准则决策分析方法，基于所选方案与正理想解和负理想解的距离，设有 m 个指标，n 个评价对象，对评价对象进行评价。

指标标准化：

$$r_{ij} = \frac{x_{ij}}{\sqrt{\sum_{i=1}^{m} x_{ij}^2}} \quad i = 1,2,\cdots,m; \quad j = 1,2,\cdots,n \tag{4}$$

建立标准加权矩阵：

$$v_{ij} = w_j r_{ij} \quad i = 1,2,\cdots,m; \quad j = 1,2,\cdots,n \tag{5}$$

确定理想方案。理想方案由最优加权决策矩阵组成，正理想方案和负理想方案分别为：$v^+ = (v_1^+, v_2^+, \cdots, v_m^+)$，$v^- = (v_1^-, v_2^-, \cdots, v_m^-)$，其中：

$$v_j^+ = \begin{cases} \max(v_{ij}), & \text{若 } j \in J_1 \\ \min(v_{ij}), & \text{若 } j \in J_2 \end{cases} \tag{6}$$

$$v_j^- = \begin{cases} \min(v_{ij}), & \text{若 } j \in J_1 \\ \max(v_{ij}), & \text{若 } j \in J_2 \end{cases} \tag{7}$$

计算正理想方案和负理想方案的欧氏距离：

$$S_i^+ = \sqrt{\sum_{j=1}^{n} (v_{ij} - v_j^+)^2} \tag{8}$$

$$S_i^- = \sqrt{\sum_{j=1}^{n} (v_{ij} - v_j^-)^2} \tag{9}$$

计算理想接近度：

$$C_i = \frac{S_i^-}{S_i^+ + S_i^-} \quad (0 \leq C_i \leq 1; i = 1,2,\cdots,m) \tag{10}$$

计算的 2012~2022 年陕西服务业高质量发展指数评价结果如表 6-3 所示。

表 6-3 2012~2022 年陕西服务业高质量发展指数评价结果

年份	S_i^+	S_i^-	C_i	排序
2012	0.0594	0.0160	0.2125	11
2013	0.0545	0.0151	0.2174	10
2014	0.0503	0.0224	0.3078	8
2015	0.0498	0.0151	0.2327	9
2016	0.0452	0.0253	0.3587	6
2017	0.0427	0.0237	0.3566	7
2018	0.0389	0.0272	0.4118	5
2019	0.0320	0.0341	0.5159	4
2020	0.0298	0.0378	0.5595	3
2021	0.0247	0.0467	0.6545	2
2022	0.0190	0.0586	0.7554	1

(3) 因子障碍度模型

因子障碍度模型，主要是根据障碍度大小排序来识别影响因子的主次关系，公式如下：

因子贡献度：$S_{ij} = 1 - x_{ij}$

指标层障碍度：$M_{ij} = \dfrac{S_{ij} W_i \times 100\%}{\sum_{j=1}^{w} S_{ij} W_i}$

准则层障碍度：$I_i = \sum M_{ij}$

研究资料来源于 2012~2023 年的《陕西统计年鉴》《中国第三产业统计年鉴》《中国统计年鉴》以及陕西省商务厅相关统计信息。

(二) 陕西现代服务业高质量发展评价及障碍度分析

通过构建陕西服务业高质量发展指标体系，采集相关数据，采用熵权TOPSIS 模型、因子障碍度模型对陕西现代服务业高质量发展水平进行测度分析。

1. 陕西现代服务业高质量发展评价

陕西现代服务业高质量发展水平总体呈现上升趋势。如图 6-1 所示，2012~2022 年陕西现代服务业高质量发展水平整体较好，高质量发展指数由2012年的0.2125上升至2022年的0.7554，年均增速13.5%，自2018年之后，呈现稳步增长态势。其发展可分为两个阶段。第一阶段：2012~2017年，陕西服务业高质量发展指数持续增长，但增速逐年递减，年均增速10.9%。这一阶段，陕西经济转入"新常态"，迈入高质量发展门槛，进入动力转换、结构调整时期，服务业因经济发展惯性虽仍然保持较高增长速度，但其高质量发展指数呈现增速波动回落形势，服务业劳动生产率增速也出现持续下滑。第二阶段：2018~2022年，陕西服务业高质量发展指数快速增长，年均增速16.4%，进入稳步提升通道。这一阶段，党的十九大提出"加快发展现代服务业，瞄准国际标准提高水平"，推进服务业高质量发展步伐逐步加快。尽管受到三年新冠疫情的影响，陕西服务业增速回落，但服务业高质量发展步伐逐步加快，服务业劳动生产率增速也逐年提高。

图6-1 2012~2022年陕西现代服务业高质量发展指数

2. 陕西现代服务业高质量发展的障碍分析

（1）准则层障碍度分析。陕西现代服务业高质量发展准则层障碍度情况，如表6-4、图6-2所示。准则层对陕西现代服务业高质量发展的障碍度变化存在差异。从障碍度增减趋势看，创新发展、共享发展障碍度处于下降趋势，协调发展、绿色发展、开放发展障碍度均处于微幅上升趋势。这说明创新发展与共享发展的整体障碍阻力在下降,而其余三个准则层的障碍阻力并没有减小。从障碍度水平看,共享发展与协调发展障碍度平均值较高,均在0.4以上,说明共享发展与协调发展是陕西服务业高质量发展的最主要障碍,也反映了陕西教育、医疗、社会保障等基本公共服务业现代化水平不高,服务业区域结构、产业结构不优的基本现实;创新发展与绿色发展障碍度平均值居中,均在0.3以上,说明在创新鼓励性政策支持下,创新发展障碍度整体水平降低;在低碳约束性政策的作用下,绿色发展障碍度整体水平居于中游。开放发展障碍度最小,低于0.2,说明陕西服务业开放水平逐步提高,面临的发展障碍较小。

表6-4 2012~2022年陕西现代服务业高质量发展准则层障碍度

年份	创新发展	协调发展	绿色发展	开放发展	共享发展
2012	0.4106	0.4532	0.3576	0.1860	0.5223
2013	0.3914	0.4523	0.3577	0.1857	0.5103
2014	0.3877	0.4548	0.3657	0.1634	0.4994
2015	0.3850	0.4525	0.3625	0.2047	0.4814
2016	0.3811	0.4497	0.3624	0.1657	0.4736
2017	0.3769	0.4491	0.3622	0.1780	0.4584
均值	0.3888	0.4519	0.3613	0.1806	0.4909
2018	0.3678	0.4510	0.3635	0.1792	0.4420
2019	0.3552	0.4578	0.3634	0.1771	0.4281
2020	0.3516	0.4566	0.3712	0.1666	0.4113
2021	0.3140	0.4622	0.3693	0.1981	0.3968
2022	0.2788	0.4607	0.3646	0.1956	0.3765
均值	0.3335	0.4577	0.3664	0.1833	0.4109

(2)指标层障碍度因子分析。将20个障碍因素指标,按照障碍度大小,对排序前7位的主要障碍因子进行分析,结果发现以下几点。一是2012~2017年阶段。共享发展、创新发展是两个主要障碍维度,障碍因子主要包括X_3(技术合同成交总额)、X_2(技术合同成交额占服务业增加值比重)和X_{19}(医疗卫生支出与常住人口之比)、X_{17}(服务业增加值与常住人

第六章 陕西现代服务业发展的战略定位：高质量发展

图 6-2 2012~2022 年陕西现代服务业高质量发展准则层障碍度

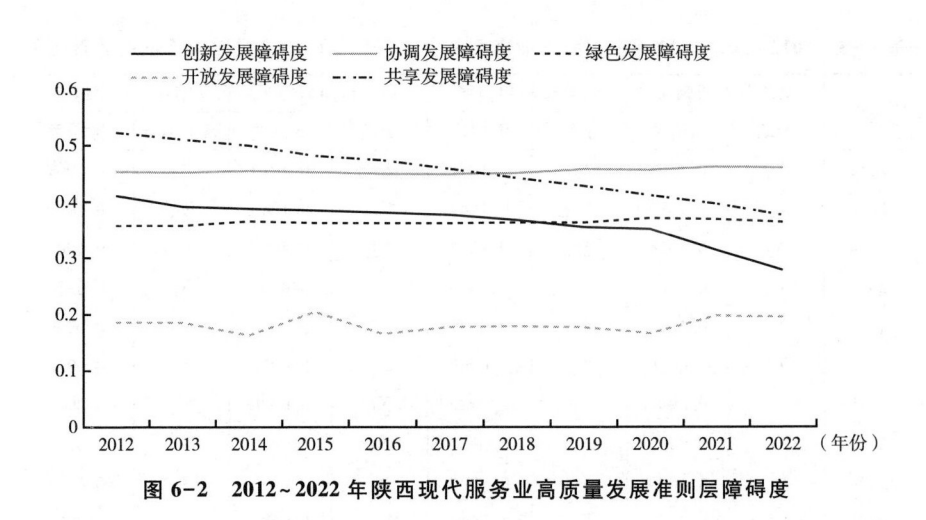

口之比）、X_{20}（社会保障和就业支出与常住人口之比）；另外，还涉及绿色发展与开放发展维度，障碍因子包括 X_{12}（服务业增加值占生产总值的比重乘以废水排放总量）、X_{13}（服务业增加值占生产总值的比重乘以二氧化碳排放总量）与 X_{14}（进出口总额占服务业增加值比重）、X_{15}（服务业外商直接投资额占服务业增加值比重）。二是 2018~2022 年阶段。协调发展、绿色发展为两个主要障碍维度，主要因子包括 X_6（地市人均服务业增加值最高与最低之比）、X_8（现代服务业就业人数占服务业就业人数比重）、X_9（服务业固定资产投资额占全社会投资比重）和 X_{10}（服务业能源消费总量除以服务业增加值）、X_{11}（服务业能源消费总量除以服务业就业人数），还涉及创新发展维度，障碍因子包括 X_2（技术合同成交额占服务业增加值比重）、X_3（技术合同成交总额）、X_4（服务业增加值与服务业就业人数之比）。

通过统计分析，出现频率较高的分别是：X_3 出现 7 次，X_{10} 与 X_{20} 出现 6 次，X_2、X_{17}、X_{16}、X_{11}、X_8 出现 5 次，X_{19}、X_6、X_9、X_{15} 出现 4 次，X_1、X_4、X_{12} 出现 3 次。可见，X_3、X_{10}、X_{20}、X_2、X_{17}、X_{16}、X_{11}、X_8 是影响陕西服务业高质量发展的重要因素，X_{19}、X_6、X_9、X_{15} 是次要因素。障碍因素的数值极差不是很大，仅为 0.0287，平均值基本处于 0.095~0.1000，说明障碍因素的影响程度比较均等。

表 6-5　2012~2022 年陕西现代服务业高质量发展指标层障碍度排序前 7 位的障碍因子

年份	第1位障碍因子 因子编号	障碍度	第2位障碍因子 因子编号	障碍度	第3位障碍因子 因子编号	障碍度	第4位障碍因子 因子编号	障碍度
2012	X_3	0.1133	X_{19}	0.1078	X_{17}	0.1075	X_2	0.1069
2013	X_3	0.1083	X_{19}	0.1047	X_{17}	0.1044	X_{12}	0.1030
2014	X_3	0.1056	X_{17}	0.1016	X_{20}	0.1005	X_{16}	0.1000
2015	X_{15}	0.1103	X_3	0.1036	X_{17}	0.0984	X_2	0.0974
2016	X_3	0.1015	X_2	0.0972	X_{14}	0.0963	X_{17}	0.0956
2017	X_3	0.0986	X_2	0.0969	X_{10}	0.0938	X_1	0.0928
2018	X_{10}	0.0957	X_{15}	0.0952	X_2	0.0946	X_{11}	0.0945
2019	X_{11}	0.0995	X_{10}	0.0977	X_6	0.0963	X_8	0.0957
2020	X_{11}	0.1009	X_{10}	0.1005	X_8	0.0970	X_6	0.0966
2021	X_{15}	0.1177	X_{10}	0.1005	X_{11}	0.0997	X_8	0.0986
2022	X_{15}	0.1140	X_{10}	0.1017	X_6	0.0986	X_8	0.0947

年份	第5位障碍因子 因子编号	障碍度	第6位障碍因子 因子编号	障碍度	第7位障碍因子 因子编号	障碍度
2012	X_{20}	0.1064	X_{12}	0.1044	X_{14}	0.1041
2013	X_{20}	0.1026	X_{16}	0.1020	X_{13}	0.1004
2014	X_{19}	0.0998	X_{12}	0.0995	X_{13}	0.0979
2015	X_{16}	0.0973	X_{20}	0.0960	X_{19}	0.0949
2016	X_{20}	0.0950	X_{16}	0.0949	X_{18}	0.0941
2017	X_{20}	0.0921	X_{18}	0.0921	X_{16}	0.0917
2018	X_3	0.0934	X_8	0.0932	X_1	0.0913
2019	X_4	0.0920	X_1	0.0897	X_9	0.0895
2020	X_4	0.0928	X_9	0.0890	X_2	0.0886
2021	X_6	0.0977	X_9	0.0903	X_4	0.0896
2022	X_{11}	0.0945	X_7	0.0906	X_9	0.0901

（三）陕西现代服务业高质量发展评价结论

通过构建现代服务业高质量发展的理论模型，把握国内外现代服务业发展的趋势与特点，分析陕西现代服务业发展的现状、特征及存在的问题，进行陕西现代服务业高质量发展测度评价及障碍因子分析，掌握陕西现代服务

第六章　陕西现代服务业发展的战略定位：高质量发展

业高质量发展的阶段与水平、发展态势、短板及制约因素，为进一步明确陕西现代服务业发展定位、战略目标、战略任务，构建陕西现代服务业战略体系奠定了基础。结合前文分析，通过服务业高质量发展评价及障碍度分析，主要得出以下结论。

1. 高质量发展是陕西服务业发展的必然战略选择

从发展阶段看，经过40多年的高速增长，依赖高投入、高耗能、高污染、低效率的粗放型增长的传统方式难以为继。自2012年以来，陕西服务业增速换挡，劳动生产率逐步下滑，高速增长掩盖下的经济、社会、生态矛盾日益突出。同时，面临"人民日益增长的美好生活需要和不平衡不充分的发展之间的矛盾"这一经济社会主要矛盾转变，服务业亟待迈向依靠创新驱动发展的高质量发展模式，这也是实现服务业自身转型升级的内在要求和实现社会主义现代化的重要路径。全国服务业正跨入高质量发展时期，徐姗、周梦宣[①]对全国服务业高质量发展水平进行测度发现：2012~2017年全国服务业高质量发展处于平稳过渡期，从2018年开始进入快速发展时期；高质量发展是陕西服务业发展的必然战略选择，也是当前推进服务业现代化的必然要求，更是当前迫在眉睫的战略任务。

2. 陕西现代服务业进入高质量发展成长阶段

自进入经济新常态以来，陕西现代服务业开始增速换挡、结构调整、动力转换，逐步迈向高质量发展阶段。2012~2017年，陕西现代服务业处于高质量发展初期，服务业高质量发展指数波动增长，由0.2125提高到0.3566。2018年以后，陕西现代服务业虽然遭受了新冠疫情的影响，但发展质量稳步提高，现代服务业高质量发展指数从2018年的0.4118提高至2022年的0.7554，年均增速为16.4%，保持较快稳定增长。从陕西现代服务业高质量发展趋势看，服务业已经跨越初期阶段，逐步进入高质量发展成长阶段，将迎来服务业高质量发展的黄金时期。

---

① 徐姗、周梦宣：《我国服务业高质量发展测度及空间收敛性分析》，《信息与管理研究》2024年第Z1期。

3. 陕西现代服务业高质量发展需要聚焦突破关键障碍因素

陕西服务业高质量发展的障碍因素是制定产业发展战略的重要依据。2012~2017年，陕西服务业高质量发展的主要障碍集中在共享发展与创新发展方面，主要障碍因素是创新水平不高（技术合同成交总额、技术合同成交额占服务业增加值比重不高）和经济共享与公共服务水平较低。2018年之后，服务业高质量发展的主要障碍是协调发展、共享发展方面，绿色发展障碍也呈现逐年递增态势，主要因素包括区域差距偏大、产业结构与投资结构不优，社会保障不优、能耗水平过高，次要因素涉及创新水平与劳动生产率不高。因此，陕西现代服务业要聚焦产业结构调整、能耗水平降低、科技成果转化、劳动生产率提升等关键因素，实施精准化策略。

4. 陕西现代服务业高质量发展要实施差异化战略

在不同发展阶段，服务业高质量发展的主要障碍及制约因素存在差异，要实施差异化发展战略。① 一是聚焦协调发展，重点实施结构优化与空间优化战略。推进传统服务业现代化改造，大力发展现代服务业，尤其是综合考虑服务业的地位与作用、特色和优势、未来成长性，构建体现陕西特色的优质高效现代服务业新体系。实施空间优化战略，优化区域开发布局，推进服务业集聚区建设。二是聚焦创新驱动，持续实施创新驱动发展战略。要以提高经济效率为中心，提升服务业标准化、规范化、品牌化水平，持续加大创新投入力度，推进科技成果转化，提高创新水平。三是聚焦数字技术与组织创新，实施融合发展战略。推进"数绿协同化"发展，推动产业深度融合，培育新业态、新模式。四是聚焦绿色低碳，实施绿色发展战略。加强陕西生态文明建设与生态保护，减少环境污染及能耗，发挥绿色金融对经济发展的推动作用，加快推进服务企业绿色化转型，积极构建绿色服务产业体系。

---

① 本书以现代服务业产业为研究对象，不以公共服务业为重点。因此，本书不分析公共服务业，不将共享战略作为重点。

三 陕西现代服务业高质量发展的战略体系

区域产业发展战略是根据外部环境和内部资源条件,对区域未来产业发展的方向、目标、策略进行的系统谋划,是指导未来区域产业决策的总体指导思想。本章遵循服务业发展规律,立足陕西资源要素禀赋条件,系统分析陕西服务业的发展阶段、发展基础、面临形势,并科学提出未来服务业发展的战略思路、战略目标与基本战略。

(一) 战略思路

以习近平新时代中国特色社会主义思想为指导,全面贯彻落实党的二十大和习近平总书记历次来陕考察重要讲话、重要指示精神,紧抓"一带一路"共建、新时代西部大开发等历史机遇,完整、准确、全面贯彻践行新发展理念,更加主动融入和服务构建新发展格局,按照高质量发展要求,精准对接服务供给和需求,进一步全面深化改革,以创新为动力,以培育扩大增量、优化提升存量为方向,持续深化供给侧结构性改革,推进转型升级提质,强化创新引领赋能,坚持融合协同共进,推动绿色质效提升,聚力产业环境优化,构建优质高效、充满活力、竞争力强的"544"服务业新体系,构筑"一核引领、一带崛起、五极辐射、多点支撑、开放协同"的空间开发新格局,着力推动生产性服务业向专业化和价值链高端延伸发展,着力推动生活性服务业向精细化和高品质转变,努力探索西部现代服务业高质量发展新模式,聚力打造西部重要的服务经济中心,奋力谱写中国式现代化建设的陕西新篇章。

(二) 战略目标

发展质量全面提高,现代服务业竞争力全面增强,体制机制改革取得重大突破,发展环境全面优化,开放水平全面提升,构建创新引领、新技术支撑、新业态活跃、新模式广泛应用的优质高效的服务业新体系,探索形成西部现代服务业高质量发展新模式，初步建成西部重要的服务经济中心。

1. 质量效益稳步提升

服务业规模稳步扩大，至2030年、2035年，服务业增加值占生产总值的比重分别达到53%和59%；服务业劳动生产率分别提高到21.2万元/人和26.3万元/人。服务业规范化、标准化水平进一步提升。

2. 创新驱动作用明显

科技创新成为现代服务业发展重要驱动力，产业融合持续深化，新业态、新组织、新模式持续涌现，现代服务业信息水平大幅提高。至2030年、2035年，陕西省科技研发投入占生产总值的比重分别达到3.0%和3.5%，技术合同交易额年均增速保持在25%以上。

3. 结构功能不断优化

行业结构不断优化，现代金融、科技服务、信息服务竞争优势更加突出，文化服务、旅游服务特色优势更加明显。服务功能不断增强，至2030年、2035年生产性服务业增加值占服务业增加值的比重分别达到60%和65%以上。区域发展进一步协调，至2030年和2035年，地市人均服务业增加值最高值与最低值之比分别缩小至1.85和1.35。

4. 绿色发展持续推进

服务业绿色发展模式基本定型，绿色化水平不断提高。服务业人均固体废物排放量、水资源耗费量与二氧化碳排放量低于全国平均水平。

5. 开放水平显著提高

现代服务业对外开放领域和范围进一步扩大，国际化水平显著提升，形成文体旅游等具有一定国际影响的优势产业。稳步扩大规则、规制、管理、标准等制度型开放，形成支撑服务业高质量发展的高效制度体系。

6. 共享成果携手共富

让人民对美好生活的向往成为服务业发展的最终出发点与落脚点。服务业就业人数占比稳步提升。公共服务水平不断提高，人均社会保障和就业支出、人均医疗卫生支出、人均教育支出在"十四五"时期基础上实现大幅提高。

7. 产业环境全面优化

体制机制创新取得重大突破，建成一批承载能力强、主体功能突出的现代服务业产业集聚区，促进形成大中小企业优势互补、协调发展的格局。

（三）基本战略

遵循服务业发展规律，围绕建设西部重要的服务经济中心目标，实施质效提升战略、创新发展战略、融合发展战略、空间优化战略、绿色发展战略、开放发展战略，推进完成转型升级提质、创新引领赋能、绿色质效并举、融合协同共进、产业环境重塑等重点任务。

1. 质效提升战略

以高质量统筹发展，深化服务业供给侧结构性改革，推进发展文体旅游、现代商贸、现代物流、现代金融与健康养老五大支柱性产业，提升发展信息服务、科技服务、空天服务、商务会展四大竞争优势性产业，培育发展家政服务、教育培训、人力资源服务、节能环保四大新兴先导性产业，积极构建优质高效、充满活力、竞争力强的"544"陕西服务业新体系。实施质量强省战略，健全现代服务业质量标准体系，加强培育陕西服务品牌，推进服务标准化、规范化和品牌化。

2. 创新发展战略

抢抓信息技术革命与产业变革新机遇，深入实施创新驱动发展战略，加快推动技术创新，推广应用新一代信息技术、人工智能技术，创新传统工艺；加速推进服务业数字化进程，增加智慧化服务供给；培育发展新产业、新业态、新模式，大力发展平台经济、分享经济、体验经济和流量经济；注入丰富文化内涵，推进中华文明探源的陕西实践，建设"创意陕西"，打造陕西文化品牌；优化创新机制与环境，加快形成服务经济发展新动能。

3. 融合发展战略

适应产业融合发展趋势，按照产业链纵向融合、行业横向关联，深入推进现代服务业与先进制造业、现代农业融合渗透，培育服务经济新的增长点。加快推进现代服务业与先进制造业深度融合，大力发展生产性服务业，鼓励制造行业向服务环节延伸，推动服务业企业向制造领域拓展，培育融合发展新业态、新模式。加快推进现代服务业与现代农业深度融合，以技术、制度和模式创新为动力，培育壮大新型农业经营主体，着力发展多类型的产业融合模式，构建完善的农业产业化综合服务体系，助推现代农业快速发展。

4. 空间优化战略

立足区位条件、资源禀赋和产业基础，优化服务业空间布局，推动服务业集聚集约发展。整合区域资源互联互通，促进服务要素跨区域流动，提升服务功能，增强辐射能力，着力构建"一核引领、一带崛起、五极辐射、多点支撑、开放协同"的空间格局。发挥西安核心引领作用，推进关中、陕北、陕南服务业协同发展，推动区域中心城市服务业差异化发展，引导区县城镇特色化发展。整合资源、合理布局，分层次、有重点地推进各级服务业综合改革试点与集聚区建设，先行先试、示范带动，加快聚集一批示范带动作用明显的龙头企业，带动现代服务业全面发展。

5. 绿色发展战略

贯彻绿色发展理念，推动生态、生产、生活有机融合，践行绿色循环生产模式和低碳生活方式，推动服务业绿色低碳转型。围绕美丽陕西建设目标，着眼生态建设与建立健全绿色低碳循环发展经济体系，明晰服务业差异化、特色化绿色发展战略。以"数绿协同化"推动服务业绿色技术创新，提供绿色低碳转型技术支撑。加速推进企业绿色化转型，大力发展节能环保、绿色旅游、绿色金融、绿色物流、绿色商贸。推进服务业绿色制度创新，优化绿色服务业市场环境，以制度型开放推动服务业绿色发展。

6. 开放发展战略

围绕建设西部开放经济强省，坚持以开放促改革促发展，优化服务贸易重点领域，创新服务业贸易方式，大力发展服务贸易；积极引导外资使用领域与重点方向，鼓励"引进来"与"走出去"相结合，推进高水平投资合作；提高陕西自贸区开放平台能级，建好特色服务贸易发展平台，提升开放合作平台效能；主动融入"一带一路"大格局，推进深化多层次区域合作，推动形成多层次对外开放合作格局；深化服务贸易、对外投资规制规则改革，放宽服务业投资市场准入，营造良好的国际营商环境；创新现代服务业政府管理体制与监管模式，完善财税、土地、金融支持政策，为陕西现代服务业高质量发展注入新动力。

第七章

陕西现代服务业质效提升战略

当前,世界经济全面向服务经济转型。服务业已经成为促进世界各国经济发展的主要推动力,其发展水平已成为衡量现代社会经济发达程度的重要标志。随着现代服务业水平逐步提高,服务产品不断丰富,服务质量不断提升,企业竞争力也在逐步增强。服务业的快速发展,推动了产业结构调整升级,促进了经济发展和社会进步。陕西服务业领域不断拓宽,面向生活的服务业门类增加,面向生产的服务业快速拓展,传统服务业改造加快,新兴服务业态不断涌现。因此,未来更应加速调整服务业产业结构,推进服务业标准化建设,提升服务业质量,打造服务品牌。

一 陕西现代服务业结构优化

(一)现代服务业备选产业

按照国家统计局发布的《现代服务业统计分类》,依据《国家服务业创新发展大纲》《国务院办公厅关于加快发展生活性服务业促进消费结构升级的指导意见》《陕西省"十四五"服务业高质量发展规划》[①]《陕西省人民

[①] 《陕西省"十四五"服务业高质量发展规划》(陕发改贸服〔2021〕1637号),陕西省发改委网站(2020年11月25日),https://sndrc.shaanxi.gov.cn/pub/sxfgwyh/zjww/jgcs/mfc/202304/t20230419_24076.html,最后检索时间:2024年5月20日。

政府关于加快发展生产性服务业的实施意见》[①] 以及上海、江苏、山东等政策文件（见表 7-1），立足陕西产业发展基础，确定备选的产业有：现代金融、现代商贸、科技服务、信息服务、商务服务、空天服务、人力资源服务；现代物流、电子商务、会展业；教育培训、文化服务、体育服务、健康养老；旅游服务、家政服务、节能环保等 17 个行业。

表 7-1 国家、省市相关政策文件现代服务业重点发展行业

相关政策文件	重点发展行业
《现代服务业统计分类》	1. 信息传输、软件和信息技术服务业；2. 科学研究和技术服务业；3. 金融业；4. 现代物流服务业；5. 现代商贸服务业；6. 现代生活服务业；7. 现代公共服务业；8. 融合发展服务业
《服务业创新发展大纲（2017—2015 年）》	1. 生产服务业：信息服务、科创服务、金融服务、商务服务、人力资源服务、节能环保服务；2. 流通服务业：现代物流、现代商贸；3. 社会服务业：教育培训服务、健康服务、体育服务、养老服务、文化服务；4. 居民服务业：家政服务、旅游休闲、房地产服务
《上海市服务业发展"十四五"规划》	1. 发展城市能级导向的功能性服务业：金融服务、贸易服务、航运服务、邮政服务；2. 价值增值导向的生产性服务业：信息服务、专业服务、集成服务；3. 消费升级导向的生活性服务业：健康养老服务、文创教育服务、会展旅体服务、商贸家政服务
《河南省"十四五"现代服务业发展规划》	1. 提升生产性服务业发展层次：现代物流、现代金融、科技服务、信息服务、中介服务、教育培训、节能环保服务；2. 提高生活性服务业供给水平：文化旅游、健康服务、养老育幼、家政服务、商贸服务、房地产
《江苏省"十四五"现代服务业发展规划》	构建"775"特色现代服务业体系。1. 主攻发展七个具有竞争力的优势型服务产业：科技服务、软件信息服务、金融服务、现代物流、商务服务、现代商贸、文化旅游；2. 壮大发展七个具有高成长性的成长型服务产业：健康服务、养老服务、教育培训、家庭服务、体育服务、人力资源服务、节能环保服务；3. 突破发展五个具有前瞻性的先导型服务产业：大数据服务、工业互联网应用服务、人工智能服务、全产业链工业设计、现代工业链管理
《山东省"十三五"服务业发展规划》	优化提升传统服务业：零售业、住宿餐饮、房地产、养老服务、家庭服务、文化创意产业；做大做强现代服务业：信息服务、科技服务、现代金融、现代物流、人力资源服务、法律服务、会计评估；加快发展新兴服务业：旅游休闲、健康养生、体育竞技、教育培训、会展和知识产权

[①] 《陕西省人民政府关于加快发展生产性服务业的实施意见》（陕政发〔2015〕58 号），陕西省人民政府网站（2016 年 1 月 8 日），http：//www.shaanxi.gov.cn/zfxxgk/fdzdgknr/zcwj/nszfwj/szf/202208/t20220808_2237986.html，最后检索时间：2024 年 5 月 20 日。

续表

相关政策文件	重点发展行业
《四川省"十四五"服务业发展规划》	1. 巩固提升四大支柱型服务业：商业贸易、现代物流、金融服务、文体旅游；2. 培育壮大六大成长型服务业：科技服务、商务会展、人力资源服务、川派餐饮服务、医疗康养、家庭社区服务
《陕西省人民政府关于加快发展生产性服务业的实施意见》	金融服务业、现代物流、电子商务、研发设计、人力资源服务、信息技术服务、会展服务
《陕西省"十四五"服务业高质量发展规划》	1. 做大做强四大优势产业：科技服务、软件和信息技术、现代物流、现代金融；2. 重点发展五大特色产业：文化旅游、职业教育、商贸服务、会展服务及健康养老；3. 培育壮大三大新兴产业：电子商务、设计服务和服务贸易

（二）产业分类与选择依据

在产业发展规划实践中，往往按照不同的标准进行产业分类，主要包括以下几种方式。一是按照服务业的功能作用分为生产性服务业、生活性服务业，如《服务业创新发展大纲（2017—2025年）》将服务业分为生产性服务业与生活性服务业，又进一步按照细化功能将生产性服务业分为生产与流通服务业，将生活性服务业分为社会化生活性服务业与私人化生活性服务业。二是按照产业的地位和成长性可分为支柱产业、特色产业与新兴产业，如四川将服务业分为支柱型服务业、先导型服务业与成长型服务业。三是按照现代性质可以将服务业分为传统服务业与现代服务业。四是按照政府管理产业的着力点可以分为重点支持性产业、提升优势性产业、培育发展性产业。五是按照产业竞争性分为特色性、优势性与竞争性产业。

本书根据产业在区域经济发展中的地位与竞争性、成长性，将产业分为三大类别：一是在区域经济发展中占有重要地位，对区域经济发展起着重要支撑作用的支柱性服务业；二是依托区域资源要素禀赋优势，具有区域自然生态、历史文化特色，成长性比较高的竞争优势性服务业；三是在国民经济规划中先行发展以引导其他产业往某一战略目标方向发展的新兴先导服务业。三类产业根据不同的依据、标准和具体指标，在备选产业中进行甄别分类（见表7-1）。

依据"生产率、关联效应、需求收入弹性"基本基准，结合陕西发展实际与数据可得性，确定以下产业选择标准（见表7-2）。

表7-2　产业选择的类型、依据、标准和指标选择

产业分类	基本性质	选择依据	具体指标
支柱性服务业	在区域服务经济中占有重要地位，对区域经济发展起着重要支撑作用的服务业	服务行业增加值占生产总值的比重较大	服务行业增加值占生产总值的比重达5%及以上
竞争优势性服务业	依托区域资源要素禀赋优势，具有区域自然生态、历史文化特色，成长性比较高的服务业	(1) 符合资源要素禀赋优势； (2) 在全国范围具有结构优势； (3) 具有竞争性； (4) 具有较高成长性	(1) 资源要素密集类型； (2) 特色化定性分析； (3) 偏离份额法的结构分量； (4) 偏离份额法的结构分量与竞争分量； (5) 产业年均增速
新兴先导性服务业	在国民经济体系中具有重要的战略地位，并在国民经济规划中先行发展以引导其他产业往某一战略目标方向发展的产业或产业群	(1) 具有先行引导其他产业发展的特性； (2) 具有未来发展前景的产业	(1) 符合国家省区市政策引导方向； (2) 属于新兴产业； (3) 市场前景广阔

（三）产业选择与产业结构体系构建

对17个备选产业进行分析（见表7-3）。

1. 支柱性服务业

依据产业增加值占生产总值比重指标看（见表7-3），2023年，旅游服务、现代商贸、金融服务、健康养老增加值占生产总值的比重均超过5%。从产业融合趋势性考虑，文化、旅游、体育三个产业，健康与养老两个产业，均具有较强跨界融合性。同时，政策实践中，陕西已经提出打造"万

亿级文化旅游产业"，西安出台《西安市促进文化旅游体育产业高质量发展若干措施》。将文化、旅游、体育三个产业统一归并为"文体旅游"产业，将健康、养老统一归并为"健康养老产业"。因此，陕西未来将推进发展五大支柱性产业：文体旅游、现代物流、现代商贸、现代金融和养老健康。

2. 竞争优势性服务业

按照区域优势性、竞争性分析，除文化服务与旅游服务业（已纳入支柱性服务业）外，科技服务、信息服务、高端商务服务、会展服务竞争性比较突出（竞争分量为正）。按照特色竞争性分析，陕西航空航天服务业在全国具有得天独厚的资源禀赋与竞争优势。《陕西省关于加快发展高技术服务业的实施意见》提出重点发展卫星应用服务、航空航天专业服务。依据生产性服务业统计分类（2019），"会展服务"包括在"商务服务"大类中，这里将商务服务、会展服务合并称为"商务会展业"。综合分析，陕西未来将信息服务、科技服务、空天服务、商务会展四大行业确定为竞争优势性产业。

3. 新兴先导性服务业

家政服务、教育培训、人力资源服务、节能环保，虽然当前所占比重不大，但均属于新兴产业，具有较快的增长速度，是未来服务业重点兴起方向。这里将电子商务融入现代商贸与信息服务业中，不作为单独门类。因此，将以上家政服务、教育培训、人力资源服务、节能环保四个行业确定为新兴先导性产业。

综上分析，未来陕西将构建"544"的现代服务业新体系。推进发展文体旅游、现代商贸、现代物流、现代金融与健康养老五大支柱性服务业；提升发展信息服务、科技服务、空天服务、商务会展四大竞争优势性服务业；培育发展家政服务、教育培训、人力资源服务、节能环保等四大新兴先导性服务业。

第七章　陕西现代服务业质效提升战略

表7-3　陕西省现代服务业选择分析

备选产业	发展基础 2023年行业增加值占生产总值比重(%)	要素禀赋 资源要素密集类型	特色化 结构分量	竞争性 竞争分量	选择依据与指标 成长性 产出增速(%)	先行性 政策导向	新兴性 新兴产业属性	市场性 市场前景	选择结果 产业类型
旅游服务	7.4	生态资源文化密集型	—	—	15	符合央省政策导向	否	伴随人均生产总值跨过1万美元,旅游消费成为新消费导向,前景广阔。陕西提出打造万亿级文化旅游产业	支柱性
文化产业	2.8	文化密集型	—	—	12	符合央省产业政策导向	否	伴随社会主要矛盾的转变,文化精神需求快速增长,文化消费成为消费热点。文化中国建设战略深入实施,2012~2019年,陕西文化产业保持高速增长	支柱性
现代物流	4.2	区位交通导向,劳动、资本密集型	-86.25	-39.89	7	符合国家交通强国、大力发展物流业的中央政策导向	否	当处于人均生产总值超过2万国际元,"流通经济"进入快速增长阶段。伴随"一带一路"区位交通信息深化突出,现代物流将持续快速增长	支柱性
现代商贸	6.5	劳动密集、资本密集型	—	—	6	鼓励转型升级	否	商贸业地位作用重要,是传统重点服务业,规模体量大。伴随业新技术、新业态、新模式创新活跃,面临转型升级迫切要求	支柱性

145

续表

备选产业	发展基础 2023年行业增加值占生产总值比重(%)	要素禀赋 资源要素密集类型	特色化 结构分量	竞争性 竞争分量	成长性 产出增速(%)	先行性 政策导向	新兴性 新兴产业属性	市场性 市场前景	选择结果 产业类型
信息服务	3.4	技术密集型	129.92	167.90	20	符合央省产业政策导向	否	全球正处于信息技术深度应用阶段,大数据、智能制造和无线革命三次变革将推动信息服务业持续快速增长。陕西信息服务业处于全国前列,保持快速增长态势	竞争优势性
金融服务	6.5	资本密集型	13.84	127.61	9	符合央省产业政策导向	否	随着现代产业的发展,金融与产业的融合日显得越来越重要。陕西提出打造"一带一路"区域金融中心,发展前景广阔	支柱性
科技服务	2.7	科技密集型	-17.89	126.07	20	符合央省产业政策导向	否	科技创新已成为推动全球经济发展的重要力量,创新成为经济发展的第一动力。陕西科技资源丰厚,科技创新日益活跃,科技服务业处于快速发展阶段	竞争优势性
空天服务	—	科技密集型	—	—	20	符合央省产业政策导向	否	国家提出"航天强国"战略,陕西航空航天科技服务具有全国性优势。航空教育培训、航天旅游发展基础良好,世界航天旅游日益兴起	竞争优势性

146

第七章　陕西现代服务业质效提升战略

续表

备选产业	发展基础 2023年行业增加值占生产总值比重(%)	要素禀赋 资源要素类型	特色化 结构分量	竞争性 竞争分量	成长性 产出增速(%)	先行性 政策导向	新兴性 新兴产业属性	市场性 市场前景	选择结果 产业类型
电子商务	<1	信息密集型	—	—	18	符合央省产业政策导向	否	随着"互联网+"的兴起和消费者需求的不断提升,新模式不断涌现,电子商务前景广阔	支柱性(合并)
健康养老	>5	劳动、人力资源密集型	—	—	20	符合央省产业政策导向	是	伴随健康意识的增强和老龄社会的来临,"健康中国"建设深入实施,健康养老将迎来黄金发展期	支柱性
教育培训服务	<2	人力资源密集型	—	—	18	符合央省产业政策导向	是	教育培训是未来增长的重要方向,陕西是教育大省,具有发展教育培训产业的良好基础	新兴先导性
人力资源服务	<1	人力资源密集型	—	—	18	符合央省产业政策导向	是	陕西科教资源雄厚,科技创新活跃,将迎来人力资源发展"黄金期"	新兴先导性
家政服务	<1	劳动密集型	—	—	16	符合央省产业政策导向	是	老龄化日益加重,老年护理和母婴问题更成为全社会关注的热点焦点,家庭服务业拥有广阔的市场潜力和发展空间	新兴先导性

147

续表

备选产业	发展基础 2023年行业增加值占生产总值比重(%)	选择依据与指标 要素禀赋 资源要素密集类型	特色化 结构分量	竞争性 竞争分量	成长性 产出增速(%)	先行性 政策导向	新兴性 新兴产业属性	市场性 市场前景	选择结果 产业类型
会展服务	<0.5	信息密集型	8.33	24.23	18	符合央省产业政策导向	否	会展经济是未来商务经济活跃的活动,发展前景广阔	竞争优势性(合并)
高端商务服务	2.3	资本密集型	7.36	4.76	20	符合央省产业政策导向	否	全球产业结构呈现"工业型经济"向"服务型经济"转型的总趋势,商务服务业已成为拉动经济发展的重要力量,具有良好的发展前景	竞争优势性(合并)
体育服务	1.4	人力资源与资本密集型	—	—	18	符合央省产业政策导向	否	当前,我国体育产业正面临人口红利、政策驱动及消费升级群体增大等多重利好因素。随着体育消费习惯的培育,体育产业将创造更大价值	支柱性(合并)
节能环保服务	<1	技术密集型	-0.15	-2.77	16	符合央省产业政策导向	是	进入21世纪,全球节能环保开始进入快速发展阶段,产业经济效益增长成为许多国家革新和调整产业结构的重要支撑力量,并正在成为许多国家的重要目标和关键,发展前景较好	新兴先导性

注：1. 支柱性产业是指行业增加值占生产总值的比重在5%以上或比较接近5%。2.《2023年中国文化及相关产业统计年鉴》显示：2021年陕西省文化及相关产业增加值为843亿元，占全省生产总值的比重为2.8%。资料来源：《2023年中国文化及相关产业统计年鉴》，中国统计出版社，2023。3. 2017年陕西省旅游业直接增加值为1842.08亿元。资料来源：《2023年陕西省旅游业分析核算结果显示，2017年，陕西旅游业直接增加值为2470亿元，占生产总值的比重的比重为7.4%。根据旅游业直接增加值年均5%的增速估算2017年陕西省旅游业直接增加值达1842亿》，https://sn.ifeng.com/a/20181029/6980674_0.shtml，最后检索时间：2024年5月20日。4.《陕西省打造万亿文化旅游产业实施意见（2021—2025年）》提出，至2025年陕西文化旅游产业增加值占生产总值的比重超过10%。5. 现代物流业增加值可用"交通运输、仓储和邮政业"增加值度量。《2023年陕西省国民经济和社会发展统计公报》显示，2023年陕西省交通运输、仓储和邮政业增加值为1416.87亿元，占生产总值的比重为4.2%。6. 现代商贸业增加值可采用批发零售行业增加值度量。《2023年陕西省国民经济和社会发展统计公报》显示，2023年陕西省批发零售业增加值为2190.48亿元，占GDP的比重为6.5%。7. 2021年陕西体育产业增加值为384.38亿元，占生产总值的比重为1.29%；由此推算2023年陕西省体育产业增加值将占GDP比重超过1.5%。《陕西省体育产业数据公告》，陕西省体育局网站，http://tyj.shaanxi.gov.cn/MediaStore/site/tyj/image/2023/06/16/d74cda98-a7da-4f77-b3eb-0ee2b70b5889.png。《陕西省"十四五"体育事业规划》提出：2025年，陕西省体育产业增加值占GDP比重超过1.5%。8.《2023年陕西省经济和社会发展统计公报》显示，2023年陕西信息传输、软件和信息技术服务业增加值为475亿元，占生产总值的比重为1.4%。9.《2023年陕西省卫生发展研究中心主任张毓毓研究，据此推算2023年陕西租赁与商务服务业增加值7万亿元，占生产总值1136.9亿元，占生产总值的比重为3.4%。10. 时任卫健委任张毓毓研究，据此推算2023年陕西租赁服务业（含养老服务）占生产总值的比重达到5%。参考全国健康服务业占生产总值的比重为2.3%。中国健康服务业增加值占生产总值比不超过5%，中国健康服务业增加值占生产总值比不超过5%，中国健康服务业占生产总值（含养老服务）占生产总值比重达到5%。参考全国情况类比湖南，根据近年来陕西健康养老发展情况，推算陕西健康养老服务业（2022）》、《陕西省健康养老发展情况》，中国统计出版社，2022；《中华人民共和国2023年国民经济和社会发展统计公报》，国家统计局网站（2024年2月29日），https://www.stats.gov.cn/sj/zxfb/202402/t20240228_1947915.html，最后检索时间：2024年5月24日；《2023年陕西国民经济和社会发展统计公报》，陕西统计局网站（2024年3月27日），http://tjj.shaanxi.gov.cn/tjsj/ndsj/tjgb/qs_444/202403/t20240327_2324303.html，最后检索时间：2024年5月24日。

资料来源：《中国统计年鉴（2022）》《陕西统计年鉴（2022）》，中国统计出版社，2022；

二 陕西现代服务业重点产业

以高质量统筹发展，深化供给侧结构性改革，巩固发展文体旅游、现代商贸、现代物流、现代金融和健康养老五大支柱性服务业；提升发展科技服务、信息服务、空天服务、商务会展四大竞争优势性服务业；培育发展家政服务、教育培训、人力资源服务、节能环保等四大新兴先导性服务业，引导激活新产业、新业态、新模式，构建优质高效、充满活力、竞争力强的陕西优质高效服务业新体系。

（一）巩固发展五大支柱性服务业

1. 文体旅游

（1）现状与问题。陕西文化、体育、旅游产业发展态势良好。2023年，陕西文化及相关产业增加值为930亿元，2017~2023年年均增速6.2%。2021年，陕西体育产业增加值384亿元，2017~2019年，体育产业增加值年均增速远高于同期生产总值。旅游业受疫情影响，2020~2022年增速回落，2023年旅游强劲持续恢复。2022年全省接待游客突破7亿人次，旅游总收入达到7212亿元①。2023年陕西省游客人数、旅游收入分别同比增长106.5%、150.6%。文化、体育、旅游产业正在成为全省经济转型升级的新引擎。然而，陕西文体旅游发展不平衡不充分，存在发展短板与不足：文旅资源潜力尚未被充分激活，文体旅游产品创新不足；产业链不坚实，产业融合广度不够，深度不足；区域特色不够突出，产业格局有待优化；品牌体系建设滞后，文化IP影响力不大。

（2）发展思路。深度挖掘文化内涵，充分激发文体旅游资源禀赋优势，坚持创新引领、数智赋能、融合共生，丰富和创新产品，提升服务质量，打

---

① 《2022年陕西省国民经济和社会发展统计公报》，陕西统计局网站（2023年4月14日），http://tjj.shaanxi.gov.cn/tjsj/ndsj/tjgb/qs_444/202304/t20230414_2282492.html，最后检索时间：2024年3月23日。

造陕西文体旅游大品牌，提升三秦文化影响力美誉度、陕西旅游吸引力知名度、体育精神聚合力关注度，推进建设文化强省、体育强省、旅游强省。

一是提升文旅产业竞争力。创新文体旅游产品与服务，构建"一核四廊三区"文化和旅游发展新格局，着力建设中华优秀传统文化示范区、革命文化继承弘扬样板区、传承中华文化的世界级旅游目的地。第一，完善文旅产业链。凝心聚力锻铸文化链，做好文（化）保（护）利用、文艺精品（文学陕军、长安画派、西部影视、陕西戏剧、陕北民歌）、红色文化核心链。做强文艺演出、文化创意、出版印刷重点链，壮大印刷设备、广播电视电影设备、摄录设备、演艺设备、游乐游艺设备等文化装备制造链。培育文化旅游、主题公园等延伸链。聚焦旅游六要素，联动打造陕菜秦食、新型住宿、智慧旅游、闲娱购物、研学科普等一批千亿级、百亿级文旅重点链。打造"陕菜秦食"美味品牌，振兴陕菜"老字号"，培育一批三秦餐饮"名菜""名厨""名店"，打造具有三秦地域特色的综合性品牌。打造新型住宿品牌，大力促进商务、度假、会议酒店、特色酒店、主题酒店和生态庭院式绿色酒店发展，鼓励并规范短租公寓、青年旅舍、民宿、农舍旅馆、汽车营地等新型住宿业态的发展。第二，丰富"三秦"文旅特色产品。打造"中华文明、红色文化、秦岭生态、黄河文化、丝路风情、关中秦韵、汉唐帝陵、黄土风情、巴山秀水、休闲康养"十大系列精品，开发休闲度假、云旅游、微度假、休闲绿道、旅游风景道、商旅综合体、乡村旅游等新业态，满足大众消费周末游、小长假游、避暑游、康养游等需求供给。第三，积极构建"一核四廊三区"文旅发展新格局[①]。重点建设西安文化旅游发展核心区，联动建设秦岭生态文化旅游廊道、黄河文化旅游廊道、长征红色文化旅游廊道、丝绸之路文化旅游廊道。差异化打造古都文化、历史文化、民俗文化、山水文化等融合发展的关中综合文化旅游区，红色文化、边塞文化、黄土风情文化等协同发展的陕北国家红色文化旅游区，生态文化、汉水文化、

---

① 《陕西省打造万亿级文化旅游产业实施意见（2021—2025 年）》（陕文旅发〔2022〕64号），陕西省人民政府网站（2023 年 9 月 1 日），http://www.shaanxi.gov.cn/zfxxgk/zfgb/2023/d15q/202309/t20230901_ 2299345.html，最后检索时间：2024 年 4 月 23 日。

两汉三国文化等相互促进的陕南自然风光和生态文化旅游区。第四，扩大知名品牌影响力。持续提升文学陕军、长安画派、西部影视、陕西戏曲、陕派话剧、陕北民歌等品牌影响力。推进"文化陕西"IP（品牌形象）建设，打造黄帝陵、兵马俑、延安宝塔、秦岭、华山等中华文明、中国革命、中华地理的精神标识地和自然标识地及以大熊猫、朱鹮、金丝猴、羚牛为代表的生态文化标识IP矩阵。第五，数字赋能文化旅游产业。推进企业"上云用数赋智"，加快传统线下业态数字化改造和转型升级。构建智慧旅游云生态圈，升级陕西智慧旅游平台，推动建设智慧旅游景区和旅游度假区。培育数字文化旅游新业态，发展壮大线上演播、沉浸式体验、数字艺术展示、数字出版、网络视听、电子竞技、在线教育等新业态，完善智慧营销、智慧物流、智慧供应链等新型商业体系。

二是推进体育产业高质量发展。[①] 树立"大体育观"，强化融合发展，推进建设体育强省，为体育强国贡献陕西力量。第一，优化体育服务产业链。以高水平赛事为引领，统筹建设运动休闲特色小镇、体育健身俱乐部、现代城市体育综合体；高品质发展健身休闲、体育旅游、体育培训、场馆服务；高效率提升体育营销与体育品牌，大力发展电子竞技新业态。第二，大力发展电子竞技产业。积极扶持一批专业游戏开发公司，鼓励健康向上的电子竞技游戏研发、直播运营，以及体感游戏引擎、电竞衍生品的研发生产。大力扶持一批有实力的电竞赛事运营、商业化运作、社群维护类电竞产业公司，积极举办各类国内、国际大型电竞品牌赛事，包装打造新赛事品牌。第三，推动区域体育产业特色化发展。关中地区发挥区位和科技优势，大力发展高端体育装备制造，加快建设西安国际足球中心，积极发展空天旅游，将西安打造成世界赛事名城。陕北地区突出红色文化和地域风貌，以延安红色体育旅游赛事和榆林汽车越野赛为重点，打造红色体育旅游和沙漠时尚运动聚集区。陕南地区紧扣绿色循环发展，以汉中水上西部赛事名城和国家级铁

---

① 《陕西省"十四五"体育事业发展规划》（陕体发〔2021〕5号），陕西省体育局网站（2021年6月29日），http://tyj.shaanxi.gov.cn/ghjh/content/210920851256395465.html，最后检索时间：2024年6月5日。

人三项运动基地为重点,打造水上和山地户外运动聚集区,支持汉中建设西部水上赛事名城和国家级铁人三项运动基地。第四,做大做强体育市场主体。探索设立体育产业投资基金,用好用活省级体育产业引导资金,聚力打造1~2家全国知名体育企业,扶持一批点多面广、潜力较大的中小微企业。主动融入共建"一带一路"大格局,筹办陕西体育产业发展大会,办好陕西体育博览会,持续优化营商环境。

三是推进文体旅深度融合发展。第一,推进文化、旅游、体育融合发展。建立省级文体旅游产业融合实验区机制,打造一批地域特色鲜明的文化、体育和旅游融合示范区,创建国家文化旅游产业融合示范区。鼓励文化企业创作涉及旅游、体育运动内容的动漫游戏产品,数字虚拟体育旅游景点、景观,提升体育旅游产品和服务的科技含量。鼓励用原创形象品牌生产一批具有陕西特色、中国气派、世界表达的文体旅游融合产品。第二,推进"文体旅+""+文体旅"融合发展。推动文化、体育和旅游与工业、科技、教育、交通、水利、农业、林业、金融等深度融合,支持文体旅游企业融合工业制造、商品交易、科普教育、文化美学等多元素,发展工业旅游、研学旅游、体育旅游、康养旅游等体验性、参与性、交互性的文化旅游业态。

2. 现代商贸

(1) 现状与问题。商贸业是传统产业门类,具有重要的地位和作用。近十年来,商贸业现代化进程不断加速,新业态、新模式日益活跃,给传统商贸业带来极大冲击和挑战。陕西社会消费品零售总额从2015年的6578.11亿元增长到2023年的10759.01亿元,年均增长6.3%;批发和零售业增加值从1504.04亿元增长至2190.48亿元,年均增长4.8%,占生产总值的比重为6.5%。实体商业加速转型,线上线下深度融合,新技术新业态新模式不断涌现。网上销售额稳步增长,2023年,限额以上单位通过网络实现的商品销售额占限额以上企业(单位)消费品零售额的比重为19.7%。陕西商贸业发展取得巨大进步,然而,商贸业发展不平衡、不充分问题比较突出,商贸业现代化水平仍然不高,传统商贸遭受新业态新模式的严重冲击;高品质商品和服务供给不足,农村商业与城市便民设施存在短板，经济下行制约消费需求，市场潜在优势有待进一步激发。

（2）发展思路。积极落实扩大内需战略，提升商贸供给水平，加速传统商贸转型升级，全面促进消费，推进内外贸一体化发展。

一是提升商贸供给水平。优化商贸布局，推动将西安建成国际商贸中心，将咸阳、宝鸡等建成辐射带动能力强、资源整合有优势的区域商服贸易中心。发展壮大商圈商街经济，建设高品质步行街和放心消费示范街区，推动中高端商贸服务业创新集聚。提高商品交易市场建设，培育建设一批"千百亿"级商品交易市场。鼓励综合型和专业型产品交易，支持生活性服务、社区综合服务等商贸平台发展。推进乡镇商贸中心建设，引导连锁商业品牌向中小城市延伸，强化农村消费网络建设和品质消费供给。

二是提升商贸现代化水平[1]。加快商业街区、商圈提档升级。大力发展新零售，推动零售业向体验复合型转变，支持首店经济、首发经济、夜间经济、体验经济和智慧零售、无人零售、直播带货等新经济、新业态、新模式。推进商文体旅深度融合、内外贸联动发展，打造形成一批网红打卡新地标。加快推进电子商务发展，积极引导商贸服务企业数字化转型，创新拓展C2M等电子商务新模式，促进线上线下消费融合发展。

三是全面扩大服务消费[2]。严格落实促进消费增长政策措施，提振消费信心，扩大服务消费。优化消费结构，进一步推动住宿餐饮、批发零售等接触型消费恢复，扩大新能源汽车、金银珠宝等升级类商品需求，培育壮大新型消费，大力发展数字消费、绿色消费、健康消费，积极培育文娱旅游、体育赛事、国货"潮品"等新的消费增长点。培育壮大智慧产品和智慧零售、智慧家政、数字文化、智能体育、"互联网+医疗健康"等消费新业态。通

---

[1] 《江苏省政府办公厅关于印发江苏省"十四五"现代服务业发展规划的通知》（苏政办发〔2021〕34号），江苏省发改委网站（2021年7月26日），http://fzggw.jiangsu.gov.cn/art/2021/7/26/art_84097_10224092.html，最后检索时间：2023年12月8日。

[2] 曹林、张爱玲：《2023年陕西服务业发展形势分析与2024年预测》，载程宁博、王建康、裴成荣主编《陕西经济发展报告（2024）》，社会科学文献出版社，2024。

过数字赋能、商旅文体融合等打造消费新场景，激发消费活力。

四是推进内贸外贸一体化发展。鼓励商贸企业积极"走出去"，建立海外分销中心、展示中心等，与跨境电商平台进行线上线下融合。畅通内外商贸流通网络，发展一批连接国际国内市场的跨境贸易电子商务综合服务平台。引导跨国公司设立采购、营销等功能性区域中心。推动本地重点外贸企业与商贸流通企业加强合作，支持出口产品转内销。

3. 现代物流

（1）现状与问题。"十三五"以来，陕西物流业快速发展。"一带一路"国际交通商贸物流中心和"三网三港"核心物流体系顺利推进，交通物流基础设施建设不断完善。2023年，陕西交通运输、仓储和邮政业增加值1416.87亿元，近五年来年均增速6%；货物运输总量、旅客运输总量分别为18.03亿吨、2.63亿人次。社会物流总费用占全省生产总值的比重由16.2%降至12%以下。其中，2023年，陕西中欧班列全年开行量突破5000列，开行量、货运量、重箱率等核心指标均稳居全国前列；西安咸阳机场完成旅客吞吐量4137.12万人，货邮吞吐量26.58万吨，飞机起降31.05万架次，分别列全国第9名、13名、8名；快递业务量15.23亿元，列西部第2位，快递业务收入增速是生产总值增速的4倍。陕西物流业存在以下短板与制约：社会物流总费用居高不下，物流运行效率偏低；物流企业普遍小而弱，竞争力不强；物流业信息化滞后，制约物流效率提升；通道枢纽功能尚未有效激发，物流产业融合深度不够。

（2）发展思路。完善"通道+枢纽+网络"物流运行体系，提升物流现代化水平，建设"一带一路"国际商贸物流枢纽。

一是构建亚欧陆海贸易大通道。以亚欧大陆桥陆路通道为主、以国际航空货运航线为辅，统筹各类运输方式，高效串联国际国内物流通道和节点，形成面向中亚西亚南亚、支撑双循环发展、服务东西双向互济、陆海内外联动开放格局的贸易通道。

二是高水平建设中欧班列西安集结中心。优化集疏分拨中心及货代点境内外布局，强化省内各市联动、陆空两港协同，构建"干支结合、枢纽集散"高效集疏运体系，推进中欧班列长安号高质量发展。

三是完善物流枢纽网络体系。提升大西安国家中心城市的综合物流服务能级，完善宝鸡、延安国家物流枢纽功能，推进区域物流枢纽、物流节点城市和城乡配送网络建设，以乡村物流网络建设为重点健全县乡村物流配送体系，强化末端配送网点布局，形成内捷外畅的物流快速集散体系。

四是提升物流现代化水平。推进物流智能化、专业化、绿色化发展。实施"互联网+高效物流"，建设智慧物流园区、智慧港口、智慧口岸、智能收投、数字仓库等，大力发展"互联网+"车货匹配、"互联网+"运输协同、"互联网+"仓储交易等新业态、新模式。加快发展完善冷链物流、电商快递物流等专业物流，加快推进各地快递进村、农村产品出村。建设绿色物流园区，推广应用节能型绿色仓储设施，支持老旧物流园区开展绿色化改造，推进邮件快件包装绿色化、减量化、可循环。

五是强化物流驱动发展功能。加强物流与现代农业、先进制造业、现代商贸业等联动融合，大力发展果业、富硒食品等出口型农业，提升新能源汽车、太阳能光伏、锂离子蓄电池等外向型制造业，扩大发展国际旅游、加工服务、信息服务等服务产业。强化区域性城市物流驱动产业功能，积极培育区域特色产业，扩大区域产业国际开放度。

4. 现代金融

（1）现状与问题。陕西金融业持续健康发展，金融发展水平与经济发展水平基本相适应。2023年，陕西金融业增加值2212.75亿元，2015~2023年，金融业增加值年均增速9.2%，高于全国增速近1个百分点，金融业增加值占生产总值的比重稳定在6.5%；全省存款余额66934.4亿元、贷款余额53876.81亿元，存贷比为80.5%，较2015年提高12.9个百分点[1]。截至2023年末，陕西A股上市公司增至81家，较2015年翻番，市值12758.1亿元，均排名全国第15位。保险公司保费收入1192.65亿元，较2015年实

---

[1] 《2023年陕西省国民经济和社会发展统计公报》，陕西省统计局网站（2024年3月27日），http：//tjj.shaanxi.gov.cn/tjsj/ndsj/tjgb/qs_444/202403/t20240327_2324303.html，最新检索时间：2024年5月20日。

现翻番。然而，陕西金融业发展仍存在以下主要问题：一是金融供给结构不优，服务民营、中小微企业、县域经济能力不足；二是金融组织不完善，地方法人金融机构竞争力不强；三是金融数字化程度不高，金融创新相对滞后；四是直接融资仍需发力，债券融资需要提升，股权融资、风险投资不适应创新创业需求。

（2）发展思路。围绕建设"一带一路"区域金融中心目标，聚焦服务实体经济、科技创新，深化金融改革，防控金融风险，完善金融组织体系，健全金融市场体系，构建特色金融服务体系，推进现代金融创新发展。

一是完善现代金融组织体系。积极吸引境内外金融机构来陕设立区域总部、分支机构，成立研发中心、数据中心、资产管理中心。培育壮大地方法人机构，支持地方法人金融机构改制上市。提升融资担保公司、地方资产管理公司、小额贷款公司等地方金融组织竞争能力。推进金融外包服务企业、金融中介服务机构集聚发展。

二是健全完善金融市场体系。引导银行机构创新信贷业务，开发多元化、多层次信贷产品，重点支持现代产业发展及重点项目建设。大力发展直接融资，深化与上海证券交易所、深圳证券交易所、香港交易所、全国股转公司的战略合作，完善企业上市联动工作机制，加大上市后备企业培育力度，不断增加上市企业数量。大力发展创业投资，探索发展私募股权投资基金和创业投资基金。持续推进"险资入陕"，畅通保险资金投资信息渠道，创新险企对接模式。

三是构建特色金融服务体系。大力发展科创金融，推动科技支行、科技保险、科技基金等专业机构做深做实，提升金融服务科创企业质效。支持发展乡村金融，推动开发性、政策性金融机构加大对"三农"的发展支持。培育发展绿色金融体系，把握"碳中和""碳达峰"机遇，大力发展绿色信贷、绿色债券、绿色基金、绿色保险、碳金融。

四是推进金融开放创新。加大陕西自贸区金融创新，支持在自贸区内试点设立中外合资证券公司、外资专业健康保险机构。培育发展金融新业态，推进发展租赁金融、消费金融、第三方支付等金融新业态，鼓励互联网金融平台、产品和服务创新。

五是推进区域金融特色化发展。① 着力提升西安丝绸之路金融中心聚集力，支持延安建设红色文化金融示范区，支持杨凌建设农科金融改革试验区，支持安康创建绿色金融试验区，支持铜川加快创建国家级普惠金融综合改革试验区。

5. 健康养老

（1）现状与问题。伴随健康意识的增强和老龄社会的来临，健康养老服务业成为国民经济的支柱产业。据推算，2023 年，陕西健康养老服务业增加值占生产总值的比重超过 5%，健康养老服务业全产业链占生产总值的比重超过 10%。陕西健康养老服务业形成了医疗服务（含中医）、健康养老、健康管理、体育健身、健康文旅、健康金融六大门类。其中，医疗服务、健康养老占比最大。陕西健康养老服务业亮点纷呈，健康数字加快转型，全民健康信息平台建设不断完善，陕西 160 家医院开展互联网诊疗；健康文化旅游特色凸显，中医药文化养生旅游、老年养生旅游等新业态不断发展，渭南是全国居家和社区养老服务改革试点城市，安康建设健康产业先行区，商洛聚力打造中国康养之都，陕西推进建设了医养结合示范基地、智慧健康养老示范基地。当前，陕西健康养老产业存在以下问题与现实挑战：一是健康养老产业发展水平不高、结构不优，难以适应即将到来的巨大规模市场需求和日益升级服务结构的需要；二是产业规模化、集群化、品牌化不足，企业规模普遍较小，产业平台与龙头企业有待提升；三是健康养老与其他产业融合程度不深，医养结合不紧密；四是存在体制机制障碍，政策有待优化。

（2）发展思路。落实健康陕西战略，积极应对人口老龄化，聚焦"医疗健康、医药健康、康养融合、健体康体、智慧康养"五大重点，推动健康养老产业创新、集聚、融合、开放、提升发展，建设银发经济先行区和西部健

---

① 《陕西省"十四五"金融业高质量发展规划》（陕金发〔2021〕65 号），陕西省人民政府网站（2021 年 9 月 24 日），http://www.shaanxi.gov.cn/zfxxgk/fdzdgknr/zcwj/gfxwj/202208/t20220815_2246017.html，最后检索时间：2024 年 3 月 22 日。

康养老服务高地[①]。

一是提升发展医疗健康服务业。提升公立医疗机构基本医疗公共服务水平，鼓励社会力量跨区域办医、连锁办医、到基层办医，开办运营全科诊所。建好国家级分子医学转化中心、区域儿童医疗中心，大力发展分子医学、再生医学、精准医疗，做大做强医疗产业。传承创新中医药健康服务，争创国家中医药综合改革示范区、区域中医医疗中心，大力发展融预防保健、疾病治疗和康复于一体的中医药健康服务，打响"陕西中医"服务品牌。

二是大力发展医药健康服务业。创新发展化学药与生物医药，加快化学药核心技术产品替代，支持开发原研药物，加强免疫治疗、基因治疗、干细胞治疗等新兴生物技术研发转化。大力发展现代中药，加强中药经典名方二次开发及优势中药复方与活性成分研究，重点发展中成药、中药饮片，提升秦产中药材品种。提升发展现代医药流通服务，培育大型现代药品流通骨干企业，推动医药冷链物流升级，积极融入国际医药供应链。

三是多样化发展康养融合服务业。大力发展健康养老产业，推动养老机构提升养老服务水平，鼓励社会力量提供连锁化、品牌化养老服务；完善社区养老服务，推行"物业服务+养老服务"居家社区养老模式；扩大农村养老服务供给，开展农村养老服务提升计划。融合发展养生休闲产业，发展森林康养、高地疗养、避暑休闲等山地旅游服务，中医药养生、温泉度假、天然氧吧等康养服务，街区休闲、乡村休闲和田园休闲康旅服务。培育发展健康文化产业，推动建设一批健康文化综合体、养老养生文化园。创新拓展健康食品产业，发展富硒食品、绿色食品、森林食品，开发膳食补充剂、功能保健食品、抗疲劳（衰老）等食品。

四是普惠发展健体康体服务业。发展体育健身、健康管理、健康金融三大产业。拓展体育健身产业，推广全民健身、科学健身、康体运动全民休闲健身，大力发展山地运动、水上运动、海洋体育休闲运动。优质发展健康管

[①] 《陕西省"十四五"卫生健康事业发展规划》（陕卫发〔2022〕14号），陕西省人民政府网站（2022年3月5日），http：//www.shaanxi.gov.cn/zfxxgk/zcwjk/szfbm_14999/ghwb_15010/202208/t20220811_2243895.html 最后检索时间：2024年3月26日。

理服务，强化全人全程健康管理，加快发展母婴护理、健康体检、慢病管理、心理健康、康复护理等全生命周期健康管理服务。大力发展商业健康保险，引导开发健康保险产品，推进发展长期护理险。

五是创新发展智慧健康养老产业。加快发展互联网医疗，推动新一代信息技术在医疗服务领域创新应用，构建覆盖诊前、诊中、诊后的线上线下一体化医疗服务模式。鼓励发展特种机器人、智能医疗看护等智能制造，鼓励开发基于虚拟/增强现实（VR/AR）等技术的临床辅助设备和智能健康设备，推进发展康复辅具产业，推动发展在线医疗、"互联网+药品流通"等。构建"互联网+"智慧养老服务模式，打造一批"智慧养老院""智慧养老家庭"。

（二）提升发展四大竞争优势性服务业

1. 科技服务

（1）现状与问题。近年来，陕西深入实施创新驱动发展战略，推动科技服务业快速发展。2023年，陕西科技服务业增加值898.25亿元，近5来增速高于服务业平均增速。科研投入不断增加，2022年，全省研究与试验发展（R&D）经费支出为700.6亿元，研究与试验发展（R&D）经费投入强度2.35%，居全国前列。科技服务主体不断壮大，2023年陕西省科技型中小企业、高新技术企业数量分别达到23940家和16754家，近三年数量分别增长1.6倍和1.9倍。科技创新服务体系不断完善，搭建了秦创原科技创新驱动平台，初步形成了多层次、多维度的"1+N"政策体系，构建形成"众创空间—孵化器—加速器—科技园区"链条式孵化体系。科技服务新模式、新组织、新业态不断涌现，探索"三项改革""技术经纪人"等机制创新，形成"一院一所一校一港一企"科技创新模式[①]。科技创新成果丰硕，

[①] "一院一所一校一港一企"创新模式分别指：西北有色金属研究院"三位一体、股权激励、资本运作、母体控股"发展模式；中国科学院西安光学精密机械研究所"研究机构+科技金融+科技服务+科技平台+科技空间"模式；西北工业大学"三项改革"模式；西安交通大学西部科技创新港"一中心、一孵化、两围绕、一共享"模式；陕西煤业化工技术研究院"以企业为主体的科技产业化"模式。

科技成果转化更加活跃。截至2023年底，有效发明专利拥有量102176件，每万人口发明专利拥有量25.84件，高价值发明专利拥有量39362件，每万人口高价值发明专利拥有量为9.96件；陕西技术合同成交额从2021年的2343.44亿元增至2023年的4120.76亿元，近三年年均增长32.6%，稳居全国前列[1]。陕西研发设计领域形成了1000多家研发机构，产业规模和总体实力已居全国前列，尤其在工业设计、文化创意设计、交通设施设计、建筑工程设计、能源化工设计领域已具有明显的特色优势。陕西科技服务面临以下问题：一是市场主体发育不健全，高新技术企业与中小科技企业数量仍然偏少；二是科技服务专业化程度不高，难以适应科技服务的高标准要求；三是"两链融合"深度不够，科技创新成果转化仍有提升空间；四是高端服务业态较少，知识产权工作不适应需求；五是复合型人才缺乏，科技金融不够活跃，产业生态有待进一步提升。

（2）发展思路。深入实施创新驱动发展战略，提质秦创原驱动发展平台，完善全链条科技创新服务体系，促进科技成果转移转化，培育新发展模式、新资源体系、新兴价值链。

一是推动重点科创服务行业发展。大力提升研究开发、技术转移、检验检测认证、创业孵化、知识产权、科技咨询、科技金融等科技服务能力，健全覆盖科技创新全链条的科技服务体系[2]。推动孵化载体提能增效，完善"众创空间—孵化器—加速器—科技园区"链条式孵化体系。建好"陕西省检验检测聚集区""西安检验检测新基地"，吸引国内外知名检验检测机构，全面提升检验检测服务供给水平。大力发展知识产权服务，做强检索、分析、数据加工等基础服务，培育知识产权转化市场化服务。推动知识产权服务机构、科技中介专业化、规范化发展，开拓知识产权评估、维权、运营、

---

[1]《2023年陕西省国民经济和社会发展统计公报》，陕西省统计局网站（2024年3月27日），http://tjj.shaanxi.gov.cn/tjsj/ndsj/tjgb/qs_444/202403/t20240327_2324303.html，最新检索时间：2024年5月20日。

[2]《国务院关于加快科技服务业发展的若干意见》（国发〔2014〕49号），http://www.weighment.com/newsletter/year2014/m11/2298.asp，最后检索时间：2024年5月12日。

质押融资等增值服务。大力发展科技金融，加快建设资本大市场，构建"母基金+子基金"且覆盖"种子—天使—VC—PE"全周期的基金体系。

二是完善技术转移集成服务体系。打通产学研协同创新通道，构建跨领域、跨区域协同创新服务体系。鼓励组建产业技术战略联盟、技术转移中心联盟、丝路大学科技园联盟、"一带一路"国际科技合作基地联盟。构建全流程成果转化体系。聚焦科技成果挖掘、转化、落地各个环节，深化科技成果的使用、处置、收益管理制度改革，实施以增加知识价值为导向的分配政策。培养科技经纪人队伍，常态化开展路演活动，搭建科技成果转化不同阶段所需的"孵化器、促进器、成长器"有效载体，完善科技成果转化全生命周期服务。

三是推动秦创原创新驱动平台提质增效。落实秦创原发展行动计划，全面深化"三项改革"，强化企业主体地位，加快构建现代化产业体系，构建"一区多总"协同创新，提升秦创原科技创新孵化、转移转化、成长加速、产业集群促进等功能。依托秦创原驱动发展平台，探索建设"协同创新中心""产业协作基地""双向飞地""创新承接园区"等创新合作形式，搭建跨区域产业政策共享、跨区域财税利益分享、跨区域市场环境一体化等创新合作机制，助推"资源共享、优势互补、利益共济、协同发展"，充分发挥秦创原示范引领作用，辐射带动全省创新协同发展。

四是推动关键核心技术攻关[①]。先进制造攻克航空航天、智能制造、输变电、新能源与智能网联车、先进轨道等关键技术。电子信息攻克集成电路、新型显示、光子、智能终端、物联网等核心技术。能源化工攻克氢能、太阳能光伏、煤化工等关键技术。新材料重点攻关高性能金属材料、非金属材料、陶瓷基复合材料，高分子材料、第四代半导体等技术。现代农业围绕生物育种、种植养殖、果业奶业、智慧农业和健康食品等重点领域开展关键技术攻关。生物医药攻克生物与生命科学、人口健康、中医药传承技术。绿

---

① 《陕西省"十四五"科技创新发展规划》（陕科发〔2021〕20号，陕西省科技厅网站（2021年12月28日），https：//kjt.shaanxi.gov.cn/kjzx/tzgg/257693.html，最后检索时间：2023年12月23日。

色生态围绕碳中和、碳达峰、生态保护与资源高效利用进行核心技术攻关。

五是推进建设科技创新集聚区。高起点、高水平建设一批科技创新聚集区。加快推进西安综合科学中心和科技创新中心建设，抓好大科学装置和国家重大科技计划项目，建好一批国家级产业创新中心，激发高校科研院所研发动能，提升西安创新发展能力。加快推进发展工业设计、文化创意设计、交通设施设计、建筑工程设计、能源化工设计等重点领域，建设专业研发产业园区，推进西安创建"世界设计之都"。以省级以上开发区为主要载体，建立一批涉及航空、航天、船舶、兵器等产业的科技服务集聚区。

2. 信息服务

（1）现状与问题。陕西信息服务业基础雄厚，发展迅速。2015~2023年，陕西信息传输、软件和信息技术服务业增加值1136.9亿元，年均增速18%，占生产总值的比重为3.4%[①]。从"四经普"数据的营业收入结构来看，软件和信息技术服务业占营业收入的比重接近50%，电信、广播电视和卫星传输服务业占比40%强，互联网及相关服务占比约10%。陕西软件信息服务业集中于重点行业应用软件、嵌入式软件、IC设计与测试、大数据、云计算与互联网、文化创意、数字出版、游戏动漫等领域。陕西信息服务业集中在西安，占全省比重接近85%。西安软件信息服务业产值规模居全国15个副省级城市的第8位。总体上看，陕西软件与信息服务业发展不充分，主要存在以下问题：一是信息服务业产业规模总量偏小，发展后劲不足；二是产业发展两极化严重，规上企业数量少，业务多，规下企业数量多，但规模小、业务少；三是拥有自主知识产权的核心技术存在短板，高端技术人员匮乏；四是软件信息融合应用的广度和深度不够，企业软件化能力较弱，对数字化进程形成制约。

（2）发展思路。以数字化应用为牵引，推进软件产业升级，壮大信息服务业，构建开放协同开源生态，争创软件名园、软件名城，打造西部软件

[①] 《2023年陕西省国民经济和社会发展统计公报》，陕西省统计局网站（2024年3月27日），http：//tjj.shaanxi.gov.cn/tjsj/ndsj/tjgb/qs_444/202403/t20240327_2324303.html，最新检索时间：2024年5月20日。

信息产业高地。

一是推进软件产业升级。重点发展基础软件、通用软件、行业软件和嵌入式应用软件，积极开发面向行业重大集成应用的新型软件。支持突破操作系统、支撑软件、数据库管理系统等基础软件研发。依托华为鲲鹏等计算平台，加强基础软件与硬件的集成、适配和优化，打造自主软件开发生态体系。加快发展三维计算机辅助设计、计算机辅助工程、电子设计自动化、可编程逻辑控制器等工业软件研发和应用，满足智能制造关键环节应用需求。将西安软件园建设成为"中国软件名园"，将西安市打造成为"中国软件名城"。

二是壮大信息技术服务业。壮大信息咨询设计、软件开发与测试、信息系统集成、运行维护、信息技术服务与培训等关键环节，打造信息技术服务产业体系。推广信息技术服务应用，培育一批行业智能化解决方案和数据服务龙头企业，打造千亿级信息技术服务产业集群。推动重点园区和行业企业与共建"一带一路"国家和地区深化交流合作。

三是推进数字化应用发展[①]。引导创新应用普惠金融领域，开发软件产品。推进开发应用交通物流软件，提升交通物流数字化水平。拓展软件在能源化工、航空航天、新能源汽车、生物医药等制造业的应用，建设互联网平台，开展工业软件、工业App、微服务研发部署，引导企业加快业务上云、设备上云。支持农业基础资源数据库、农村监测人口信息数据库、农产品质量安全追溯系统等开发应用，提高农业农村数字化水平。推广智慧城市典型解决方案，推广城市大脑、精准惠民、智慧政务等创新应用，培育智慧城市治理等新模式、新应用。

四是构建开放协同开源生态。积极培育一批骨干型、龙头型企业；鼓励大企业开放创新资源，建设"双创"平台；支持中小型软件企业深耕特定行业、领域，走"专精特新"道路，推动大中小企业深度协同发展。大力

[①] 《陕西省"十四五"数字经济发展规划》（陕政办发〔2022〕12号），陕西省人民政府网站（2022年11月10日），http://www.shaanxi.gov.cn/zfxxgk/zfgb/2022/d19q/202211/t20221110_2263736.html，最后检索时间：2024年5月25日。

发展开源基金会等开源组织，完善开源软件治理规则，普及开源软件文化；建设开源社区，构建开源软件生态。推动产业高效集聚发展，支持西安软件园建设，西安创建中国软件名城，加快西咸新区西新城大数据产业示范基地、铜川大数据产业园等建设，借助西部电子信息博览会、西安硬科技大会等平台，吸引国内外软件信息企业集聚发展。

3. 空天服务

（1）现状与问题。空天产业是高科技产业，是市场前景广阔的产业，是未来产业的重点发展方向。陕西具有发展航空航天服务业的雄厚基础。陕西航空领域现有资源占全国总量近1/3，资产占全国1/4，产值占全国近1/3。航空服务业已经初步形成研发设计、测试维修、试验试飞、航空信息、教育培训、运输物流等产业链。西安阎良国家航空高技术产业基地是陕西航空产业发展的主阵地，西咸新区空港新城、汉中航空智慧新城、宝鸡航空装备产业园、渭南通用航空产业园是重要的航空产业集聚区。陕西航空物流运输基础较好。2023年陕西民用运输机场货邮吞吐量27.9万吨，居全国第14位①；民用机场旅客吞吐量4493.7万人次，排名第11位。陕西省是全国唯一具有两个整机生产企业的省份，具有完整的飞机设计、制造、试验、试飞、服务科研生产产业链。陕西作为我国的航天动力之乡，全国约1/3的航天科研生产力量部署在西安；具有完整的卫星及应用产业链，在微小卫星及应用产业发展方面处于国内领先地位，也是全国唯一覆盖卫星全产业链的地区。西安国家民用航天产业基地是陕西航天产业发展的主要承载区，已建成我国最大的"国家级民用航天产业基地"。然而，当前陕西航空航天服务业发展主要面临以下问题：一是空天服务业产业链不完整，空天培训及科技服务、航空育种、航空旅游发展不足；二是面临体制机制约束，缺乏成熟的商业模式，产业化发展滞后；三是航空航天战略资源分散，低空空域、频率战略资源缺乏；四是产业配套能力薄弱，民营资本进

---

① 中商情报网讯：《2023年全国各省（区、市）民用运输机场货邮吞吐量增速排行榜》，https://www.163.com/dy/article/IUEKPBU9051481OF.html，最后检索时间：2024年6月25日。

入缓慢。

（2）发展思路：以服务国家国防军事战略需求与商业化应用为导向，充分发挥得天独厚的空天资源要素禀赋优势，深化体制机制改革，激活市场活力与社会创造力，推动多元融合、链式集群发展，着力打造空天服务强省，为建设航天强国贡献更多陕西力量。

一是创新产业管理体制与产业合作机制。航空航天产业是战略性产业，关系国防军事战略需求与国家安全，面临复杂的管理体制优化与机制创新问题。因此，要在加强国家战略安全前提下，深化航空航天产业管理体制改革与机制创新，建立高效的省部合作、军民融合管理协调机制，明确社会资本进入产业环节与重点领域，优化产业链合作模式，整合省内空天产业资源与空间布局，有效激发市场力量参与空天产业发展。

二是大力发展航空服务经济。做强通用航空服务，积极培育发展低空经济，打造航空研发设计、试验试飞、教育培训、保养维修、运输物流、航空商务、低空旅游等航空服务链[①]。围绕飞机制造转型升级，做强研究开发、试验试飞、测试检测等技术服务链，推进运输机系列化、重大机型配套化，加快发展直升机、无人机，推动航空发动机、机载系统、关键部件、专用设备自主发展。大力发展专业航空飞机驾驶教育、技能培训、资格考试认证等综合教育培训，开展滑翔、跳伞、航模运动培训和低空旅游培训。加快发展航空维修保养服务链，做好飞机改装、飞机维护和修理、航空器材销售与修理服务。提升发展航空运输物流链，依托国际"空港"，大力发展航空客运、货运、仓储保鲜、分拣包装、转运配送等运输物流，培育发展低空快递、低空巴士等低空物流新业态，努力建设"空中丝绸之路"。推进发展航空商务业，积极发展商务贸易、国际结算、信用担保等国际商务服务业，招引总部机构，举办航空博览会、会展会议、国际科技交流与贸易洽谈会。

---

① 朱李鸣：《浙江航空服务业期待起飞》，《浙江经济》2010年第23期。

三是培育发展航天服务经济[①]。紧抓商业航天发展机遇，积极拓展航天服务链，打造集卫星制造设计、卫星发射、卫星运营及卫星应用全产业链。做好航天研发设计服务业，依托西安航天相关高校院所，引进国内外航天研发机构，巩固提升航天技术优势，重点发展航天动力设计、火箭与卫星智能制造设计，推进航天新型光伏能源、高性能空天复合材料等研发，打造西安国家综合性科学（航天）中心核心区。做好卫星测控服务，依托西安卫星测控中心，联动民营测控企业，争取建设民用卫星测控体系，构建军民融合测控系统结合模式，联合打造商业卫星测控运管中心[②]。围绕卫星通信、卫星导航、卫星遥感三大领域，大力发展空天信息产业。发展卫星通信，围绕智慧交通、应急救援、海洋作业等领域，开展卫星宽带接入、应急通信、卫星物联网等卫星通信服务。发展卫星导航，搭建北斗卫星导航应用平台，发展基于北斗的教育、医疗、智慧城市等智能服务终端。发展卫星遥感，大力发展卫星遥感信息获取、处理、建库及系统开发集成服务。

四是融合发展空天文化旅游业。深度挖掘航空航天文化，以"文化+""科技+""体验+"推动发展空天特色文化旅游业。建设空天博物馆、空天科技馆太空主题乐园、太空电影题材拍摄基地，传承航空航天文化。大力发展空中游览、低空飞行、滑翔伞、飞机跳伞等低空旅游，培育发展太空文化体验、太空旅游。实施空天文化IP塑造工程，将阎良国家航空高技术产业基地和西安航天产业基地建成空天产业集聚、空天文化浓厚、空天体验感受鲜明的文化旅游新城。

4. 商务会展

（1）现状及问题。近年来，陕西商务会展业快速发展。尤其是疫情之后，商务会展业迅速恢复。2023年，仅西安就举办了516场规模以上展会

[①]《西安国家民用航天产业基地国民经济和社会发展第十四个五年规划和二〇三五年远景目标纲要》，西安航天产业基地管委会网站（2021年7月5日），http://xcaib.xa.gov.cn/zwgk/jcxxgk/ghjh/6108d0cbf8fd1c0bdc41e74d.html，最后检索时间：2024年6月3日。

[②] 问天任我行：《关于陕西省商业航天产业发展的思考和建议》，https://www.sohu.com/a/290948783_808513，最后检索时间：2024年6月23日。

活动，同比增长101.56%；展览面积总计达247.7万平方米，同比增长340.83%，展会数量和规模创历年新高。世界信息安全大会、中国航空维修峰会、中国数字建筑高峰论坛等知名展会相继落地，中国（西安）会奖旅游发展大会、中国国际会展文化节等行业盛会争相"绽放"，本土企业创新展会如西安设计周、西部半导体及集成电路产业展等崭露头角[①]。商务领域亮点纷呈。法律、会计、审计等专业服务不断完善，"一带一路"国际商事争端解决中心建成运行。楼宇经济、总部经济强势崛起，第一太平戴维斯发布《2023年西安房地产市场回顾及未来展望》报告显示，截至2023年底，西安甲级写字楼存量为216万平方米，房地产、信息技术、专业服务、金融类企业主导甲级写字楼租赁需求；仅碑林区就吸引世界500强、中国500强等企业设立（陕西及以上）地区总部51家，总部楼宇经济的引领带动能力日趋彰显。然而，陕西商务会展业依然面临发展短板，高品质展会缺乏，会展品牌力影响不够；商务质量水平不高，楼宇经济遭遇经济下行压力，写字楼空置率居高不下；企业总部数量相比北京、上海、武汉、成都均有较大差距，商务带动经济发展作用有待进一步提升。

（2）发展思路。围绕法律法规、会计审计及税务、会展服务等领域，提升商务会展服务产业市场化、专业化、品牌化、国际化水平，建设西部商务会展高地。

一是推动发展商务会展专业服务。着力构建适应全产业链发展需求的产业链法律服务体系，增强法律服务与会计审计、税务、资产评估、保险、金融等行业的战略协作，带动发展法律服务产品研发、知识产权代理、法律人才培养等关联产业；发展普惠型公共法律服务，构建覆盖省、市、县、乡、村五级的法律服务网络；依托中国—上海合作组织法律服务委员会西安中心、"一带一路"律师联盟西安中心、西安"一带一路"国际商事争端解决中心积极发展涉外法律服务业，打造"一带一路"国际商事法律服务样板

[①] 王嘉楠：《西安：会展业强劲复苏激活经济一池春水》，《国际商报》2024年2月2日，第4版。

区。持续提升审计鉴证服务和涉税专业鉴证服务水平，鼓励拓展特殊领域、高端需求、高技术含量、高附加值会计审计税务业务。

二是大力发展高端商务。培育发展总部经济，积极引进国内外大企业、大集团、世界跨国公司在陕西设立综合型总部、地区总部或职能型总部机构，吸引丝绸之路经济带国际多双边经贸合作组织和商（协）会团体在陕西设立总部机构。以西安为核心推进建设一批特色总部经济集聚区。推动发展楼宇经济，制定楼宇认定及星级管理办法，出台楼宇经济激励措施，鼓励楼宇经济快速发展。加快发展战略规划、营销策划、商务咨询等管理咨询服务业。优化发展广告服务，指导行业协会组织举办广告节、会展、广告论坛等大型活动，与高校合作开展广告人才培养，培育一批品牌广告服务业企业。办好秦商大会、西商大会，凝聚全球商业资源和商业力量，对接国际高端市场和资源。

三是提升发展会展服务。培育壮大会展市场主体，支持有实力的骨干企业通过多种方式实现规模扩张，支持鼓励本地会展企业联合办展，提升办会理念以及会展项目经营运作水平，积极引进具有国际竞争力的专业服务机构来陕设立地区总部和办事机构。提升会展水平，高水平举办丝绸之路国际博览会、欧亚经济论坛、杨凌农高会，积极吸引国际国内著名会展企业来陕承办和培育一批具有全球影响力的国际会议、国际会展、国际文化旅游活动。实施"会展+"战略，推动会商文旅体联动发展，带动展馆区域产业聚集、业态升级，打造会商旅文体功能集聚区。

（三）培育发展四大新兴先导性服务业

1. 家政服务

以满足居民多样化、多层次生活需求为导向，完善家政服务体系，促进家政服务业提质扩容。提高从业人员素质，支持陕西高校、职业院校增设家政服务相关专业，积极培育产教融合型家政企业，加大岗前培训和"回炉"培训工作力度，开展家政培训提升行动。提高家政服务质量，推进服务标准化，研究制定家政电商、家政教育、家政培训等新业态服务标准，规范家政服务三方权利义务关系，探索建立覆盖全域的家政持证上岗模式，提升家政服务规范化水平。积极发展"互联网+"家政服务，完善网络服务体系，推进家政服务数字化转型与应用，线上线下融合，提高智能智慧发展水平。建立家庭服务信用信息平台，健全家庭服务领域信用体系。改善家政服务从业环境，鼓励家政企业参保雇主责任保险，完善家政从业人员维权服务机制，积极推动改善家政从业人员社会保障。

2. 教育培训

适应日益增长的终身教育发展需求，以高等教育、职业教育、专业技能培训为重点，完善教育培训体系，提升教育培训服务品质，着力构建以人力资源培养、服务和开发为特色的教育服务产业链条。一是积极发展多层次多元化的教育培训。提升发展高等教育，推进建设高水平大学和高水平学科，实施创新强校和高等学校创新能力提升计划，培养一流高端人才。大力发展职业教育，创新职业人才培养模式，推进职业教育基地建设，坚持产教融合、校企合作、工学结合，扩大现代学徒制试点，加快建立陕西特色、国内一流的现代职业教育体系。积极发展学前教育，完善学前教育办学体制，加快建设以公办园和普惠性民办园为主体的学前教育服务网络，促进幼儿教育提升发展。广泛开展城乡社区教育，引入行业组织参与社区教育项目，为社区居民提供人文艺术、科学技术、幼儿教育、养老保健、生活休闲、职业技能等方面的培训服务。加强重点群体职业技能培训，为困难家庭子女、未升学初高中毕业生、农民工、失业人员和转岗职工、退役军人和残疾人提供免费基本执业技能培训。二是加快推进教育信息化建设。统筹各级教育部门的公共服务资源，建设省级教育云数据中心和公共服务平台，探索基于云计算和大数据的智慧教育。加强"智慧教室""智慧校园"建设，积极发展远程教育和培训，促进数字资源共建共享。

3. 人力资源服务

着眼建立与陕西产业转型升级相适应的人力资源服务体系，打造"一带一路"人力资源服务高地。重点抓好三项工作。一是发展行业专业人才市场，建设一批能源化工、高新技术、农业科技、生物医药、食品加工、机械制造、工程建筑等专业性人才市场，鼓励开拓国际人力资源服务市场，积极承接离岸人力资源服务业务。二是推进人力资源集聚发展，推进"中国西安人力资源服务产业园"建设，支持西安高新区、曲江新区、西咸新区打造高科技人力、高端文化人才资源服务产业园。在宝鸡、汉中、安康、榆林、延安打造区域辐射型人力资源产业园区。三是创新人力资源服务。完善公共服务体系，搭建省市县公共服务平台，推进人力资源服务电子化，提供线上线下便利化服务。

鉴于本书篇幅所限，节能环保及其服务贸易新业态等内容分别在创新发展、绿色发展、对外开放等相关章节进行介绍。

三　陕西现代服务业品质提升

坚持新发展理念，以提高服务业质量为中心，实施质量强省战略，进一步创新服务质量治理，健全现代服务业质量标准体系，推动生产性服务业向专业化和价值链高端延伸，生活性服务业向精细化和高品质转变，推进服务标准化、规范化和品牌化，构建与国际接轨的服务标准体系，打造陕西服务品牌。

（一）提升服务业质量水平

服务业质量水平不高，难以满足人民对美好生活的追求，已经成为制约陕西服务业发展的瓶颈，因此，要加快健全服务业标准，加强服务业质量监管，强化服务业品牌建设，大力提升服务业质量水平。[1]

1. 健全服务标准体系

充分发挥政府主导作用，鼓励市场积极参与，建立政府主导与市场自主制定标准协同发展、统筹协调的地方新型标准体系。实施"标准化+"行

---

[1]《关于新时代服务业高质量发展的指导意见》（发改产业〔2019〕1602号），http://www.ccssr.org/html/3/1/2019-10-24/2465.html，最后检索时间：2024年5月21日。

动，主动对接国际标准，加快建立陕西产品和陕西服务的地方标准。鼓励服务业企业采用国际标准，支持服务业企业参与国际、国家、行业标准制定，加强地方（团体）标准研制和推广。重点推动研发设计、信息服务、金融科技、智慧物流、知识产权等生产性服务业领域和文化旅游、健康养老、家政服务等生活性服务业领域标准体系建设。积极争创国家级服务标准、认证试点示范，开展省级服务标准试点示范工作，建设一批服务业标准化试点示范单位，塑造行业标杆和服务典范。加强面向新兴服务业态的服务模式、服务技术与服务市场等标准的制定、实施与推广。

2. 加强服务质量管理

实施服务业质量管理体系和新版质量管理办法，推进建立服务质量综合评价体系，在现代服务业重点领域开展质量监测。在金融科技、研发设计、商贸流通、知识产权等领域率先开展质量提升活动，在交通运输、教育培训、健康养老、文化旅游、节能环保等领域实施认证认可制度。引导企业树立质量第一的强烈意识，推广应用先进质量管理体系和方法，积极运用新理念和新技术加强服务质量管理。强化服务业领域市场监管综合执法，探索建立以"双随机、一公开"监管为基本手段、以重点监管为补充、以信用监管为基础的新型服务质量监管机制。引导企业建立售后服务模式，构建服务网络，完善售后服务功能。督促企业建立质量追溯体系，履行质量担保、售后服务、缺陷召回等法定义务，依法承担质量损害赔偿责任。坚决打击产品与服务假冒伪劣、以次充好、质量不合格等行为，充分保护消费者合法权益。

3. 实施质量社会共治

创新建立以法治为基础的社会多元化服务质量治理模式，构建市场主体规范、行业自律、社会监督、政府监管、消费者参与的服务质量共治格局。建立推广服务消费后评价制度，以平台型企业为突破口，建立消费者自主评价机制，畅通自主、真实消费信息评价渠道。进一步强化服务质量社会监督与舆论监督，建立信息反应及时、事件处理迅速、结果反馈高效的服务质量监督与处理机制。探索培育第三方服务质量监测和评价机构，对企业服务质量进行体验调查和比对分析，引导理性消费选择。

（二）加强服务行业信用建设

服务业服务产品无形的属性特点及越来越广泛的在线交易模式，决定了服务交易具有更高的"信息不对称"、"道德风险"和"逆向选择"可能性，亟待实施信用制度，降低交易风险，维护交易安全。

1. 建立社会诚信制度

增强社会诚信理念，健全社会信用体系，加快建立完善的信用法律体系、行政规章和行业自律规则等，推进建设"陕西信用社会"，为服务业发展提供良好的社会诚信环境。采取切实有效措施，进一步完善企业、社会和个人信用环境体系建设，建立严密的信用立法、严格的信用执法和统一的资信登记及披露制度。率先在家政服务、养老托幼、文体旅游、网络销售等重点领域开展"服务信用"试点示范工作，探索建立诚信承诺、信息公开、多元监督、联合执法、违信处罚、信用积分等有效做法与机制。通过建立社会诚信制度，加快构建以信用为核心的新型市场监管体制，营造公平诚信的市场环境，为陕西现代服务业高质、安全、健康发展保驾护航。

2. 加强服务行业信用监管

建立陕西现代服务业企业电子信用档案及电子信息服务平台，完善准确、有效、联网的服务企业信用记录，健全信息查询、信息披露、信息举报、信用积分等功能。积极构建跨地区、跨部门、跨领域的服务业协同监管和联合惩戒机制，对严重违法失信主体采取行业限制性措施，依法予以限制或禁止。整合利用国家信用信息共享平台和国家企业信用信息公示系统数据资源，对企业实施信用风险分类监管，对高等信用风险级市场主体，提高抽查监管频次，适时进行消费警示提示。创造条件支持第三方信用服务机构开展形式多样的市场化信用评价，以大数据为支撑实现精准的"信用画像"，为金融信贷、招标投标、商务合作等市场活动提供信用服务，满足市场日益增长的信用服务需求。充分发挥行业协会商会在市场经济活动中的监督引导作用，支持行业协会、商会加强行业自律诚信建设，通过制定行业自律公约、行业规范，引导企业培育诚信服务品牌，拓展诚信服务内容，创新诚信服务方式，维护市场竞争秩序。

（三）打造陕西服务品牌

实施品牌提升行动，构建以"陕西服务"省域公用品牌为统领，行业品牌、企业品牌、产品（服务）品牌为构成的立体服务品牌体系。

1. 打造"陕西服务"省域品牌

省域品牌是省域整体形象的集中表征，也是区域软实力的内核体现。瞄准"陕西服务"品牌发展，积极实践，探索服务行业融合发展、服务精品打造、品牌声量提升的新路径。建立陕西省域服务品牌内涵价值、形象标识，立足陕西，着眼"一带一路"，拓宽品牌宣传渠道，开展多层次、多方式、全方位品牌宣传活动，叫响"陕西服务"品牌。以区域品牌支持、公共平台扶持和明星企业推举为重点，打造系列陕西服务区域品牌、提供优质服务，让陕西服务品牌成色更足、招牌更亮、声誉更高。

2. 加强服务领域品牌建设

支持行业协会、第三方机构和地方政府开展服务品牌培育和塑造工作，树立行业标杆和服务典范，构建形成具有陕西特色的品牌培育和价值评价机制，推进品牌区域化、国际化发展。引导陕西服务企业开展自主品牌建设，重点培育科技服务、空天服务、文体旅游、信息服务、现代物流等系列服务业品牌，打造一批在全国乃至全球范围内有影响力的陕西服务品牌企业和陕西服务区域品牌。鼓励服务业企业收购、兼并、参股国际品牌，推动国内外著名商业品牌在陕西集聚。

3. 坚持创建和维护并举

弘扬追求卓越的服务理念，引导企业强化质量责任意识，健全品牌管理体系。加大宣传力度，鼓励各种社会力量开展陕西服务品牌宣传和形象推广活动。加大政府采购服务范围，拓展高端服务业发展的市场空间，推动服务业企业诚信体系建设，为陕西服务品牌发展保驾护航。深入开展放心消费创建活动，广泛开展消费投诉公示工作，针对消费者反映的突出服务问题，实施质量监测、重点抽查、行政约谈、消费调查、公开曝光、行业规范、培育标杆等一系列措施，破除侵害消费者权益的明规则、潜规则，营造安全放心的服务消费环境。加大对陕西服务品牌的奖励力度，举办陕西服务品牌推介活动。

第八章

陕西现代服务业创新发展战略

改革开放40多年来，陕西经济取得了长足发展。然而，伴随环境约束日益增强和要素成本不断上升，主要依靠资源和要素驱动实现的外延式粗放经济增长模式难以为继，必须寻求新的经济动能，加快经济发展模式转变，走集约化、内涵式发展之路。创新是经济转型升级的必由之路，是建设现代化经济体系的必然要求，也是经济高质量发展第一动力。创新是全面的，涵盖农业、制造业，也包括服务业。近年来，服务业创新尤为活跃，新技术、新服务、新业态日新月异，尤其是与先进制造业、现代农业的深度融合，共同推进产业转型升级，成为创新发展的主战场。因此，坚持创新驱动现代服务业发展，对于提高服务业竞争力、推动产业转型升级、建设现代化经济体系具有重大意义。

一 陕西服务业创新发展的现状及存在问题

（一）发展现状

从我国经济发展进入新常态以来，经济增速换挡中高速、经济结构深度转型升级，经济动力从要素驱动、投资驱动转向创新驱动，陕西服务业发展模式也开始转变，创新驱动作用不断增强，质量效益逐步提升。

1. 创新驱动服务业高质量发展作用不断增强

陕西研发费用支出规模持续稳定增长。2022年，陕西研发支出费用

769.6亿元，2013~2022年年均增速10.4%，研发支出费用占生产总值的比重不断提高，由2012年的1.99%提高至2022年的2.35%，居全国省份前列。技术市场交易额快速增长，2022年交易额达3053.5亿元，是2013年的9.1倍，年均增速27.8%。不断扩大的研发支出和活跃的技术成果转化稳步增强创新动能，加快服务业高质量发展步伐。在一产、二产增长乏力的条件下，服务业对全省生产总值增长平均贡献率超过50%（剔除疫情影响），成为新时期推动全省经济增长的重要力量（见表8-1、图8-1）。

表8-1　2012~2022年陕西研发费用支出情况

单位：亿元，%

年份	研发经费支出	研发经费支出增速	研发经费支出占生产总值比重
2012	287.2	15.2	1.99
2013	342.7	19.3	2.14
2014	366.8	7.0	2.07
2015	393.2	7.2	2.18
2016	419.6	6.7	2.19
2017	460.9	9.8	2.10
2018	532.4	15.5	2.18
2019	584.6	9.8	2.27
2020	632.3	8.2	2.42
2021	700.6	10.8	2.35
2022	769.6	9.8	2.35

资料来源：国家统计局科技部、财政部：《2022年全国科技经费投入统计公报》，国家统计局网站（2023年9月18日），https://www.stats.gov.cn/sj/zxfb/202309/t20230918_1942920.html，最后检索时间：2024年2月25日。

2. 现代服务业质量效益持续提升

服务业劳动生产率是服务业质效提升的重要指标。2012年之前，依靠高投入实现高速增长的模式，推动了陕西服务业劳动生产率实现高位攀升。然而，经济发展进入"新常态"以后，服务业转入增速换挡、结构调整、动力转换时期，服务业劳动生产率整体回落，保持稳步调整增长态势。2012~2019年，剔除疫情影响因素，陕西服务业劳动生产率年均增速1.5%

图 8-1 2013~2022 年陕西服务业对经济增长贡献情况

（见表 8-2）。服务业能耗水平不断降低，万元服务业增加值能源耗费从 2012 年的 0.4269 吨标煤，下降到 2022 年的 0.1612 吨标煤。在服务业二氧化碳排放、耗水量均明显下降的同时，服务业因为所占经济比重持续提升，带动社会整体二氧化碳排放、耗水边际量不断递减。

表 8-2 2012~2022 年陕西服务业劳动生产率情况

单位：元/人，%

年份	服务业劳动生产率	服务劳动生产率增速
2012	112157.2	15.20
2013	124977.4	11.40
2014	126454.7	1.20
2015	121956.2	-3.60
2016	126773.9	4.00
2017	135278.8	6.70
2018	135865.6	0.40
2019	124200.1	-8.60
2020	121595.9	-2.10
2021	132170.7	8.70
2022	144667.6	9.50

3. 现代服务业新动能不断增强

现代服务业成为带动服务业增长的重要动力。2023年，服务业增加值平均增速为4.1%，信息传输、软件和信息技术服务业，租赁和商务服务业，科学研究与技术服务业，金融业增加值增速分别为8.3%、8.2%、4.8%和5.1%，分别高于服务业均速4.2个、4.1个、0.7个和1.0个百分点[①]。数字技术创新应用消费新场景，成为拉动市场消费新增长点。2023年，陕西限额以上单位通过公共网络实现的商品销售额增长速度高于限额以上企业（单位）消费品零售额3.7个百分点。餐饮、购物、文旅体育、大宗商品、健康养老、托育、社区等消费新场景成为消费亮点，推动移动支付、智慧街区、在线旅游、数字艺术等消费新业态、新模式、新产品不断涌现，激发消费市场活力和企业潜能。

4. 现代服务业新业态新模式不断涌现

现代服务业是新技术应用最快、新业态新模式最为活跃的领域之一。伴随数字技术的扩散应用，现代服务业与先进制造业、现代农业深度融合发展，数字化、网络化、智能化加速向服务业扩展延伸，线上线下融合加快，催生一批新产业、新业态、新模式。现代服务业与先进制造业深度融合，催生了供应链管理、服务衍生制造、共享平台、工业旅游等新业态，塑造了陕鼓、诺瓦星云等全国性"两业"融合典型模式。现代农业与现代服务业融合，催生了都市休闲农业园区、农业观光园、民间文化艺术园、主题农业园等新产业，涌现田园养生、研学科普、农耕体验、休闲垂钓、民宿康养等休闲农业新业态。信息技术赋能消费领域，形成"双链条"销售模式，社区电商、直播电商、无人销售等新业态蓬勃发展。

（二）存在的问题

从纵向看，陕西服务业创新发展取得了长足进步，但自主创新能力不

[①] 《2023年陕西省国民经济和社会发展统计公报》，陕西省统计局网站（2024年3月27日），http://tjj.shaanxi.gov.cn/tjsj/ndsj/tjgb/qs_444/202403/t20240327_2324303.html，最后检索时间：2024年5月21日。

足，创新动能不够强劲，创新驱动作用有待进一步提升。

1. 陕西服务业劳动生产率处于相对较低水平

陕西服务业技术水平整体偏低，新技术扩散应用不活跃，集中反映于劳动生产率存在滞后的"鲍莫尔病"。从产业间比较看，2022年，陕西服务业劳动生产率为144667.6元，低于就业人员全员劳动生产率的158628.6元，更远低于二产劳动生产率的369677.3元。陕西服务业就业人员劳动生产率分别为陕西全员劳动生产率、二产劳动生产率的91.2%和39.1%。从全国比较看，陕西服务业劳动生产率低于全国服务业劳动生产率40018元，不到全国服务业劳动生产率的80%。从动态比较看，2018~2022年近5年来陕西就业人员全员劳动生产率年均增速为9.3%，二产劳动生产率年均增速为5.3%，而服务业劳动生产率年均增速不到全员劳动生产率年均增速的20%、是二产劳动生产率年均增速的30%。

2. 产业结构不尽合理，现代服务业所占比重依然较低

现代服务业是技术、知识密集型产业，能够充分吸纳先进技术成果，孕育着巨大的创新动能。陕西服务业产业结构中，以批发和零售、住宿和餐饮、交通运输与仓储邮政业为主的传统服务业所占比重依然在30%左右，而以信息服务、科技服务、商务服务等为代表的现代服务业所占比重相对较低，难以形成主导性创新驱动发展动能。

3. 市场主体创新动力不足，科技成果转化不畅

从资源要素禀赋看，陕西科教资源密集，文化资源丰富，能源资源得天独厚，交通区位条件优越。但是，陕西市场主体创新动力不足，难以将资源优势转化为文化优势、产业优势与经济优势。高校科研院所受制于科技体制机制制约，科技成果转化动力不足，科技成果难以实现由知识形态转化为产业形态。陕西国有企业占有比重较大，多分布于资源型产业，创新动能不足，创新引领作用发挥不够。航空、航天、军工等领域特色优势明显，但因体制制约、市场动力薄弱，"军转民"受阻，难以形成强大的社会生产力。陕西民营企业不发达，整体规模偏小，科技创新企业发展后劲不足。

4. 数字化转型进度缓慢，新业态新模式不够活跃

数字化转型是信息时代企业发展的基本要求和必然趋势，也是增强企业综合实力和核心竞争力的有效手段。尽管陕西实施了"551"企业数字化转型行动，大力推动企业数字化转型进度，然而，受企业数字化转型认知淡薄、资金缺乏、数字化人才短缺等制约，陕西企业数字化转型进度依然缓慢。目前数字化转型成功的企业不足10%，正在尝试推进数字化转型的企业不到20%。数字经济是新经济、新业态、新模式的催化剂，陕西数字化相对滞后抑制了"数字+""科技+""文化+"赋能"智慧服务"，不利于催生科技金融、在线教育、智慧医疗、新零售、智慧文旅等新业态、新模式。《全国数字经济发展指数（2021）》报告显示，陕西数字产业化发展指数为49.4，在全国各省（区、市）排名第13位。

二 现代服务业创新发展的模式与路径

在新一代科技革命，尤其是信息技术的加速推动下，服务业加速产业变革，正在呈现出数字化、网络化、智慧化、平台化发展趋势[①]。伴随中国经济进入"新常态"，经济发展动力从主要依靠资源和劳动力等要素驱动转向创新驱动。在服务业领域，从供给端依靠技术和商业模式的创新改变传统供给方式，从需求端适应消费者日益增长的个性化需求、互动式体验孕育出新的产品与需求服务，正在成为服务业发展的"新常态"[②]。以服务创新推动经济高质量发展，是当前服务业发展的首要任务。

（一）推进服务业数字化

1. 加速推动行业的数字化

在信息化新时代，数字经济催生新产业、新业态、新模式，正在成为最

[①] 夏杰长等:《中国现代服务业发展战略研究》，经济管理出版社，2019，第132~138页。
[②] 刘建兵、柳卸林:《服务业创新体系研究》，科学出版社，2009，第156~167页。

重要的新动能、新引擎[①]。在数字经济时代,大数据、云计算、区块链、虚拟现实等底层技术日益成熟,推动数字技术在服务业领域广泛应用,促进数字经济蓬勃发展。区块链、人工智能从根本上改变了金融、物流、零售等服务业领域的传统商业模式,在给顾客带来更好消费体验的同时,也极大地促进了资源配置效率。现代服务业承载着转变经济发展方式、调整产业结构、建设现代产业体系的重要功能,在数字化进程中发挥着关键作用。因此,要在加快发展信息服务业的基础上,大力推动服务业数字化进程,重点加快数字技术与金融、科技服务、设计创意、现代物流等行业的深度融合,以重要行业的数字化引领带动整个服务业的数字化与智慧化进程。

2. 加速构建数字化产业链

树立数字化产业链意识,积极推动服务业跨产业深度融合,支持垂直化数字化产业链整合。加快数字技术应用,加大对传统服务业产业进行全方位、多角度、全链条的重构和改良,充分释放数字经济提升全要素生产率、推动高质量发展的倍增效应。推进服务业与现代农业技术、生物技术、新能源技术、新材料技术等的交叉融合。加快推进建设数字中国、智慧社会,以基本公共服务业的数字化提升为中心,扩大医疗、教育、文化等公共服务在城镇、农村等基层的普及程度,构建全方位、立体式的数字化产业链。打通产业链上下游企业数据通道,促进全渠道、全链路供需调配和精准对接,以数据供应链引领物资链,促进产业链高效协同,有力支撑产业基础高级化和产业链现代化。

3. 加快推动企业的数字化

数字化赋能是利用现代技术手段和数字技术手段,将传统企业的经营管理过程,从传统经营方式转向数字方式,实现对业务流程的数字化转型,进而提升企业和机构的效率、创新力和经济收益。在数字化和智能化浪潮下,中小企业要想实现质的有效提升和量的合理增长,必须加速数字化转型,充分发挥数字经济的赋能效应。虽然企业数字化转型取得积极成效,但是企业

---

① 雷小清:《服务业信息化研究》,经济科学出版社,2014,第98~113页。

数字化转型仍面临较大挑战，普遍存在"不会转""不想转"的困局。为增强转型效应，需要加强对重点服务业企业数字化改造的政策扶持力度，支持企业开展数字化评估、推进管理数字化、开展业务数字化、优化数字化实践，确保科学高效地开展数字化转型。当前，加速培育一批具有深远行业影响力的跨国数字企业，既是服务业创新的出发点和落脚点，也是当前服务业发展的首要任务。

（二）推进服务业平台化

1. 生产性服务业平台化是未来生产组织新模式

互联网时代，企业平台化运营是未来发展新模式。平台化运营能促使企业在生产、营销、决策、管理等方面实现高效和敏捷，不断快速满足、探索、挖掘、引领客户的需求，是提升企业服务实体经济质效的关键所在。在工业设计领域，基于数字技术的广泛传播与应用，消费者可以方便快捷地将自己的个性化需求传导至工厂的生产设计环节，精准匹配市场需求的订单式生产，既能提升工业生产效率，又能提升消费效用。在现代物流领域，出现基于卫星定位技术和现代科技的精准配送、订单追踪、无人配送和自动货柜服务，推动物流企业成为"信息、车辆、货物、客户、储运"联系沟通的信息大平台。在金融领域，扫码支付促使现金使用率大大降低，手机银行促使人们足不出户便可享受方便快捷的金融服务。因此，平台将成为新时代经济的有效载体，平台化将是未来企业发展新趋势。要加快推进企业打造数字平台，建设数字生态，让"平台+服务"成为数字化突破和产业创新新路径和新模式。

2. 生活性服务业平台化是未来消费新模式

平台不仅改变了消费者的生活方式，还重塑了零售行业、快消品行业乃至其他众多与消费者相关行业的业务模式和竞争格局。以客户价值创造为核心持续变革，建好企业平台，将会显著拉近消费品企业与消费者的距离，创造更高的客户价值。在影音娱乐领域，不仅涌现出了优酷视频、酷狗音乐和爱奇艺等老牌企业，还崛起了全民K歌、花椒直播、抖音、哔哩哔哩、虎牙直播和斗鱼等新秀。在社交通信领域，微信等即时通信工具不仅直接改变了人们传统的通信方式，还延伸出了"流量"这一新时代的消费商品。在教育领域，有道翻译官、扇贝单词、作业帮等数字化平台的出现，使消费者足不出户就可随时随地满足教育消费需求。在日常消费领域，盒马鲜生、大众点评、美团外卖、饿了么、吃播等生活性服务平台，正在成为居民餐饮消费的重要渠道。在出行领域，滴滴出行、高德打车、首汽约车、曹操出行、货拉拉等基于手机移动通信平台而衍生出的服务，已逐渐成为人们生活中不可或缺的重要组成部分。此外，还有途家、爱彼迎（Airbnb）、小猪短租等基于分享经济模式的旅游住宿服务业，也都在丰富市场服务。得益于生活性服务业的平台化创新，拼多多、闲鱼、Boss直聘、丁香医生、贝壳网等产品将分散的供给和需求通过自身平台进行撮合成交。新技术在生活服务业的推广运用，既提升了社会资源的配置效率，也极大地提升了居民的服务体验和生活水平。

（三）服务创新的融合化

基于融合性技术的广泛扩散，产业深度融合发展，催生了互联网金融科技、智慧物流、柔性制造、现代农业、智慧教育、在线医疗、智慧旅游、智慧家政等融合性新产业、新业态、新模式。以下简要介绍其中五种。

1. 金融科技

金融科技基于大数据、云计算、人工智能、区块链等一系列技术创新，全面应用于支付清算、借贷融资、财富管理、零售银行、保险、交易结算等六大金融领域，是金融业未来的主流趋势。金融科技涉及的技术具有更新迭代快、跨界、混业等特点，主要包括大数据金融、人工智能金融、区块链金融和量化金融四个核心部分。大数据金融重点关注金融大数据的获取、储存、处理分析与可视化。一般而言，金融大数据的核心技术包括基础底层、数据存储与管理层、计算处理层、数据分析与可视化层。人工智能金融主要借用人工智能技术处理金融领域的问题，包括股票价格预测、评估消费者行为和支付意愿、信用评分、智能投顾与聊天机器人、保险业的承保与理赔、风险管理与压力测试、金融监管与识别监测等。区块链技术是一种去中心化的大数据系统,是数字世界里一切有价物的公共总账本,是分布式云计算网络的一种具体应用。一旦区块链技术成为未来互联网的底层组织结构,将直接改变互联网的治理机制,最终彻底颠覆现有底层协议,导致互联网金融的智能化、去中心化,并产生基于算法驱动的金融新业态。一旦成熟的区块链技术落地金融业,形成生态业务闭环,则金融交易可能会出现接近零成本的交易环境。整体来看,现代科技的发展带来边界的模糊化,正在对传统的金融业商业模式产生影响深远的系统性变革。

2. 智慧物流

在数字技术飞速发展的大背景下,基于"互联网+"的智慧物流正在成为新趋势。输入单号便可轻松掌握快件的实时轨迹,通过"无人车送货"适时拿到货品。智慧物流正在深刻地改变着人们的生活。[①] 随着"互联网+物流"深入推进,大数据、云计算、机器人等现代信息技术和装备在电子商务与快递物流领域的商业化应用日益常见,物流行业也迎来了一场新时代的产业变革。仓储、运输、配送等环节智能化水平显著提升,广泛使用的自动装卸传输分拣和冷链物流技术,取代了传统物流企业的人工操作。[②] 数据信息的集成应用,推动了物流行业业务平台的一体化、智能化,不仅实现了快件的自动分拨和快速运转,更提高了运输服务的安全保障和客户满意度。机器人、无人机配送等基于互联网的物流新理念、新科技、新模式、新业态正在成为行业发展新动力。

3. 柔性制造

柔性制造诞生于日益模糊的制造业和服务业边界,是未来产业发展的重要方向。柔性制造是以市场为导向,按需生产,能够增强企业的灵活性和应变能力,提高生产效率,缩短生产周期,帮助企业适应多变的市场需求和激烈的市场竞争,具有强大的生命力。传统的"刚性"生产主要是单

[①] 陈雄善:《"互联网+"背景下智慧物流的发展分析》,《智库时代》2019年第1期,第292~293页。

[②] 夏杰长等:《中国现代服务业发展战略研究》,经济管理出版社,2019,第136页。

一品种的大批量生产，而"柔性"生产则是指以消费市场的客户偏好为导向的小批量生产，其考验的是整个生产、营销、物流链条的精准敏捷反应能力。在传统生产方式下，一个产品从厂商到消费者手中，遵从的是"生产—物流—分销商—消费者"的模式，消费者对产品的偏好和个性化需求，无法快速反馈到生产者手中，但随着服务业与工业制造的融合不断加深，传统的生产和供应链发生了根本性的改变。客户需求、产品决策、设计生产、物流运输和销售环节实现了集成化、自动化的出现。基于信息控制、物料储运和数字控制加工设备的柔性制造新理念的出现，一场颠覆性的生产力革命正在发生。

4. 现代农业

现代农业是在现代工业和现代科学技术基础上发展起来的农业，是健康农业、有机农业、绿色农业、循环农业、再生农业、观光农业的统一，是田园综合体和新型城镇化的统一，是农业、农村、农民现代化的统一①。相对于传统农业，现代农业正在向观赏、休闲、美化等方向扩延，假日农业、休闲农业、观光农业、旅游农业等新型农业形态也迅速发展成为与产品生产农业并驾齐驱的重要产业。依托现代农业发展起来的休闲农业，是实现乡村振兴的重要产业。现代农业具有多种基本类型，包括绿色农业（有机农业和低投入农业）、物理农业、休闲农业（采摘美食、农作体验、科普研学等）、工厂化农业、旅游农业等。农村地区一、二、三产业的融合发展，正在成为新时代助力乡村振兴的强大动力。

5. 智慧旅游

智慧旅游是指以游客为中心，以应用互联网、物联网、云计算、移动互联网、大数据等"互联网+"技术为手段，以计算机、移动设备、智能终端等为工具，以智慧服务、智慧营销、智慧管理和智慧政务为主要表现形式，以全面满足游客吃、住、行、游、购、娱的服务需要为出发点，以"为游

---

① 《现代农业》，百度百科，https://baike.baidu.com/item/%E7%8E%B0%E4%BB%A3%E5%86%9C%E4%B8%9A/7936554?fr=ge_ala，最后检索时间：2024年2月1日。

客、旅行社、景区、酒店、政府主管部门以及其他旅游参与方创造更大价值"为根本任务的一种旅游运行新模式①。支撑智慧旅游的技术逐渐成熟和完善，有关政策环境日益优化，打造智慧旅游的时机已经到来。当前"智慧旅游"建设主要体现在"智慧旅行社""智慧酒店""智慧导游""智慧餐饮""智慧景区"等方面。进入休闲时代，旅游者的需求将向个性化需求方向发展，而科技会继续推动旅游业向前发展，并使其更加多元化，自驾旅游、在线旅游、房车旅游等新的旅游方式正在快速兴起。

三 陕西现代服务业创新发展战略思路

遵循现代服务业发展规律，把握新技术向新服务转化的趋势，深入实施创新驱动发展战略，加快推动技术工艺创新应用，加速推进服务业数字化进程，注入丰富文化内涵，鼓励发展新产业、新业态、新模式，创新专业化服务产品，优化创新机制与环境，加快形成服务经济发展新动能，助力构建优质高效、充满活力、竞争力强的现代服务业新体系。

（一）大力推进技术创新，鼓励应用新技术新工艺

加大研发投入力度，完善创新机制和模式，推动技术工艺创新与广泛深度应用。

1. 提高技术创新能力

持续加大研发财政投入力度，强化企业技术创新主体地位，鼓励建立研发机构，引导企业加强技术开发。鼓励服务业龙头企业创建技术创新战略联盟，联合开展行业共性技术开发与应用。激发中小微服务企业创新活力，推进向"专精特新"发展。推广人工智能、生命科学、物联网、区块链等新技术研发及其在服务业领域的转化应用。依托秦创原创新驱动平台，西安交

---

① 《关于促进智慧旅游发展的指导意见》，http：//www.yzcity.gov.cn/wlgtj/0201/201501/4a342ca3d51a44ebad3842141f1e8171.shtml，最后检索时间：2024年3月1日。

大创新港、科技资源统筹基地，发挥丝路科技大市场作用，推进"三项改革"提质扩面，推广"一院一所一校一企"模式，深化高校、院所、产业协同创新，促进科技成果转化，推进新技术应用。

2. 加强技能工艺创新

适应服务专业化、精细化、个性化发展要求，鼓励服务企业开发应用新工艺，提升设计水平，优化服务流程，提供专业化、精细化、个性化服务。实施"陕西老字号"振兴工程，鼓励挖掘、保护、发展剪纸、泥塑、脸谱、面花、农民画、皮影、石雕等传统技艺，利用新技术开发现代工艺，更好地弘扬传统工艺。弘扬新时期工匠精神，实施以陕西传统工艺传承人群为重点的研修研习培训计划，加强传承教学基地和非遗研究建设，保护一批传统"三秦工匠"，培养一批具有精湛技艺技能的高技能人才。

（二）加快推进服务业数字化，扩大供给智慧服务

加快推进陕西数字发展步伐，推动经济数字化转型，强化数字技术开发，推动"互联网+"在文化旅游、教育培训、医疗健康、养老托幼等服务业重点领域普遍应用，加速培育智慧服务，打造数字经济生态最优区域。

1. 加快推进数字技术开发

加快构建陕西数字技术梯次实验室体系，建强一批高水平数字技术创新平台。实施数字技术联合攻关，聚焦大数据、云计算、人工智能等数字技术关键领域，以"揭榜挂帅""赛马制"等新型科研组织模式强化数字技术突破，提升数字技术供给能力。大力发展软件信息技术，强化高端软件供给，重点突破基础软件，做强工业软件，加速培育新兴软件。强化企业科技创新主体地位，育强一批数字经济骨干企业，发挥数字经济主力军作用。

2. 推动行业数字化应用

实施陕西服务业数字化提升行动，率先推动重点行业数字化应用。提升科技服务智慧化水平，支持建立科技在线联合开发平台，探索科技成果在线技术交易新模式，依托"众创—孵化—加速—园区"的全周期科技企业孵

化链条探索基于互联网的新型孵化模式。提升文旅数字化水平，推进文旅平台、A级旅游景区、星级酒店、文博场馆等数字化体系建设，加速虚拟现实、NFT、元宇宙等关键技术应用，打造曲江新区、西安高新区、西咸新区等一批文化和旅游科技示范基地。提升教育数字化水平，加快教育云网融合，创新新型教育模式，建设智慧学校，开发一批智慧课堂、智慧课程、智慧在线互动等品牌，打造丝绸之路经济带智慧教育中心。

3. 推进企业数字化转型

深入开展企业数字化赋能专项行动，抓好龙头企业数字化示范，助推中小企业数字化进程，实现高质量发展。通过加强转型引导、推广试点应用、完善配套服务、优化发展环境、政府引导融入数字化生态等政策，帮助中小企业减轻转型投入负担，分担转型风险，激发企业转型动能和积极性。

4. 促进服务业智能化

培育人工智能产业生态，促进人工智能在文化旅游、教育培训、商务会展、健康医疗、环境保护、社会治理等重点领域推广应用，促进规模化发展，丰富移动智能终端、可穿戴设备等服务内容及形态。

（三）培育发展新产业、新业态、新模式

树立创新理念，坚持包容创新，鼓励探索，积极培育形成一批具有鲜明特色和较强竞争力的新产业、新业态、新模式[①]。

1. 鼓励发展平台经济

强化平台育培、场景驱动、融合赋能，打造具有陕西特色的重点平台与发展载体，促进平台经济规范、健康、可持续发展。推进生产性服务平台建设，重点打造秦创原数字网络平台、空间经济平台、工业互联网平台、数字金融平台、智慧物流平台、数字秦农平台、网络安全服务平台。推进生活性服务业平台建设，重点建设数字文旅平台、数字医养平台、在

---

① 《国家发展改革委关于印发〈服务业创新发展大纲（2017—2025年）〉的通知》（发改规划〔2017〕1116号），中央人民政府网站（2017年6月21日），https://www.gov.cn/xinwen/2017-06/21/content_5204377.htm，最后检索时间：2024年5月20日。

线教育平台、电子商务平台、民生服务平台。加强数字经济载体建设,强化数字信息基础设施建设,打造一批平台经济示范园区,建设一批平台经济示范城市。

2. 培育发展分享经济

建立健全适应分享经济发展的企业登记管理、灵活就业、质量安全、税收征管、社会保障、信用体系、风险控制等政策法规,出台陕西支持分享经济发展的政策措施,在交通、住宿、餐饮、金融、教育培训、技术服务等领域率先突破、加快发展。引导企业整合盘活既有能源资源、基础设施与生产能力,发展分享经济,创新提供个性化、柔性化、分布式服务。鼓励在陕高校、科研院所、国有企业分享仪器设备、实验平台、科研成果、人才智力等创新资源。大力推动省市区县各级政府部门数据共享、公共数据资源开放、公共服务资源分享,增加公共服务供给。

3. 推进体验经济与流量经济发展

立足陕西丰富的生态、文化等体验资源,发挥西安发展体验与流量经济的城市运营经验,以中华文明体验、中华自然地理体验、红色文化体验、三秦美食体验、空天经济体验等为亮点,推进发展体验经济共享美好生活品质,引导发展流量经济,激发经济发展活力[1]。重点发展虚拟现实、情景旅游、时尚消费、数字文娱、跨境电商、网络直播与赛事展演七大新经济赛道,打造具有三秦特色的新经济产业体系。支持西安大力发展体验经济与流量经济,打造全国体验经济示范区、流量经济高地、新经济活力先行市,示范带动全省新经济发展。

(四)注入丰富的文化内涵

紧抓中华民族伟大复兴历史机遇,大力推进文化振兴,充分发挥文化元素和价值理念对服务业创新发展的特殊作用,增强服务业发展的文化

---

[1] 〔美〕B. 约瑟夫·派恩二世、詹姆斯·H. 吉尔摩:《体验经济》,夏业良、鲁炜等译,机械工业出版社,2002,第 197~208 页。

软实力。

1. 持续推进中华文明探源的陕西实践[①]

推进考古发掘、文化研究、文化遗址保护利用深度融合，形成中华文明探源的陕西方案，构建在陕中华文明探源成果体系。提升都城考古水平，挖掘中华文明基因，阐释传统文化价值，打造社会共享中华文明的现场课堂。推动文化工程建设，建设以汉长安城遗址为代表的，具有遗产保护、文化体验、特色景观等功能的文化空间场所，让更多文物和文化遗产"活"起来。推进中华文明博物馆群建设，将陕西博物馆建设成社会广泛参与的"考古课堂、历史讲堂、文化殿堂"，打造为中华璀璨文明的展示窗。着力打造陕西文化品牌。明确陕西文化品牌总体定位，围绕彰显中华文明、中国革命和中国地理三大标识为核心，建设"一河一脉、三区四带、两核七片、多点多线"的历史文化保护传承格局，围绕"一河一脉"加强黄河文化、秦岭文化保护传承和创新发展，建好古都西安历史文化遗产密集区、延安红色文化遗产密集区，推进建设关中、陕北、陕南三大文化区以及渭河文化带、长城文化带、红色文化带和汉丹江文化带，构建丝绸之路、秦直道、秦蜀古道、秦楚古道、延州道等线性文化廊道。

2. 构建陕西文化品牌体系

鼓励企业突出陕西文化元素，进行服务产品设计与创新，培育具有地方特色的骨干文化企业，打造具有文化内涵的优秀服务品牌。引导企业深化文化创意，将周秦汉唐历史文化、延安红色文化、自然山水文化、陕西民俗文化、丝路风情文化注入旅游休闲、文化娱乐、体育健身、健康养老等领域，打造个性化"陕西文化风"。推进西安曲江国家文化产业示范区建设，布局一批省级文化产业示范园和文化企业孵化器，培育新型业态文化创意企业和产业集群。发挥陕西文化产权交易所作用，发展具有独特文化魅力和吸引力的服务产品与模式。推进陕西丝路文化交流中心建设，实施传统文化、特色

[①] 陕西省文物局、陕西省考古研究院：《奋力书写中华文明探源的陕西答卷》，《中国文物报》2022年6月10日，第3版。

民俗文化"走出去"工程,扩大陕西文化服务贸易影响力。

3. 引导提升服务产品文化价值

充分发挥陕西历史和文化资源优势,挖掘保护和开发传统文化、民间艺术和传统技艺,高质量引导和促进文化消费。加强陕西非物质文化遗产保护,促进非物质文化遗产融入现代生活和产品制造。鼓励将文化元素和价值理念注入服务业,丰富服务业内涵和个性,增强服务业文化软实力。

(五)优化服务创新机制与环境

1. 建立联盟、基地、基金、人才"四位一体"的创新机制,统筹服务创新资源,集聚创新合力

持续实施服务创新计划,支持服务企业围绕产业链部署创新链,围绕创新链布局产业链,推进分工合作创新,消费者参与创新,群体加速创新,商业生态创新。依托秦创原创新驱动平台,发挥创新政策叠加优势,鼓励服务企业与园区、高校、科研机构共建研发科技成果转化基金、创新型平台、新兴服务业创新中心;发展开源社区、社会实验室、创新工场等创新孵化平台。推进以龙头企业为引领,联合高校院所,链接中小企业,组建创新联盟,培育创新团队和创新人才,构建服务创新生态圈。健全以企业为主体的协同创新机制,加快协同创新服务平台建设,推动服务企业挖掘、吸引、融合及利用内外部创新资源,鼓励龙头企业利用创新大会提升协同创新能力。尊重企业家精神,支持服务企业及园区的实践探索,鼓励微创新、草根创新、共享式创新。

2. 围绕创新链配置公共资源,引导形成有利于服务业创新发展的环境

主动顺应新兴服务业的生命周期特点,创新政策支持方式,由设定重点领域和资金扶持转变为引导服务创新方向,引导资金应重点投向以企业化经营为主的公共服务平台。推动简政放权,放宽融合性服务市场准入,着力破解科技创新资源配置、管理中存在的体制机制瓶颈。在信息技术架构、融资、信用等方面为服务创新提供系统支撑,引导服务企业和合作高校使用"创新券"购买科研相关服务。建立跨部门、跨行业大数据协同机

第八章 陕西现代服务业创新发展战略

制,推进服务资源与服务数据联网共享。加强对陕西现代服务业、新兴服务业的统计工作。围绕激发创新主体、创业人才的动力、活力和能力,破除制约创新的体制机制瓶颈,培育支持创新创业的生态环境,营造包容开放的创新氛围。

第九章

陕西现代服务业融合发展战略

产业融合是现代产业体系建设的重要特征和趋势。随着工业和农业现代化的推进，产业间的边界越来越模糊。推进现代服务业，尤其是生产性服务业与制造业、农业等不同领域和环节之间的深度融合，形成有利于提升陕西制造业和陕西农业核心竞争力的服务模式，发挥产业融合的外部效应，是现代服务业发展战略的重要选择[①]。经济发展实践证明，生产性服务业通过与制造业、农业的耦合，不仅促进了自身的发展，而且提升了制造业与农业的生产效率，促进了制造业的全球价值链攀升和农业现代化进程。

一 推动生产性服务业与先进制造业深度融合

（一）生产性服务业与制造业融合评价

基于融合测算方法适宜及其数据可得性，本书运用网络DEA模型测算陕西生产性服务业与制造业"两业"融合总体效率，采用投入产出法：从行业角度精细化分析行业融合程度。

---

① 顾乃华、毕斗斗、任旺兵：《生产性服务业与制造业互动发展：文献综述》，《经济学家》2006年第6期，第38~42页。

第九章　陕西现代服务业融合发展战略

1. 生产性服务业与制造业融合效率整体情况

参阅王欢芳、杨春兰、傅贻忙[1][2]的研究,将能源环境因素纳入分析框架,采用网络 DEA 模型,建立包括投入、产出、中间变量三类 11 个指标的"两业融合"指标体系(见表 9-1),从《中国固定资产投资统计年鉴》《中国能源统计年鉴》《中国工业统计年鉴》《中国环境统计年鉴》等获取相关指标,对陕西及全国生产性服务业与制造业融合效率进行定量测度。

表 9-1　陕西生产性服务业与制造业深度融合评价指标体系

指标类型	一级指标	二级指标	单位
投入	劳动力	先进制造业从业人员数量	万人
		生产性服务业从业人员数量	万人
	资本	先进制造业资本存量	亿元
		生产性服务业资本存量	亿元
	能源	先进制造业能源投入	万吨标煤
		生产性服务业能源投入	万吨标煤
中间变量	中间产品	新产品销售收入	亿元
产出	期望产品	先进制造业主营业务收入	亿元
		生产性服务业增加值	亿元
	非期望产品	先进制造业工业废水排放量	万吨
		生产性服务业二氧化碳排放量	万吨

注:1. 先进制造业包含:印刷业及记录媒介复制业,石油加工、炼焦及核燃料加工业,化学原料及化学制品业,医药制造业,塑料和橡胶制品业,非金属矿物制品业,黑色金属冶炼和压延加工工业,有色金属冶炼和压延加工业,金属制品业,通用设备制造业,专用设备制造业,汽车制造业,铁路、船舶、航空航天和其他运输设备,电气机械及器材制造业,计算机、通信和其他电子设备制造业,仪器仪表制造业,废弃资源综合利用业。2. 生产性服务业包含:交通运输、仓储和邮政业,信息传输、软件和信息技术,批发和零售业,金融业,租赁和商业服务业,科学研究和技术服务业,水利、环境和公共设施管理业。

资料来源:王欢芳、杨春兰、傅贻忙:《先进制造业与生产性服务业融合效率区域差异与动态演进》,《经济纵横》2024 年第 4 期,第 76 页。

---

[1] 王欢芳、杨春兰、傅贻忙:《先进制造业与生产性服务业融合效率区域差异与动态演进》,《经济纵横》2024 年第 4 期。

[2] 王欢芳、杨春兰、傅贻忙等:《我国先进制造业与生产性服务业融合生态位研究》,《科学决策》2024 年第 3 期。

（1）研究方法

网络 DEA 模型。此方法考虑系统内部要素流动，同时也能有效测度系统内部子系统或阶段的效率值，被广泛用于系统效率测度。本书采用网络 DEA 模型来测度融合效率。

假设有 n 个决策单元 DMU_j ($j=1, 2, \cdots, n$)，每个决策单元都有 k 个阶段 ($k=1, 2, \cdots, k$)，每个 DMU_j 均有 m 种投入 Xi ($i=1, 2, \cdots, m$) 和 r 种产出 Y_r ($r=1, 2, \cdots, r$)，则生产过程中整体效率表达式为：

$$\theta^* = \min \frac{\sum_{k=1}^{K} W^k \left[1 - \frac{1}{m_k + linkin_k} \left(\sum_{i=1}^{m_k} \frac{s_{ijk}^-}{x_{ijk}} + \sum_{(kh)_l=1}^{linkin_k} \frac{s_{j(kh)_l}^{in}}{z_{j(kh)_l}^{in}} \right) \right]}{\sum_{k=1}^{K} W^k \left[1 + \frac{1}{r_k + linkout_k} \left(\sum_{r=1}^{r_k} \frac{s_{ijk}^+}{y_{ijk}} + \sum_{(kh)_l=1}^{linkout_k} \frac{s_{j(kh)_l}^{out}}{z_{j(kh)_l}^{out}} \right) \right]}$$

$$s.t. \begin{cases} x_{jk} = X_k \lambda_k + s_{jk}^-; y_{jk} = Y_k \lambda_k - s_{jk}^+ \\ Z_{(kh)free} \lambda_k = Z_{(kh)free} \lambda_h \\ z_{j(kh)in} = Z_{j(kh)in} \lambda_k + s_{j(kh)in} \\ z_{j(kh)out} = Z_{j(kh)out} \lambda_k - s_{j(kh)out}; \sum_{k=1}^{K} W^k = 1 \\ \sum_{j=1}^{n} \lambda_j^k = 1; \sum_{k=1}^{K} W^k = 1 \\ \lambda_k \geq 0; s_{jk}^- \geq 0; s_{jk}^+ \geq 0; s_{j(kh)in} \geq 0; s_{j(kh)out} \geq 0 \end{cases} \quad ①$$

此外，DMU_j 各阶段效率可表示为：

$$\rho_{jk} = \frac{1 - \frac{1}{m_k + linkin_k} \left(\sum_{i=1}^{m_k} \frac{s_{ijk}^-}{x_{ijk}} + \sum_{(kh)_l=1}^{linkin_k} \frac{s_{j(kh)_l}^{in}}{z_{j(kh)_l}^{in}} \right)}{1 + \frac{1}{r_k + linkout_k} \left(\sum_{r=1}^{r_k} \frac{s_{rjk}^+}{y_{rjk}} + \sum_{(kh)_l=1}^{linkout_k} \frac{s_{j(kh)_l}^{out}}{z_{j(kh)_l}^{out}} \right)} \quad ②$$

其中，W^k 为节点 k 的权重，$linkin_k$ 和 $linkout_k$ 分别表示中间投入和产出变量个数，x_{ijk} 为 DMU_j 在 k 阶段下的第 i 项投入，y_{rjk} 为 DMU_j 在 k 阶段下的第 r 项产出。$z_{j(kh)l}$ 为链接 DMU_j k 阶段与 h 阶段的联结变量，l 为联结变量的序号。s_{jk}^-、s_{jk}^+、$s_{j(kh)in}$、$s_{j(kh)out}$ 均为松弛变量，表示投入产出过程中的投入冗余和产出不足。

第九章 陕西现代服务业融合发展战略

基尼系数。基尼系数法与泰尔指数法是探究区域差异常用的两个方法，但泰尔指数法不能将样本数据的交叉重叠分布等因素有效考虑在内，而基尼系数能有效解决这个问题，因此，本书选择基尼系数法。

核密度估计。Kernel密度估计作为一种非参检验，对模型依赖性较弱，可根据样本数据自身特征测度其空间分布形态。本书采用高斯核函数估计陕西省及东中西三大地区"两业"融合效率水平的动态分布特征。

（2）测度结果分析

采用网络DEA模型进行测算，结果显示：2013～2021年陕西生产性服务业与制造业融合效率及子系统效率值，如表9-2所示。

一是陕西生产性服务业与先进制造业融合效率呈现总体上升趋势。陕西"两业"融合效率值2013年为0.3383，2017年为0.3669，2021年提高至0.6170，呈现不断加快趋势。从全国看，两业融合效率值，陕西2021年比2013年增长了82.4%，增幅在全国排名第6名。然而，从"两业"融合水平看，陕西"两业"融合效率值2013年、2017年、2021年均低于全国平均水平，在全国排名分别为第25位、第25位、第21位。依然属于较低水平，落后于江西、湖北、重庆等省份。因此，大力提升生产性服务业与制造业融合效率迫在眉睫。

二是陕西"两业"融合属于先进制造业带动效率型，生产性服务业发展水平滞后于制造业发展水平。2021年，陕西先进制造业带动效率为0.6826，生产性服务业支撑效率为0.5628，两者相差0.1198，说明生产性服务业发展滞后于先进制造业。纵向看，2021年相比2013年，陕西先进制造业带动效率与生产性服务业支撑效率相差由0.1861缩小至0.1198，说明生产性服务业有了较大发展，与先进制造业发展的差距逐步缩小。未来提高融合效率的重点依然是大力推进生产性服务业发展，提高产业配套能力与制造业服务供给质量（见表9-2）。

表 9-2　全国各省区市生产性服务业与先进制造业融合分析结果

地区	融合效率 2013年	融合效率 2017年	融合效率 2021年	生产性服务业支撑效率 2013年	生产性服务业支撑效率 2017年	生产性服务业支撑效率 2021年	先进制造业带动效率 2013年	先进制造业带动效率 2017年	先进制造业带动效率 2021年
北京	0.9616	0.8012	1.0000	1.0000	0.8071	1.0000	0.9261	0.7953	1.0000
天津	0.8250	0.6723	0.7411	0.9069	0.6075	0.7024	0.7567	0.7526	0.7843
河北	0.5087	0.5985	0.9482	0.4236	0.5315	0.9016	0.6364	0.6849	1.0000
山西	0.3765	0.3541	0.5385	0.3319	0.2866	0.4616	0.4348	0.4633	0.6459
内蒙古	0.3379	0.5203	0.9056	0.2371	0.4430	0.8275	0.5874	0.6304	1.0000
辽宁	0.5187	0.4506	0.5855	0.4201	0.3694	0.4999	0.6780	0.5774	0.7065
吉林	0.3484	0.5253	0.5896	0.2439	0.4396	0.5078	0.6098	0.6524	0.7027
黑龙江	0.2551	0.3076	0.5657	0.1871	0.2416	0.5142	0.4006	0.4232	0.6288
上海	0.7683	0.8705	0.9091	0.7816	0.8152	0.8334	0.7554	0.9339	1.0000
江苏	1.0000	0.9093	1.0000	1.0000	0.9436	1.0000	1.0000	0.8773	1.0000
浙江	0.7585	0.7785	1.0000	0.8624	0.8634	1.0000	0.6769	0.7089	1.0000
安徽	0.6212	0.6813	0.7353	0.6070	0.6672	0.7694	0.6360	0.6960	0.7041
福建	0.6112	0.5753	0.9341	0.6188	0.4905	0.8764	0.6038	0.6953	1.0000
江西	0.5203	0.5878	0.8414	0.4334	0.5213	0.7262	0.6507	0.6738	1.0000
山东	0.8509	0.8668	0.9341	0.8438	0.8125	0.8763	0.8581	0.9289	1.0000
河南	0.5775	0.5586	0.6061	0.5383	0.4862	0.5565	0.6230	0.6563	0.6653
湖北	0.5999	0.5668	0.6705	0.5677	0.4904	0.6584	0.6360	0.6714	0.6829
湖南	0.6250	0.6594	0.7334	0.6281	0.6292	0.6680	0.6219	0.6927	0.8128
广东	1.0000	0.9545	1.0000	1.0000	1.0000	1.0000	1.0000	0.9130	1.0000
广西	0.4793	0.5401	0.6443	0.4106	0.4377	0.5738	0.5757	0.7050	0.7346
海南	0.5259	0.7557	0.9309	0.5084	0.7396	0.8707	0.5447	0.7726	1.0000
重庆	0.5592	0.5896	0.7276	0.5399	0.5390	0.6664	0.5798	0.6508	0.8013
四川	0.4150	0.4828	0.6004	0.3269	0.3765	0.4992	0.5681	0.6729	0.7531
贵州	0.2204	0.3344	0.5160	0.1602	0.2443	0.4470	0.3527	0.5299	0.6100
云南	0.2275	0.3213	0.5401	0.1599	0.2446	0.4424	0.3943	0.4684	0.6930
陕西	0.3383	0.3669	0.6170	0.2692	0.2821	0.5628	0.4553	0.5243	0.6826
甘肃	0.4570	0.2822	0.4503	0.3704	0.1827	0.3396	0.5962	0.6193	0.6683
青海	0.2700	0.5562	0.6250	0.1774	0.5598	0.5446	0.5649	0.5526	0.7331
宁夏	0.7375	0.7005	0.9824	1.0000	0.7815	0.9653	0.5842	0.6347	1.0000
新疆	0.2997	0.3382	0.4540	0.2073	0.2372	0.3273	0.5410	0.5888	0.7405
全国	0.5532	0.5836	0.7442	0.5254	0.5357	0.6873	0.6283	0.6715	0.8250

资料来源：王欢芳、杨春兰、傅贻忙：《先进制造业与生产性服务业融合效率区域差异与动态演进》，《经济纵横》2024年第4期，第77~78页。

三是陕西"两业"融合既需要加速推进省内协调水平,也需要推进与相邻省份和东部地区的产业合作。从全国"两业"融合效率总体差异贡献度看,区域间差异贡献度最大,均值为61.064%,表明"两业"融合效率总体差异的主要来源在于区域间差异。区域内差异贡献率均值为24.216%。贡献度最小的为超变密度,均值仅为14.721%,表明"两业"融合效率水平区域差异受交叉重叠的影响较小。因此,陕西"两业"融合需要加速推进省内协调水平的同时,要积极扩大开放,推进与相邻省份和东部地区的产业合作(见表9-3)。

表9-3 生产性服务业与先进制造业融合效率水平差异来源及贡献度

年份	区域内 来源	贡献度(%)	区域间 来源	贡献度(%)	超变密度 来源	贡献度(%)
2013	0.054	23.515	0.152	65.941	0.024	10.544
2014	0.060	25.976	0.122	53.019	0.048	21.006
2015	0.052	23.250	0.146	65.384	0.025	11.366
2016	0.050	23.286	0.141	65.587	0.024	11.127
2017	0.044	24.298	0.116	63.351	0.023	12.351
2018	0.045	25.954	0.098	55.877	0.032	18.169
2019	0.036	24.601	0.09	60.916	0.021	14.484
2020	0.034	24.383	0.084	60.137	0.022	15.481
2021	0.032	22.679	0.083	59.362	0.025	17.958
平均值	0.045	24.216	0.115	61.064	0.027	14.721

资料来源:王欢芳、杨春兰、傅贻忙:《先进制造业与生产性服务业融合效率区域差异与动态演进》,《经济纵横》2024年第4期,第78~80页。

2. 生产性服务业与制造业细分行业融合情况

为了深度分析服务业行业内部与制造业的融合情况,参阅陈启充、杜志高、郭晨晖①的研究,依据陕西省投入产出法,将制造分为劳动、资本、技术

---

① 陈启充、杜志高、郭晨晖:《陕西省制造业与生产性服务业融合程度研究——基于投入产出模型的测算》,《科技和产业》2021年第6期。

密集型，通过直接消耗系数、生产依存度系数、影响力系数，测算产业之间的融合发展程度。投入产出表国家大致每五年普查一次，最新的投入产出表尚未发布，因此，采用2017年投入产出普查数据。

(1) 生产性服务业与制造业的发展

制造业是推动工业发展的主要动力。2017年，陕西规模以上制造业产值占工业产值的比重达到70.54%，由2009年的5399.72亿元增长至14358.7亿元，年均增速13.0%。其中（见图9-1），2009~2017年，规上资本密集型工业产值占制造业产值的比重由70.38%逐步下降为59.08%；规上劳动密集型工业产值占制造业产值的比重由17.29%提高至22.08%；规上技术密集型工业产值占制造业产值的比重由12.33%提高至18.84%。

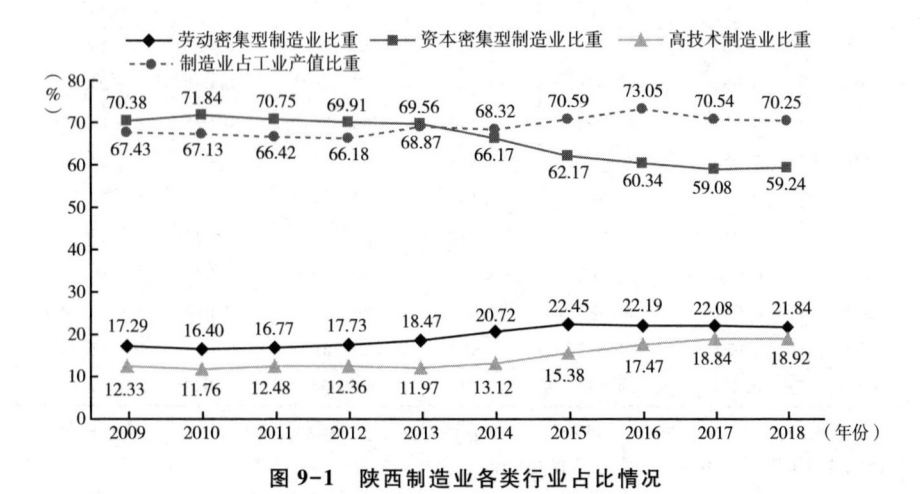

图 9-1　陕西制造业各类行业占比情况

资料来源：陕西省统计局《陕西统计年鉴（2019）》，中国统计出版社，2019。

生产性服务业是主要满足制造业发展需求的服务业。近年来，生产性服务业发展速度较快，增加值由2009年的2782.9亿元，增加到2017年的9121.4亿元，年均增速16.0%。其中（见图9-2），2017年，批发零售增加值占服务业的比重为19%，交通运输、仓储邮政占比为8.9%，金融业占比为14%，其他服务业占比为15.2%。

图 9-2 陕西生产性服务业行业占比情况

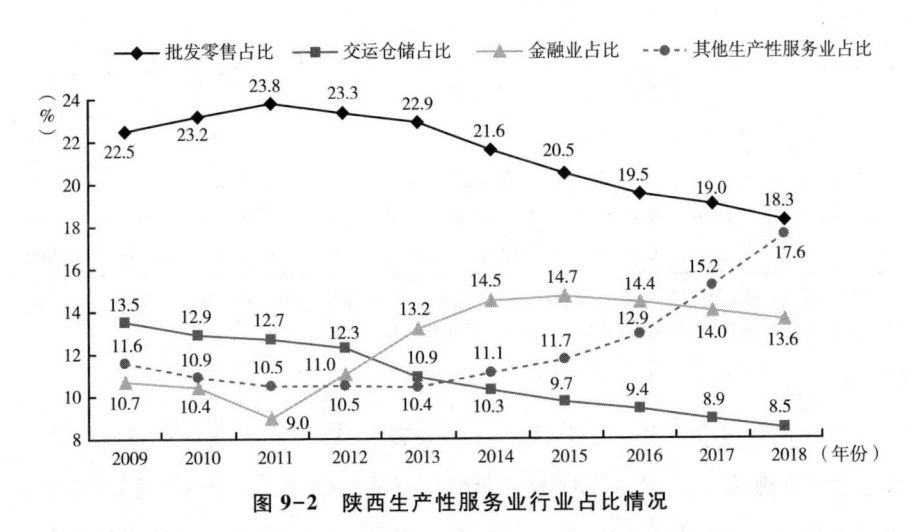

资料来源：陕西省统计局：《陕西统计年鉴（2019）》，中国统计出版社，2019。

（2）融合程度测评

直接消耗系数分析。见表9-4，2017年，陕西制造业对交运仓储邮政业的需求最高（直接消耗系数为0.0284），其次是批发零售（0.0207）与租赁商务（0.0175），相对而言，信息软件、科技服务等新型服务业需求度最低，究其原因，主要是陕西制造业整体依然以传统制造为主。通过划分制造业类型也能明显看出，劳动密集型制造业对交运仓邮、批发零售的直接需求最高，而对信息软件、科技服务等现代生产性服务业的需求较低；高技术型制造业当前对科技服务业的需求仍然很低，说明高新技术制造业发展落后，对新型生产性服务业的需求较低。

表 9-4 陕西生产性服务业直接消耗系数

产业	制造业		劳动型		资本型		高技术型	
	2012年	2017年	2012年	2017年	2012年	2017年	2012年	2017年
批发零售	0.0266	0.0207	0.0461	0.0265	0.0216	0.0195	0.0227	0.0165
交运仓邮	0.0332	0.0284	0.0393	0.0292	0.0299	0.0293	0.0385	0.0255
信息软件	0.0019	0.0014	0.0029	0.0017	0.0014	0.0013	0.0027	0.0010
金融业	0.0226	0.0171	0.0154	0.0082	0.0243	0.0191	0.0247	0.0231

续表

产业	制造业		劳动型		资本型		高技术型	
	2012年	2017年	2012年	2017年	2012年	2017年	2012年	2017年
租赁商务	0.0177	0.0175	0.0177	0.0194	0.0156	0.0142	0.0255	0.0233
科技服务	0.0006	0.0007	0.0004	0.0005	0.0007	0.0007	0.0004	0.0008
中间投入率	0.1026	0.0858	0.1218	0.0855	0.0935	0.0841	0.1145	0.0902

资料来源：陈启充、杜志高、郭晨晖：《陕西省制造业与生产性服务业融合程度研究——基于投入产出模型的测算》，《科技和产业》2021年第6期，第42页。

生产依存度系数分析。总体来看（见表9-5），制造业生产依存度系数高于生产性服务业，对生产性服务业部门直接影响较大，而生产性服务业对制造部门的生产依赖程度低。从细分行业来看，租赁商务、科技服务的生产依存度系数大于1，全部高于社会平均水平，这说明陕西省制造业对各部门的直接影响程度较大，而生产性服务业中仅有租赁商务、科技服务对制造业部门的影响程度较大，其他生产性服务业部门对国民经济各部门依赖程度小。值得注意的是，制造业对金融业的直接消耗在下降，并且对金融业的完全需求系数没有任何变化，说明金融服务业并没有及时对接制造业部门的需求，其对制造业部门的支撑不足。

表9-5 陕西生产性服务业与制造业依存度系数

行业	生产依存度系数			感应度系数			影响力系数		
	2012年	2017年	增幅(%)	2012年	2017年	增幅(%)	2012年	2017年	增幅(%)
劳动密集型制造业	1.1034	1.0941	-0.84	1.1809	1.1203	-5.13	1.0276	1.0963	6.69
资本密集型制造业	1.2080	1.2495	3.44	1.6950	1.6990	0.24	1.1325	1.2235	8.04
技术密集型制造业	1.2940	1.1718	-9.14	1.9409	1.0934	-43.67	1.1973	1.1582	-3.27
制造业	1.2203	1.1413	-6.47	1.2292	1.1069	-9.95	1.1486	1.1247	-2.08
批发和零售	0.4392	0.9393	113.87	0.6504	0.6362	-2.18	0.6517	0.8911	36.73
交通运输、仓储邮政业	0.9029	0.9089	8.64	0.8029	1.0596	31.97	0.9063	0.8809	-2.80

续表

行业	生产依存度系数			感应度系数			影响力系数		
	2012年	2017年	增幅(%)	2012年	2017年	增幅(%)	2012年	2017年	增幅(%)
信息传输、软件和信息服务业	0.9291	0.8898	-4.23	0.5458	0.6589	20.72	0.9819	0.9306	-5.22
金融业	0.6367	0.2859	-55.10	0.8398	1.0507	25.11	0.8007	0.6071	-24.18
租赁商务服务业	1.3688	1.2358	-9.27	0.8572	1.1139	29.95	1.2183	1.1047	-9.32
科技服务业	1.1180	1.1530	3.13	0.4873	0.5679	16.54	1.0837	1.1076	2.21
生产性服务业	0.7797	0.8587	10.13	0.7708	0.8931	15.87	0.8514	0.8753	2.81

资料来源：陈启充、杜志高、郭晨晖：《陕西省制造业与生产性服务业融合程度研究——基于投入产出模型的测算》，《科技和产业》2021年第6期，第43~44页。

感应度系数分析。见表9-5，制造业感应度系数明显大于1，生产性服务业感应度系数小于1，说明国民经济各行业部门对制造业的需求仍然大于对生产性服务业的需求。生产性服务业感应度系数2017年比2012年提高15.87%，说明现阶段生产性服务业得到了一定发展，对其他部门尤其是制造业部门的支撑作用在增大。从细分行业看，三大类型制造业感应度系数均大于1，进一步说明制造业对生产性服务业的支撑和制约作用很强。2012年，生产性服务业部门的感应度系数全部低于社会平均水平，生产性服务业无法为制造业提供需求产品和生产性服务，与制造业融合互动程度较弱。2017年，交运仓邮、金融和租赁商务3个生产性服务部门感应度系数大于1，反映了其与制造业的前向关联密切。

影响力系数分析。见表9-5，陕西制造业影响力系数均大于1，生产性服务业影响系数均小于1，制造业总体对国民经济拉动作用强于生产性服务业，生产性服务业影响力系数始终较小，属于"两业"融合发展过程中的薄弱环节，因此未来大力发展生产性服务业能够为陕西经济发展注入新动能。从细分行业看，高技术型制造业的影响力系数（1.1582）高于社会平均水平，能为经济发展注入新动力，增强与现代生产型服务业的关联程度。

科技服务（1.1076）、租赁商务服务（1.1047）影响力系数较高，对制造业具有较强拉动作用。2012~2017年，金融业影响力系数下降了24.18%，表明金融业作为虚拟经济，只是作为中间投入，对实体经济的拉动作用比较小。批发零售影响力系数提高了36.73%，主要原因是批发和零售发展迅速，占全省生产总值比重不断提升，对经济增长的贡献率超过80%，是服务业中对生产总值增长贡献最大、拉动最大的行业。

总体来看，2017年陕西生产性服务业的感应度系数、生产依存度系数、影响力系数与2012年相比均有较大增幅，但都低于制造业，表明"两业"融合虽然不断深化，但发展仍处于初级阶段，融合水平不高。从细分部门来看，批发零售业生产依存度系数出现大幅增长，金融业生产依存度系数出现大幅下降，说明批发零售业迅速发展、对国民经济各部门的需求较大，而金融业对其他部门拉动作用偏小，应更注重加强对本行业和新型生产性服务业的延伸程度。传统型生产性服务业中的交运仓邮对制造业的制约作用一直很明显，现代生产性服务业中只有租赁商务（2017年，感应度系数、影响力系数均大于1）对制造部门的拉动和制约作用非常大，与制造业部门融合较深。科技服务尽管对整个制造部门的直接影响在加大，但与制造业的互动融合水平不高，和制造业的前向关联度较低。

3. 陕西推动现代服务业与制造业融合试点情况

2021年，陕西省西安高新技术产业开发区和陕西鼓风机（集团）有限公司、西安诺瓦星云科技股份有限公司（"一区两企"）分别被列为国家"两业"融合试点区域和试点企业。2022年，西咸新区先行探索推进"两业"融合。近两年来，探索工作顺利推进，形成了诸多良好做法与经验。

试点工作中，西安紧紧围绕推动先进制造业和现代服务业相融相长、耦合共生目标，坚持以全面推行"链长制"为牵引，以产业链延伸为重点，依托试点区域和企业，采取政策激励、统筹推进、以点带面等方式，积极探索"两业"融合新业态、新模式、新路径，有力促进了制造业高质量发展，涌现出陕西鼓风机（集团）有限公司、陕西汽车控股集团有限公司、西安诺瓦星云科技股份有限公司、西安铂力特增材技术股份有限公司等一批

第九章　陕西现代服务业融合发展战略

"两业"融合领军企业①。

西安高新区试点情况。高新区制定了"两业"融合实施方案，围绕电子信息与高新技术服务业、装备制造与服务业、软件信息与制造业三方面，探索以"双链融合"为核心建立"两业"融合发展政策体系，以"两大项目"为支撑培育"两业"融合发展新业态，以"三大目标"为引领探索"两业"融合发展新路径，以"五大工程"为举措构建多元融合发展新主体，取得明显成效。截至2023年6月底，建设"两业"融合试点园区4个、试点项目16个、省级工业互联网平台试点项目10个、贯标企业30家。高新区企业服务收入占经营总收入的比重由2019年的46.5%提高到2022年的54.94%。

企业试点情况。陕鼓集团坚持以分布式能源系统解决方案为圆心，提供设备、工程、服务、运营、供应链、智能化、金融等七大增值服务，创新开发"能源互联岛"技术和方案，探索形成了先进制造业和现代服务业融合赋能的"陕鼓模式"。2022年，陕鼓服务业收入33.19亿元，占企业营业收入总额的31.0%。诺瓦星云以算法为核心，覆盖显示屏规划、建设、运维、运营等全流程服务，寓软件服务于集成化硬件产品，为行业客户提供显示屏云服务解决方案。当前，拥有超1000项自主知识产权，先后被授予国家专精特新"小巨人企业""国家制造业单项冠军"等荣誉称号。2022年，诺瓦星云营业收入21亿元，其中服务业收入占比超过20%。

西咸新区探索情况。2022年7月，西咸新区制定了加快推进先进制造业和现代服务业深度融合若干政策措施及实施细则，加快培育"两业"融合主体，支持建设"两业"融合发展平台，从促进工业设计向高端综合设计服务转型、强化技术研发与制造业有机融合、提升装备制造和服务集成化融合水平等六方面探索重点行业领域融合发展新路径，强化"两业"融合保障措施，有力地推动了新区"两业"融合。

---

① 刘卫昌、梁璐：《以链长制为抓手 以链延伸为重点 积极探索融合发展新业态新模式新路径——西安市扎实开展两业融合试点工作主要做法》，《中国经贸导刊》2023年第1期。

"两业"融合试点创新探索出了典型做法经验，推动了试点区域"两业"融合发展。但从试点及全省来看，"两业"融合程度不深、范围不广、水平不高。

从融合程度看，2021年陕西生产性服务业与制造业的融合效率值为0.6170，低于全国平均水平（0.7442），在全国排名第21位，属于较低水平。另外，据邵红晨[①]基于投入产出分析采用灰色关联法测算，陕西先进制造业对现代服务业的综合融合度为1.8392，低于全国2.0583的平均水平，在全国31个省份中排名第22位；陕西现代服务业对先进制造业的综合融合度为1.5448，低于全国1.5746的平均水平，在全国排名第18位。陕西以先进制造业为主体的综合融合水平大于以现代服务业为主体的综合融合水平，"两业"融合主要是以先进制造业为主体，向现代服务业渗透延伸融合。现代服务业规模较小，发展水平较低，尤其是生产性服务业发展滞后，在先进制造业中投入比例不高，与先进制造业关联性不强。

从融合主体看，目前仍以制造业领域的行业龙头企业和骨干企业为主，平台型企业匮乏，而量大面广的中小企业因为发展能力不足、专业化程度不高，面临"两业"融合进入的成本及门槛障碍，开展融合探索的积极性不高，动力不足，鲜有突破。

从融合水平看，先进制造业和现代服务业的关联融合还处于较低水平，服务业对制造业的融合更多集中于批发、交通运输仓储等传统服务业，在科技服务、信息服务、金融等现代服务业领域应用融合程度偏低，推动制造业转型升级的支撑"推动"作用未能有效发挥；先进制造业对现代服务业的融合，较多集中于石油化工、化学产品、冶炼、能源等领域，而通信计算机及电子设备、电气机械等领域融合程度并不高。

因此，大力推进陕西现代服务业与制造业深度融合成为当前迫在眉睫的重要任务。

[①] 邵红晨：《先进制造业与现代服务业融合度测量研究》，山东财经大学硕士学位论文，2021，第50~63页。

（二）推进生产性服务业与先进制造业深度融合思路

坚持完善"两业"融合发展环境，培育"两业"融合发展主体，大力发展生产性服务业，探索重点行业融合发展新路径，培育"两业"融合发展新业态新模式，强化"两业"融合发展要素保障，打造西部"两业"融合发展示范区。

1. 完善"两业"融合发展环境

一是建立适合"两业"融合发展的管理体制。强化"两业"融合顶层设计，建立省级"两业"融合工作专班，统筹推动全省"两业"融合发展工作，形成高效协同的工作推进机制。制定研究推动"两业"融合发展的实施意见与政策措施。二是深化"两业"融合市场化改革。深化电信、金融、数据、新型研发机构等领域市场化改革，减少不必要的前置审批和资质认定条件，减少结构性政策，建立平等、规范的市场准入和退出机制。三是消除"两业"融合政策壁垒。清理制约"两业"融合发展的规章、规范性文件和其他政策措施。深化技术标准、认证认可管理体制改革，支持探索企业跨行业经营的发展模式。消除服务业和制造业在税收、金融、科技、要素、价格等方面的政策差异。四是强化"两业"融合新型基础设施建设。加大新型基础设施建设的投资力度，积极推进传统基础设施向数字基础设施建设转型，为数字赋能、"两业"融合提供物质载体。五是积极营建新场景，加快"两业"融合示范应用。聚焦"汽车+""智造+"等主题，梳理发布一批引领"两业"融合发展的新场景。

2. 培育"两业"融合主体

一是培育"两业"融合企业。制定省"两业"融合发展示范企业培育办法，梯度培育一批平台型企业、引领性龙头企业、中小微企业。鼓励平台型企业通过市场专业细分、行业垂直纵深、产业链条整合等多重路径实现平台业务和运作模式创新。支持龙头企业编制相关行业标准，组建产业技术标准创新联盟，带动上下游企业提升生产技术水平。支持中小微企业以专业化分工、服务外包等方式与大企业结成稳定协作关系，形成一批

"隐形冠军""单项冠军"。二是建立"两业"融合发展试点区域。制定全省"两业"融合发展试点办法和标准,以纳入《中国开发区审核公告目录》的开发区、高新技术产业园区和省级现代服务业集聚区为基础,建立省级"两业"融合试点区。加快搭建研发设计、检验检测、物流供应、数字赋能等公共服务平台,引导探索市场准入、要素配置、市场监管等融合发展机制。三是发挥国家级"两业"融合试点引领作用。支持西安高新区、陕鼓集团和西安诺瓦星云国家"两业"融合试点区域和试点企业建设,鼓励更多单位申创列入国家级"两业"融合试点,及时总结典型做法与经验,积极示范推广。

3. 大力发展生产性服务业

生产性服务业尤其是现代生产性服务业在国民经济发展过程中对整个制造部门的影响和制约程度加大,但是自身并未得到充分发展,不能有效对接制造部门,因此要将发展现代生产性服务业作为一项重要举措。从细分行业来看,租赁商务、科技服务等现代生产性服务业对制造业的影响较大,因此要大力发展租赁商务与科技服务等生产性服务业,从而为高技术型制造业提供配套服务,推动制造业结构转型升级和相关制造产品高端化。金融业对制造业部门的支撑和拉动作用不明显,可以出台相关资金政策鼓励金融业参与工业经济。通过资源整合,直接对融合基地进行资金扶持,打破区域间分工的界限。同时,要做到简政放权,打破行业壁垒,更多关注制造部门对金融业的中间需求,通过资金扶持来帮助制造部门在关键技术方面取得突破。陕西批发零售业发展迅速,随着未来新零售模式的发展,需要继续加大先进运输工具和物流建设投资,提高物流运输效率的同时降低内部成本。

4. 鼓励制造行业向服务环节延伸

围绕陕西六大支柱产业,以产业链部署创新链,推动制造业企业向附加值高的服务环节延伸。一是加快能源化工等资源型工业与服务业融合步伐。在能源、化工、有色、钢铁等原材料领域延伸发展生产性服务业,提供社会化技术研发、能源管理、检验检测、安全环保等服务。推动资源型企业向产品和专业服务解决方案提供商转型。二是提升高端装备制造和服务业融合水平。支持企业加快建设工业互联网平台、智能工厂，大力发展高端工业软件，实现数据跨系统采集、传输、分析、应用，提升装备产业数字化、智能化水平。三是完善汽车制造服务全链条体系。推进建设智能工厂，大力发展智能化解决方案服务。探索发展更换电池和电池租赁服务，建立动力电池回收利用管理体系。规范发展汽车租赁、改装、二手车交易、维修保养等后市场。四是推进现代医药和大健康产业融合发展。推动健康制造、健康服务及相关产业跨界融合，构建"医、养、健、智"四位一体的大健康产业链。打造"高端医药+康养"综合体，开展健康管理、运动康复、精准照护等增值服务。打响陕西中医药品牌，推动中医药传承创新与中医药文化传播。五是推动电子信息与高技术服务业深度融合。构建龙头企业加配套集群生态，发展"产品+内容+生态"全链式智能生态服务向技术研发、知识产权、科技金融、成果转化、检验检测、小中试标准规范、教育培训、市场推广等服务衍生，实现在研发设计、生产制造、市场营销、资金融通、品牌嫁接等方面深度融合。

5. 推动服务业企业向制造领域拓展

以创新链布局产业链，重点推进四个领域服务业向制造业领域拓展[①]。一是加强研发设计与制造业有机融合。推动研发设计与制造业融合发展、互促共进。引导研发设计企业与制造企业嵌入式合作，提供需求分析、创新试验、原型开发等服务。推动制造业设计能力提升，促进工业设计向高端综合设计服务转型。依托秦创原，完善秦创原创促中心、网络平台、平台公司服务功能，健全路演项目跟踪服务体系，打通知识产权创造、运用、保护、管理和服务全链条，完善高校院所科技成果转化服务体系，推动科技成果转移转化。二是深化现代物流和制造业高效融合。鼓励物流、快递企业融入制造

---

① 《关于推动先进制造业和现代服务业深度融合发展的实施意见》（发改产业〔2019〕1762号），中央人民政府网站（2019年11月15日），https：//www.gov.cn/xinwen/2019-11/15/content_5452459.htm，最后检索时间：2024年5月20日。

业采购、生产、仓储、分销、配送等环节，持续推进降本增效。鼓励物流外包，发展零库存管理、生产线边物流等新型业务。推进智能化改造和上下游标准衔接，推广标准化装载单元，发展单元化物流。三是深化制造服务业和互联网融合发展。大力发展"互联网+"，营造融合发展新生态。加快推进工业互联网，构建标识解析、安全保障体系，发展面向重点行业和区域的工业互联网平台。推动重点行业数字化转型，推广一批行业系统解决方案。加快人工智能、5G等新一代信息技术在制造、服务企业的创新应用，逐步实现深度优化和智能决策。四是提高金融服务制造业转型升级质效。坚持金融服务实体经济，创新产品和服务，有效防范风险，规范产融结合。依托产业链龙头企业资金、客户、数据、信用等优势，发展基于真实交易背景的票据、应收账款、存货、预付款项融资等供应链金融服务。鼓励发展装备融资租赁业务。

6. 培育融合发展新业态新模式

结合陕西实际，重点培育八大新业态新模式。一是培育供应链管理模式。引进国内外供应链龙头企业，推进工业App技术在物流枢纽应用，加快建设现代供应链体系试点，鼓励第三方物流企业与制造业建立战略联盟。二是打造工业互联网应用模式。推动建设网络基础设施、发展应用平台体系，支持开发区、园区利用互联网为制造企业提供专业化服务，建设一批工业互联网企业。三是推广智能工厂模式。支持领军企业率先推进智能工厂建设，实现流程制造关键工序智能化。四是推广柔性化定制模式。支持企业开展体验互动、在线设计，增强定制设计能力，加强零件标准化、配件精细化、部件模块化管理，实现以用户为中心的定制和按需灵活生产。五是发展总集成总承包新模式。鼓励大型制造企业由提供设备转变为提供系统总集成总承包、整体解决方案服务，培育打造一批跨区域总集成总承包服务商。六是发展共享平台新模式。鼓励资源富集企业依托工业互联网平台开展生产设备、专用工具、生产线等制造资源的协作共享，打造网络化协同制造模式，提供研发设计、物流仓储、检验检测、设备维护、质量监控等专业化共性服务。七是发展服务衍生制造新模式。鼓励电商、研发设计、文化旅游等服务企业，发挥大数据、技术、渠道、创意等要素优势，通过委托制造、品牌授权等方式向制造环节拓展。八是发展工业文化旅游。依托矿山矿井、冶炼等有条件的工业资源，建设一批特色突出、市场竞争力强的工业旅游基地。支持工艺品制造企业开发集生产展示、观光体验、教育科普等于一体的旅游产品，打造一批工业文化旅游精品路线。

7. 加强"两业"融合要素保障

强化"两业"深度融合的要素支撑，支持试点单位探索可行模式路径。一是强化融合用地保障。鼓励探索业态复合、功能混合、弹性灵活的用地出让方式，盘活闲置土地和城镇低效用地，实行长期租赁、先租后让、租让结合等供应方式。同一宗土地上兼容两种及以上用途的，依据主用途确定供应方式。制造企业利用存量房产进行"两业"融合发展的，可实行继续按原用途和土地权利类型使用土地的过渡期政策。二是强化数据资源使用保障。支持建立"两业"融合的数据平台、信息服务平台和公共服务平台，推动对数据和信息平台的服务构建和资源购买。推动政府部门数据共享、公共数据资源开发利用。鼓励"两业"融合重点领域探索建立多元化的行业数据合作交流机制，鼓励"两业"融合企业对公共数据进行研究、分析、挖掘，开展大数据产业开发和创新应用。三是加强财政金融支持。充分利用省服务业发展专项资金，支持龙头企业设立产业融合基金，加大"两业"融合资金支持力度。推动金融机构与"两业"融合企业高效精准开展融资对接。鼓励支持有条件的制造企业通过债券融资、股权融资、并购重组等多种方式获得服务化转型所需的资金支持。引导鼓励融资担保机构为"两业"融合发展示范企业提供优质融资担保产品，并对相应融资担保机构按规定给予奖补。推广知识产权质押融资经验，鼓励发放专利权、商标权、著作权等知识产权打包组合贷款。四是强化人才保障。构建"两业"融合的人才架构体系，制订和实施专项人才培训计划。完善学科专业体系，在高校、职业教育机构中设置交叉学科，培养"制造+服务""数字+融合"专项人才。探索建立"两业"融合复合型人才评价和职业发展通道评价体系。健全高校科研院所与企业之间"制造+服务"和"数字+融合"的柔性流动及人才共享机制，建立健全相关人才常态化的表彰制度。

二 推进现代服务业与现代农业深度融合

（一）陕西服务业与农业融合评价

基于农村产业融合多种测算方法适宜性及数据可得性，本书采用TOPSIS法，测度陕西农业与服务业融合总体情况，采用投入产出法从行业角度精细化分析行业融合程度。

1. 陕西服务业与农业融合整体情况

雷德春[1]从农业产业链延伸、农业多功能拓展、农业服务业融合、先进要素渗透、农民增收、农业增效以及城乡一体化7个维度构建农村产业融合发展水平评价指标体系，运用熵权TOPSIS法测算出包括陕西在内的全国各省份服务业与农业融合综合水平。数据采用2011~2020年区间，来源于《中国统计年鉴》《中国农村统计年鉴》《中国农业机械工业年鉴》《中国农产品加工业年鉴》《中国休闲农业年鉴》和各省份统计年鉴，以及国家统计局、农业农村部及各省份政府官方网站。

（1）研究方法

熵权TOPSIS法。本文采用熵权TOPSIS法测度农村产业融合综合水平，其基本思想是先采用熵权法对各指标赋予权重，再利用TOPSIS法对农村产业融合水平进行量化排序。熵权法基于各指标数据信息的变异性进行赋权，降低了人为因素的干扰，具有较强的客观性。TOPSIS法根据各研究对象与最优解、最劣解的距离进行排序，计算简便且结果合理。限于篇幅，具体方法及模型前文已有说明，本处不再赘述。

---

[1] 雷德春：《农村产业融合发展水平测度及影响因素研究》，贵州大学硕士学位论文，2023。

评价指标体系构建。从融合过程和融合结果入手，借鉴黎新伍、徐书彬[1]与雷德春[2]"路径—效应"的评价方式，以农业产业链延伸、农业多功能拓展、农业服务业融合、先进要素渗透为融合路径，以农民增收、农业增效和城乡一体化为融合效应，从7个维度构建农村产业融合发展水平评价指标体系。

熵权法权重确定。熵权法能够有效避免主观赋权带来的对专家依赖性过高的问题，且计算过程简便，因此本文采用熵权法确定农村产业融合发展水平各项指标的权重（见表9-6）。

表9-6 农村产业融合发展水平评价指标及其权重

准则层	一级指标	二级指标	权重
融合行为 1.5764	农业产业链延伸 0.3465	第一产业增加值比重	0.0116
		每万人农民专业合作社数量	0.0465
		每万人农业产业化企业数量	0.0383
		农产品加工业主营业务收入与农业总产值之比	0.0767
	农业多功能拓展 0.4151	农药与化肥施用强度	0.0185
		人均主要农产品产量	0.0364
		休闲农业年营业收入占比	0.0771
	农业服务业融合 0.3825	农村互联网普及度	0.0496
		农业保险深度	0.0867
		单位农林牧渔业增加值信贷投入	0.0574
		农林牧渔服务业产值占农林牧渔业总产值比重	0.0362
	先进要素渗透 0.4324	人均机械总动力	0.0483
		设施农业面积占比	0.0808
		农业综合机械化率	0.0208

---

[1] 黎新伍、徐书彬：《农村产业融合：水平测度与空间分布格局》，《中国农业资源与区划》2021年第12期。
[2] 雷德春：《农村产业融合发展水平测度及影响因素研究》，贵州大学硕士学位论文，2023。

续表

准则层	一级指标	二级指标	权重
融合效应 1.0186	农民增收 0.3409	农村居民人均可支配收入	0.0393
		农村居民工资性和财产性收入占比	0.0274
	农业增效 0.3588	农业资本生产率	0.1002
		农业土地生产率	0.0505
		农业劳动生产率	0.0275
	城乡一体化 0.3188	城镇化率	0.0340
		城乡居民人均可支配收入比	0.0166
		城乡居民人均消费性支出比	0.0197

资料来源：雷德春：《农村产业融合发展水平测度及影响因素研究》，贵州大学硕士学位论文，2023，第31页。

(2) 农村产业融合测度结果

2011~2020年，我国30个省份（西藏、港澳台除外）农村产业融合发展水平测度结果如表9-7所示。

表9-7 2011~2020年重要年份我国30个省份农村产业融合发展水平测度

区域	省份	2013年	2015年	2017年	2018年	2019年	2020年	2011~2020年均值
东部	北京	0.4618	0.4704	0.5992	0.5517	0.6023	0.5808	0.5504
	天津	0.4005	0.3917	0.5603	0.4222	0.4756	0.4265	0.4263
	河北	0.2328	0.2862	0.2760	0.2716	0.2876	0.2508	0.2540
	上海	0.5456	0.5570	0.6404	0.6291	0.6184	0.5703	0.5807
	江苏	0.3475	0.3372	0.4111	0.3802	0.3439	0.3423	0.3439
	浙江	0.3776	0.3472	0.3971	0.3988	0.3787	0.3879	0.3596
	福建	0.2708	0.2873	0.3363	0.3392	0.3347	0.3027	0.2998
	山东	0.2653	0.2567	0.3043	0.3156	0.3091	0.2836	0.2773
	广东	0.2644	0.2389	0.2855	0.2682	0.3658	0.2703	0.2616
	海南	0.1982	0.2268	0.2944	0.2490	0.2795	0.2388	0.2407
	均值	0.3364	0.3399	0.4105	0.3826	0.3995	0.3654	0.3594

续表

区域	省份	2013年	2015年	2017年	2018年	2019年	2020年	2011~2020年均值
中部	山西	0.1986	0.2174	0.2717	0.2170	0.2623	0.2200	0.2226
	安徽	0.2675	0.2768	0.3078	0.3018	0.3147	0.2842	0.2826
	江西	0.2320	0.2350	0.3191	0.2786	0.3191	0.3069	0.2711
	河南	0.1937	0.1983	0.2507	0.2362	0.2290	0.2192	0.2102
	湖北	0.1899	0.1985	0.2326	0.2093	0.2267	0.2057	0.2088
	湖南	0.1759	0.2049	0.2014	0.2222	0.2207	0.2250	0.1980
	均值	0.2096	0.2218	0.2639	0.2442	0.2621	0.2435	0.2322
西部	内蒙古	0.2641	0.2542	0.3157	0.2800	0.3160	0.2811	0.2753
	广西	0.1436	0.1435	0.1641	0.1379	0.1949	0.1637	0.1477
	重庆	0.2483	0.2262	0.2818	0.2452	0.3009	0.2945	0.2543
	四川	0.2287	0.2508	0.2674	0.2574	0.3239	0.2842	0.2632
	贵州	0.1268	0.1186	0.1581	0.1212	0.1609	0.1326	0.1297
	云南	0.1157	0.1088	0.1295	0.1201	0.1353	0.1494	0.1219
	陕西	0.1724	0.1575	0.1906	0.1659	0.2336	0.2061	0.1754
	甘肃	0.2308	0.2446	0.2873	0.2715	0.2747	0.2529	0.2438
	青海	0.1626	0.1609	0.1980	0.1923	0.2125	0.1904	0.1772
	宁夏	0.2647	0.2649	0.3198	0.2680	0.2945	0.2627	0.2692
	新疆	0.2048	0.1980	0.2329	0.2164	0.2407	0.2231	0.2118
	均值	0.1966	0.1934	0.2314	0.2069	0.2444	0.2219	0.2063
东北	辽宁	0.2719	0.2811	0.3377	0.3110	0.3380	0.3171	0.2812
	吉林	0.2178	0.2310	0.2816	0.2466	0.2848	0.2734	0.2498
	黑龙江	0.2255	0.2530	0.3201	0.2823	0.3127	0.2905	0.2766
	均值	0.2384	0.2550	0.3132	0.2800	0.3118	0.2937	0.2692
全国	均值	0.2500	0.2541	0.3058	0.2802	0.3064	0.2812	0.2688

注：按照经济新常态时期和反映近年连续数据的原则，仅列出2011~2020年部分年份数据。

资料来源：雷德春：《农村产业融合发展水平测度及影响因素研究》，贵州大学硕士学位论文，2023，第32~33页。

一是陕西农村产业融合水平不断提升，但仍处于较低水平。从总体综合水平来看，全国农村产业融合发展水平均值为0.2688，东部、中部、西部、东北农村产业融合水平均值分别为0.3594、0.2322、0.2063、0.2692。陕西农村产业融合发展水平平均得分0.1754，不仅低于全国平均水平，还低于西部的平均水平。在全国 30 个省份中排名第 27 位，在西部 11 个省份中排名第 8 位。从发展动态来看（见图 9-3），陕西农村产业融合水平总体提升，农村产业融合水平值由 2011 年的 0.1617 提高至 2020 年的 0.2061，但其增长幅度不大，在全国省份排名处于较后位次。

图 9-3　2011~2020 年陕西农村产业融合发展水平

二是农村产业融合差异主要来源于区域间，需要加强区域间合作。区域间差异对我国农村产业融合发展水平总体区域差距的平均贡献率接近 70%，即区域间差异是造成总体差异的主要来源，而区域内差异和超变密度对总体差异的平均贡献率相对较小。因此，提高陕西农村产业融合水平，除加强区域间合作外，还要加强陕西与中部、东部农业合作发展。

三是陕西农村产业融合产生新产业、新业态，电子商务、乡村旅游、休闲农业蓬勃发展。进一步对陕西农村产业融合结果进行分析，电子商务是数字经济与农业、批发零售融合的结果，催生了在线销售、直播带货、订单农业等新业态，极大地推进了农业高质量发展。乡村旅游、休闲农业是文化、旅游、农业融合发展的新兴业态，极大地扩大了农业多元化功能，拓宽了农业价值增值渠道，提高了农业收入综合效益。伴随农村产业融合程度加深，电子商务、乡村旅游、休闲农业、创意农业、城郊宿营等新产业、新业态将会蓬勃发展。

2. 陕西农业与服务业细分行业融合分析

王艳君、谭静、雷俊忠[①]、邢娜[②]以2017年陕西投入产出表为依据,从后向关联度、前向关联度两个方面分析陕西农业产业关联水平,利用直接消耗系数、完全消耗系数、影响力系数和感应度系数分析陕西农业行业融合程度。投入产出表一般每五年普查公布,最新的陕西投入产出表尚未发布,因此采用2017年陕西投入产出数据。

(1) 陕西农业与服务业发展

2012年以来,陕西农业稳步发展,农业增加值由2012年的1372.5亿元,增加到2022年的2710.56亿元,年均增速7%(见图9-4)。陕西服务业快速发展,服务业增加值由2012年的5157.64亿元,增加到2022年的14010.8亿元,年均增速10.5%。其中,金融业、其他服务业保持高速增长,年均增速分别为13.7%和12.3%;批发和零售业、交运仓储邮政稳步增长,年均增速均为6.7%。

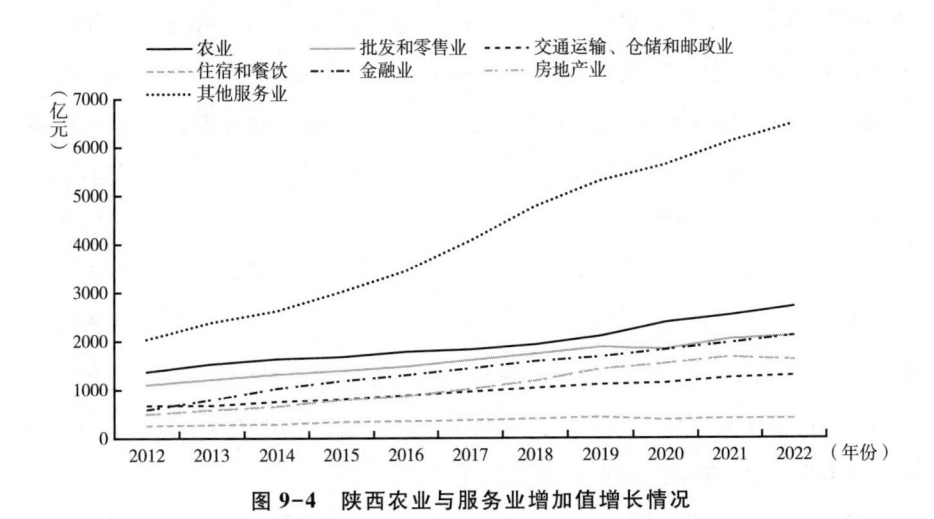

图9-4 陕西农业与服务业增加值增长情况

[①] 王艳君、谭静、雷俊忠:《农业与其服务业间产业融合度实证研究——以四川省为例》,《农村经济》2016年第12期。
[②] 邢娜:《基于投入产出模型的陕西农业产业关联与波及效应分析》,《农业工程》2021年第9期。

(2) 陕西农业与服务业细分行业融合情况

直接消耗系数分析。见表9-8，陕西农业后向直接关联最大的服务业分别是交运仓邮（0.0125），其次是批发和零售（0.0103）、综合技术服务（0.0067），说明农业对交运仓邮的直接消耗最大，批发零售与综合技术次之。

完全消耗系数分析。见表9-8，陕西农业后向关联度最大的两个服务业是交运仓邮（0.0469）和金融业（0.0386），说明农业对交运仓邮的直接与间接需求最大，融合程度较高；其次是资金融通，发挥着对农业的重要支撑作用。紧随其后的服务业是租赁商务（0.0296）与批发零售（0.0251），表明农业对商贸的需求是刚性且较大的。值得注意的是，农业对综合技术服务（0.0098）的消耗虽然逐步增加，但是消耗强度并不是很大，这与农业整体水平偏低抑制了高技术需求有直接关系，农业高技术与农业的融合互动关系不够密切。

直接分配系数分析。见表9-8，陕西农业与服务业前向直接关联度最大的产业有住宿和餐饮（0.0222）、租赁与商务服务（0.0098），说明农业为住宿餐饮直接提供食品供给，为农副产品交易提供产品，对其推动作用最大。但农业对金融、房地产及教育、环境、公共管理等前向关联值均接近于0，说明农业对这些服务业的推动作用非常小。农业前向关联研究和试验发展（0.0008）和综合技术服务（0.0018）作用逐步增强，但作用不是很大，有待于进一步互动增强。

完全分配系数分析。见表9-8，农业对服务业完全前向关联度最高的是住宿和餐饮（0.1747），其次是卫生和社会工作（0.0648），综合技术服务（0.0508）、租赁和商务服务（0.0458），公共管理、社会保障和社会组织（0.0450）与文化、体育和娱乐（0.0444），而农业对房地产（0.0080）、金融（0.0071）的推动作用不是很大。

影响力系数分析。见表9-8，陕西农业影响力系数超过1，说明陕西农业影响力高于全产业平均水平，与其他产业存在关联互动，在陕西经济发展过程中发挥着重要作用。服务业影响力系数大于1的行业主要有金融（1.9942）、租赁和商务（1.9061）、交运仓邮（1.8969）、批发和零售（1.0305），农业对这些行业具有较大影响力；但服务业中的研究和试验发

第九章 陕西现代服务业融合发展战略

展（0.3909）、综合技术服务（0.5232）等产业影响力水平并不高，说明其发展比较滞后，对其他产业，尤其是农业发展引领推动作用比较微弱。

感应度系数分析。见表9-8，陕西农业的感应度系数为0.7768，小于1，低于全社会产业平均水平，说明农业对陕西经济发展的制约并非很大。在服务业中，技术服务（1.0834）、水利、环境和公共设施管理（1.0426）、租赁商务（1.0117）的影响力系数大于1，住宿和餐饮（0.9531）、信息传输、软件和信息技术服务（0.8645），批发和零售（0.8487），交运仓邮（0.8134）影响力系数接近于1，说明服务业，尤其是生产性服务业，不能完全适应经济发展的需求，与其他产业融合度不高，对经济发展的制约作用较大。

表9-8　2017年陕西农业与服务业直接消耗系数与完全消耗系数

产业名称	直接消耗系数	完全消耗系数	直接分配系数	完全分配系数	影响力系数	感应度系数
农业	0.1010	0.1691	0.1010	0.1691	1.3702	0.7768
批发和零售	0.0103	0.0251	0	0.0114	1.0305	0.8487
交通运输、仓储和邮政	0.0125	0.0469	0.0001	0.0116	1.8969	0.8134
住宿和餐饮	0.0009	0.0065	0.0222	0.1747	0.7362	0.9531
信息传输、软件和信息技术服务	0.0001	0.0024	0.0002	0.0142	0.6237	0.8645
金融	0.0052	0.0386	0	0.0071	1.9942	0.5593
房地产	0	0.0057	0	0.0080	0.7819	0.6780
租赁和商务服务	0.0013	0.0296	0.0098	0.0458	1.9061	1.0117
研究和试验发展	0	0	0.0008	0.0195	0.3909	0.5864
综合技术服务	0.0067	0.0098	0.0018	0.0508	0.5232	1.0834
水利、环境和公共设施管理	0.0053	0.0064	0	0.0252	0.4131	1.0426
居民服务、修理和其他服务	0.0017	0.0072	0.0001	0.0312	0.6478	0.8606
教育	0.0013	0.0022	0	0.0111	0.4497	0.6691
卫生和社会工作	0	0	0.0001	0.0648	0.3909	0.9206
文化、体育和娱乐	0	0.0004	0.0003	0.0444	0.4134	0.9560
公共管理、社会保障和社会组织	0.0014	0.0018	0	0.0450	0.4061	0.7634

基于以上分析,陕西服务业与农业的融合水平不高,不仅落后于全国平均水平,在西部排位也比较靠后。服务业中,批发和零售、交运仓邮、金融、租赁和商务与农业融合度较高,对农业具有较大推动作用,技术创新、信息服务对农业的作用逐步增大,但对农业的引领作用不足。服务业整体发展滞后,尤其是批发和零售、租赁和商务、综合技术服务等生产性服务业成为农业转型升级的制约。服务业与农业融合,形成了休闲农业、创意农业、乡村旅游等新业态、新模式,为农业发展注入新动能。因此,加快推进陕西农业与服务业融合发展是今后现代农业发展的重点方向和重要任务。

(二)推进现代服务业与农业深度融合的战略思路

坚持以市场需求为导向,以完善利益联结机制为核心,以技术、制度和模式创新为动力,培育壮大新型农业经营主体,着力发展多类型的产业融合模式,大力推进现代服务业与现代农业深度融合,构建完善的农业产业化综合服务体系。

1. 推进现代服务业与现代农业重点领域融合发展

一是加强农业科技服务。鼓励建立农业科技联盟,积极构建农业科技服务云平台,通过发放免费"智能农卡",为农民提供准确、及时、全程的科技咨询信息服务。实施种业行动计划,实施智能化育苗、育种,开展农业物联网应用试点,为现代农业提供优苗良种。二是健全农机技术推广和社会化服务体系。建立农机化信息服务平台,组建"上下联通、资源共享"的农机化信息服务网络,开展示范推广、农机作业、技术培训、销售维修、信息咨询和中介等多领域、专业化、社会化服务。三是完善农业信息服务体系。运用现代互联网、物联网等技术手段,建立食品质量可追溯体系。利用物联网技术,推动实现覆盖"天气预报、病虫害预警、幼苗培育、配方施肥,种子遴选、入库检查"等农业生产全产业链的信息服务。推进农业生产经营的信息化进程,鼓励发展设施农业、在线农业、智慧农业,引导发展现代农业工厂、生物农业车间。四是构建高效的农产品市场流通体系。加快建设现代化批发市场,重点发展鲜活农产品物流,加快推进冷链物流标准化。积极培育市场流通主体，扶持发展各类农村专业合作经济组织——中介流通组织和农民经纪人队伍。扶持一批乡镇层级的冷链物流企业，畅通农产品循环。五是健全农业标准化服务体系。加强农业投入品质量监管，全面开展产地环境监测，规范农药、肥料等农业生产资料的安全、绿色生产、销售和使用。落实和推行产地准出、市场准入制度，对蔬菜、果品等重要农产品批发市场实行全天候检测监测监管，确保农产品质量安全。

2. 创新融合发展新业态新模式

加快推进现代服务业与现代农业深度融合，积极培育新业态、新模式。一是实施创意农业发展行动。推动科技、人文等元素融入农业，鼓励发展生态休闲农业、观光农业、创意农业、体验农业、乡村旅游，推进生产、生活、生态有机结合的功能复合型农业迈上新台阶。二是实施"互联网+现代农业"行动。推进现代信息技术应用，鼓励对大田种植、畜禽养殖、渔业生产等进行物联网改造。大力发展农产品电子商务，完善配送及综合服务网络。鼓励发展农业生产租赁业务，积极探索农产品个性化定制服务、会展农业、农业众筹等新型业态。创新农业"智慧化"的生产、经营、销售模式，鼓励发展在线农业、订单农业，支持农户利用微博、微信、抖音开展销售直播。三是大力推进文化、旅游、生态与农业深度融合。以观光休闲体验功能为核心，以综合开发为手段，以农业庄园为主要开发模式，集中打造一批集"生产观光功能、农事体验功能、娱乐休闲功能、教育科普功能、农耕文化传播功能、度假养生功能"于一体的休闲农业综合体。四是鼓励发展"四位一体"的多功能产业集群。做强核心产业，依托特色农产品和园区，策划开展体验农业生产和农业休闲活动；夯实支持产业，推进休闲农产品的研发、加工、推介和促销；完备配套产业，发展旅游、餐饮、酒吧、娱乐等创意农业；开发衍生产业，丰富特色农产品和文化创意产品。

3. 提高农业生产组织服务水平

农业合作社在农业产业化经营中，具有组织功能、中介功能、载体功能和服务功能。美国、法国、日本等发达国家的各种农业合作社组织高度发达，通过提供产前、产中、产后各个环节的服务，延长了农业产业价值链，增加了农业产业附加值。我们应借鉴其他国家的经验和做法，培育壮大各类农业合作组织，鼓励农业合作社向产品加工、物流配送、市场营销环节拓展，带动农业各环节优化整合，不断拓宽服务领域，实现从田间到餐桌、从生产到生活的农业产业链全覆盖。一是加强扶持农业产业化龙头企业。提高农业龙头企业的服务能力，完善企业与农户的利益联结机制，进一步加强龙头企业在农业产业化服务中的骨干作用。二是培育新型农业经营主体。积极培育发展新型农民、农业企业、农村合作经济组织、家庭农场和农业服务组织。三是规范扶持中介服务组织。积极培育新型专业协会，充分发挥其在基地建设、技术和销售服务、行业自律等方面的作用，实现农民的小生产与社会的大市场有机对接，提高农业产业化水平。

4. 进一步优化融合发展环境

基础设施和外部环境是现代服务业与现代农业深度融合的重要保障。一是加强有利于现代农业与服务业融合发展的基础设施建设。完善农村"四好"公路、乡村旅游公路、乡村文化设施，加快现代化农贸市场改造，完善现代仓储、冷链物流、乡镇快递设施，完善良种选育、科技实验基地、技能培训基地，充分发挥现代服务业对农业发展的溢出效应。二是完善农业法律法规体系。建立包括公平交易、产品质量安全、农业资源环境、农民权益保护等多方面的农业法律法规体系，最大限度为现代服务业同现代农业融合发展提供法律保障。三是加大惠农政策的支持力度。加快出台陕西现代农业与服务业融合发展的指导意见，推进建立现代服务业与农业融合发展示范区，探索总结、示范推广相关技术标准、做法和经验。在财政投入、土地流转、金融创新、科技支撑、农民培训等方面出台系列扶持政策。四是深化融合发展的配套制度改革。推进宅基地及集体建设用地改革，统筹城乡发展，有利于解决农村产业融合过程中的投融资、利益分配纠纷等难题，为产业融合提供良好的制度保障。进一步推进城乡一体化，有利于统筹城乡资源、市场，促进农业与其他产业的互动和深层次融合发展，提高农业与服务业的双向促进作用。

第十章

陕西现代服务业空间优化战略

服务业因其产品特性而空间布局呈现特有规律与鲜明特征。服务业在不断发展及结构优化过程中，空间布局的重要性日益凸显。因区域资源禀赋和经济发展水平存在差异，服务业呈现相应的空间集聚特征[①]。服务业集聚能够产生规模经济，与区域产业关联密切，可提升服务业产业绩效。因此，遵循服务业集聚的形成机制和演进规律、加强对服务业空间布局的发展引导，对促进陕西现代服务业发展具有重要意义。

一 陕西现代服务业空间综合评价

从三大区域、城市空间尺度、行业区域分工着手，通过引入区位商指标，分析陕西省服务业空间发展差异与集聚特征，对服务业空间布局进行评价。

（一）陕西现代服务业空间布局情况

1. 区域及城市空间布局

从三大区域布局看，2010~2022年，关中地区服务业增加值占全省服务业增加值的比重整体上升，2022年超过72%；陕北地区服务业增加值占全

---

① 王猛、朱丽多：《中国服务业集聚研究回顾与展望——基于CSSCI期刊的文献计量分析》，《财经理论研究》2022年第2期。

省比重（下同）呈微降趋势，2022年约占15%；陕南地区服务业增加值比重呈微升趋势，2022年超过12%。关中、陕北、陕南服务业增加值比重，2010年为69.6∶18.6∶11.8，2015年为72.8∶14.4∶12.8，2022年为72.5∶15.2∶12.3。2010~2022年关中地区服务业从业人员所占比重持续下降，但2022年仍保持在80%以上；陕北、陕南所占比重持续提升，2022年分别约占10%和9%。关中、陕北、陕南服务业从业人员所占比重，2010年为85.2∶7.8∶7.0，2015年为83.6∶8.8∶7.6，2022年为81.8∶9.6∶8.6（见表10-1）。

表10-1 陕西三大区域服务业所占比重情况

单位：%

类别	关中	陕北	陕南
2010年服务业增加值占全省比重	69.6	18.6	11.8
2015年服务业增加值占全省比重	72.8	14.4	12.8
2022年服务业增加值占全省比重	72.5	15.2	12.3
2010年服务业从业人员占全省服务业比重	85.2	7.8	7.0
2015年服务业从业人员占全省服务业比重	83.6	8.8	7.6
2022年服务业从业人员占全省服务业比重	81.8	9.6	8.6

资料来源：《陕西统计年鉴（2023年）》，中国统计出版社，2023。

从城市布局看，首先，西安"一市独大"。西安服务业增加值所占比重持续上升，接近"半壁江山"。2010年，西安服务业增加值占全省服务业增加值的比重为45.1%，2015年提高到47.6%，2022年提高至49.7%。西安服务业从业人员所占比重不断下降，但依然保持在60%以上。2010年，西安服务业从业人员占全省的比重为68.2%，2022年降低至63.7%。其次，榆林服务业增加值所占比重持续微降，由2010年的12.3%下降至2022年的10.9%，不到11%。接下来，2022年服务业增加值所占比重依次排序为咸阳、渭南、宝鸡、汉中，分别为7.5%、6.5%、6.5%和5.5%（见表10-2）。

第十章　陕西现代服务业空间优化战略

表 10-2　陕西各市服务业所占比重情况

单位：%

城市	2010年服务业增加值占全省比重	2015年服务业增加值占全省比重	2022年服务业增加值占全省比重	2010年服务业从业人员占全省比重	2015年服务业从业人员占全省比重	2022年服务业从业人员占全省比重
西安	45.1	47.6	49.7	68.2	66.8	63.7
咸阳	9.0	8.2	7.5	5.1	5.5	6.0
渭南	7.8	7.2	6.5	5.1	5.5	6.2
宝鸡	7.2	6.6	6.5	3.5	4.3	4.6
铜川	1.6	1.7	1.7	1.2	1.3	1.6
杨凌	0.2	0.2	0.6	0.1	0.1	0.4
榆林	12.3	11.7	10.9	4.5	4.9	5.2
延安	5.9	4.8	4.2	2.4	2.7	3.2
汉中	5.7	5.6	5.5	4.0	4.3	4.7
安康	3.2	3.5	3.9	2.1	2.3	2.6
商洛	2.6	2.9	2.9	2.0	2.2	2.4

资料来源：《陕西统计年鉴（2023）》，中国统计出版社，2023。

2. 服务业专业化与空间发展差异

区位商是用来考察地区专业化程度及空间发展差异的重要指标。本章采用区位商对陕西11个城市服务业地区专业化程度及空间发展差异进行考察，（见表10-3）。从各市对全省服务业区位商看，关中地区城市的服务业区位商普遍较高，其中，西安服务业地区专业化程度最高，区位商最高达到1.45；杨凌、铜川次之，区位商几乎均超过1，渭南、咸阳服务业区位商接近1，宝鸡服务业区位商最低，有较大提升空间；陕南三市区位商较高，商洛服务业区位商最高超过1.4，安康、汉中均在1上下，这与陕南实施绿色低碳、生态康养的总体发展战略高度契合；陕北地区的榆林、延安服务业区位商较低，发展潜力有待进一步挖掘（见表10-3）。

表 10-3　陕西各市与全省比较服务业区位商

城市	2010年	2015年	2022年
西安	1.43	1.45	1.42

续表

城市	2010年	2015年	2022年
咸阳	0.88	0.80	0.87
渭南	0.96	0.95	0.96
宝鸡	0.77	0.76	0.78
铜川	0.93	1.13	1.11
杨凌	1.17	1.14	1.13
榆林	0.63	0.72	0.55
延安	0.50	0.67	0.62
汉中	1.06	0.99	0.94
安康	1.08	0.94	1.00
商洛	1.12	1.25	1.41

注：以服务业增加值计算区位商。区位商大于1，认为该产业是地区的专业化部门。区位商越大，表示专业化水平越高，区位优势越明显。

资料来源：《陕西统计年鉴（2023）》，中国统计出版社，2023。

从服务业六类细分行业区位商看（见表10-4、表10-5），2022年，批发和零售行业，陕南安康（1.26）、关中的宝鸡（1.17）、西安（1.15）、渭南（1.10）均具有专业化优势；交通运输、仓储及邮政业中，榆林（1.56）、渭南（1.51）、商洛（1.09）具有专业化优势；住宿和餐饮业，安康（1.73）、汉中（1.66）具有绝对优势，榆林（0.34）、延安（0.74）专业化优势不足；金融业，西安作为全省经济文化中心，具有主导性优势（1.67）；房地产业，关中西安（1.50）、渭南（1.24）优势明显，陕南商洛（1.12）、汉中（1.10）、安康（1.05）均有专业化优势；其他服务业，西安（1.58）优势明显，尤其是科技服务、信息服务、商务服务等生产性服务业较为发达，公共服务业较为完善，陕南商洛（1.20）、汉中（0.98）、安康（0.98）三市其他服务业发展专业化水平较高，区位商均接近1，陕北的榆林（0.37）和延安（0.63）发展提升空间较大。

第十章 陕西现代服务业空间优化战略

表 10-4 陕西各市服务业细分行业区位商

类别	西安 2010年	西安 2015年	西安 2022年	咸阳 2010年	咸阳 2015年	咸阳 2022年	渭南 2010年	渭南 2015年	渭南 2022年
批发和零售业	1.24	1.28	1.15	0.73	0.67	1.02	0.93	0.97	1.10
交通运输、仓储和邮政	0.82	0.90	0.72	0.81	0.74	0.93	1.48	1.51	1.51
住宿和餐饮业	1.56	1.28	1.13	0.95	1.02	1.21	0.85	1.05	0.96
金融业	1.82	1.75	1.67	0.57	0.40	0.80	0.67	0.71	0.78
房地产业	1.70	1.62	1.50	0.71	0.45	0.81	1.09	1.12	1.24
其他服务业	1.59	1.54	1.58	0.80	0.69	0.82	0.88	1.24	0.78

类别	宝鸡 2010年	宝鸡 2015年	宝鸡 2022年	榆林 2010年	榆林 2015年	榆林 2022年	延安 2010年	延安 2015年	延安 2022年
批发和零售业	0.72	0.76	1.17	1.44	0.74	0.72	0.38	0.60	0.59
交通运输、仓储和邮政	0.96	0.80	0.84	0.85	1.62	1.56	0.56	0.70	0.87
住宿和餐饮业	0.60	0.88	1.17	0.48	0.32	0.34	0.62	0.91	0.74
金融业	0.52	0.53	0.73	0.40	0.52	0.43	0.40	0.59	0.53
房地产业	0.48	0.47	0.80	0.17	0.58	0.35	0.24	0.42	0.38
其他服务业	0.68	0.60	0.64	0.42	0.61	0.37	0.63	0.69	0.63

类别	汉中 2010年	汉中 2015年	汉中 2022年	安康 2010年	安康 2015年	安康 2022年	商洛 2010年	商洛 2015年	商洛 2022年
批发和零售业	0.93	0.98	0.96	0.59	0.60	1.26	0.65	0.49	0.82
交通运输、仓储和邮政	1.33	0.93	0.74	1.60	1.00	0.83	1.69	1.15	1.09
住宿和餐饮业	1.00	1.08	1.66	1.48	1.53	1.73	1.22	0.95	1.12
金融业	0.87	0.74	0.74	0.72	0.58	0.80	0.77	0.52	0.81
房地产业	1.17	1.05	1.10	1.04	0.66	1.05	0.46	0.25	1.12
其他服务业	1.10	1.09	0.98	1.09	0.82	0.98	1.33	1.05	1.20

注：杨凌示范区数据缺失，《铜川统计年鉴》缺失服务业细分行业增加值。
资料来源：《陕西统计年鉴（2023）》及陕西省9个地市2011年、2016年、2023年统计年鉴。

表 10-5 2022年陕西各市服务业六大行业区位商

城市	批发和零售业	交通运输、仓储和邮政业	住宿和餐饮业	金融业	房地产业	其他服务业
渭南	1.10	1.51	0.96	0.78	1.24	0.78
榆林	0.72	1.56	0.34	0.43	0.35	0.37

续表

城市	批发和零售业	交通运输、仓储和邮政业	住宿和餐饮业	金融业	房地产业	其他服务业
咸阳	1.02	0.93	1.21	0.80	0.81	0.82
宝鸡	1.17	0.84	1.17	0.73	0.80	0.64
延安	0.59	0.87	0.74	0.53	0.38	0.63
安康	1.26	0.83	1.73	0.80	1.05	0.98
汉中	0.96	0.74	1.66	0.74	1.10	0.98
商洛	0.82	1.09	1.12	0.81	1.12	1.20
西安	1.15	0.72	1.13	1.67	1.50	1.58

注：杨凌示范区数据缺失；《铜川统计年鉴》缺失服务业细分行业增加值。
资料来源：《陕西统计年鉴（2023）》及陕西省9个地市统计年鉴。

3. 产业集群发展情况

产业集群是高效的产业组织形式和有效的产业发展载体。陕西先后出台支持服务业集聚发展政策，推动在有条件的制造业集中区、高新技术产业园区、现代农业产业基地、服务集中街区等地建设现代服务业产业集聚区。当前，陕西省现代服务业集聚发展处于初期阶段，国家级及省级开发区、特色街区、文化景区等成为全省服务业的重要载体。据不完全统计，陕西已经在现代金融、现代物流、科技服务、信息服务、文化旅游、商贸服务、电子商务、会展业、健康养老等产业领域形成近百个现代服务业集聚区。西安高新区高新技术服务业集聚区、国际港务区物流产业集聚区、宝鸡高新区国家创新型科技园区、咸阳临空产业物流园、汉中两汉三国文化景区、延安宝塔山红色景区等一批国家级和省级现代服务业集聚区，有力推动了陕西服务业的集聚、集约发展。

（二）服务业空间布局存在的问题

陕西服务业空间布局发展不均衡，服务业集聚程度不高，对服务业健康发展形成一定制约。

一是服务业区域发展极不平衡。关中地区服务业较为发达，陕南、陕北相对滞后。全省西安一市独大，服务业所占比重接近50%，其他各地服务业发展水平相对偏低。以批发和零售、食宿餐饮、交运仓邮等为代表的传统服务业分布相对较为均匀，但信息传输、计算机服务和软件业，租赁和商务服务业，科学研究、技术服务和地质勘察业，文化、体育和娱乐业等高端服务业作为现代服务业的重要组成部分，其分布特征具有明显的大城市区位偏好。

二是地区服务业特色不够突出。服务业细分行业区位商差异不大，区域服务业专业化分工精深度不高，服务业区域优势特色不够突出。在全国发达地区出现诸如北京知识产权服务、上海航运服务、杭州移动支付等专业化程度很高的特色化服务业集聚区，陕西也出现了诸如西安曲江新区文化产业集聚区、西安高新区高新技术服务集聚区、西安国际港务区现代物流示范区等产业集聚区，形成了鲜明的地方特色。然而，大多数地区尚未形成能够带动区域、具有省内外影响力的服务业集群。

三是服务业集聚发展水平不高。总体来看，陕西服务业集聚区不仅数量偏少，而且发展不充分，产业集聚效应不强，突出表现为集聚区内产业结构不合理、缺乏一体化产业链、集聚发展功能弱、品牌化大型服务企业缺乏。集群区总体层次不高，现代服务业比重小，商贸、餐饮等传统服务业比重较大。集聚区内业态仍以传统形态为主，如市场交易集聚区，仍以传统交易方式为主，在线发布、网上交易等高级形态缺乏；物流类集聚区，依然停留在包装、运输、搬运、配送等初级形态，而物流加工、物流方案设计、全流程服务等高级服务较为缺乏。同时，多数服务业产业集群规划水平不高、园区创意特色不突出，基础设施不完善，物流、金融、现代交易等配套设施不足。

二 陕西现代服务业空间优化战略思路

基于区位条件、资源禀赋、产业基础等因素，结合国家区域战略和全省区域规划布局，坚持"强化核心、突出主线、拓展空间、优化功能"的发展思路，整合区域资源互联互通，促进服务要素跨区域流动，提升服务功能、辐射能力，着力构建"一核引领、一带崛起、五极辐射、多点支撑、开放协同"的开发空间格局，加快构筑大中小城市联动协调、覆盖城乡、特色鲜明、辐射强劲的现代服务业空间发展格局。

（一）构建高效开发空间格局

1. 一核引领

一核引领，建设以西安为中心的核心引领区。依托西安国家中心城市，围绕"三中心两高地一枢纽"发展定位，构建以西安、咸阳主城区及西咸新区为主体、具有国际影响力的"1+2"大西安都市圈，聚集高端资源要素，大力发展高端服务业，充分发挥西安对全省乃至西部服务业的辐射引领作用。

重点发展以科技服务、信息服务、现代金融、现代物流、商务会展为代表的生产性服务业，引领产业向价值链高端提升[1]。以文化旅游产业为引擎，加快发展生活性服务业，全面提升服务业发展水平。积极引进和培育商务企业，推动发展总部经济、楼宇经济、人力资源服务。加快培育体育健身、家政服务、社区服务、养老服务业。实施"文化+"战略，加快发展动漫游戏、电子竞技、现代传媒等产业。

2. 一带崛起

一带崛起，打造以关中平原城市群为依托的现代服务业产业集聚带。依托关中平原城市群，串联西安、咸阳、宝鸡、杨凌、铜川、渭南，发挥创新资源密集、先进制造业基础雄厚优势，围绕航空航天、汽车制造、生物医药、新材料、新能源、现代农业等产业，重点发展科技服务业、现代物流、会展业、农业服务业等现代服务业，充分发挥西安国家中心城市辐射带动作用，打造现代服务业集聚带，引领全省服务业提质扩容增效降本。

---

[1] 《陕西省"十四五"服务业高质量发展规划》（陕发改贸服〔2021〕1637号），陕西省发改委网站（2021年10月25日），https://sndrc.shaanxi.gov.cn/pub/sxfgwyh/fgwj/sfzggwwj/2021/202304/t20230418_13616.html，最后检索时间：2024年5月20日。

（1）咸阳。重点发展现代物流、电子商务、文体旅游、健康养老、商贸服务等产业，培育会展、人力资源、科技服务、信息服务等产业。

（2）宝鸡。重点发展文体旅游、现代商贸、社区服务等生活性服务业，电子商务、现代物流、金融服务、会展服务、科技与信息服务等生产性服务业，重点培育创意设计、汽车服务、健康养老（银发经济）等新兴服务业。

（3）渭南。重点发展商贸物流业、文化旅游、职业培训、家政服务等，培育电子商务、银发经济、金融服务、科技与信息服务等产业。

（4）铜川。重点发展现代物流、红色旅游、中医康养等产业，培育数字经济、文化创意、职业教育、科技服务。

（5）杨凌。发展壮大农业科技服务业、商务会展业，积极培育健康养老、现代物流、文体旅游等新兴产业。

3. 五极辐射

五极辐射，依托五大区域性中心城市延安、榆林、汉中、安康、商洛，分别打造现代服务业五大区域增长极，辐射带动陕北、陕南区域现代服务业发展。着力强化区域中心城市服务业的集聚辐射功能，改造提升传统服务业，合理规划建设新型商业街区、文化创意街区及城市综合体，集中布局商务、金融、创意等服务功能区，完善服务体系，增强服务功能，提升服务水平。

（1）榆林。主要发展能源化工相关生产性服务业，重点发展现代物流、电子商务、文化旅游、金融服务等产业，培育科技服务、商务会展、家政服务等产业。

（2）延安。大力发展红色旅游、文化创意产业，支持发展数据存储、现代物流业，努力培育引进高端商务服务业、现代金融以及健康养老、体育等产业。

（3）汉中。重点发展现代物流、现代商贸、现代金融、信息服务等生产性服务业，提升壮大生活性服务业，大力培育休闲度假、会展家居、数字、共享经济和健康养老、文化教育等业态。

（4）安康。重点发展现代物流、商贸、文化旅游、文化创意、电子商务等产业，积极培育健康养老、信息服务等产业。

（5）商洛。重点发展现代物流、电子商务、金融服务、信息服务、研发设计、商贸流通等生产性服务业，大力发展新型服务业，重点培育融资租赁、健康养生、医疗保健、智慧养老等新业态。

4. 多点支撑

多点支撑，依托县城、重点城镇建设一批综合性现代服务业集聚区，打造县域、镇域服务业发展有效载体。面向城乡居民市场需求，积极发展现代商贸、文化旅游、家政服务等行业。按照因地制宜的原则，在经济比较发达的县城、重点镇建设新型专业市场、物流园区、总部基地等生产性服务业聚集区，在生态环境、自然景观或历史文化方面具有优势的县、镇，积极发展特色旅游服务，在区位条件、交通条件较好的区域，引导发展现代物流。

5. 开放协同

开放协同，加强区域合作，依托秦创原创新驱动平台，以国家级高新区、经济技术开发区、大学科技园、文化旅游景区为重点，采用"飞地经济""园区托管""科技成果产业化""产业链整合""产业联盟合作"等形式探索现代服务业跨区共享的发展模式，引导其在更大范围内实现资源整合和优化配置，促进集群之间、区域之间、城乡之间服务业联动发展。

（二）推进服务业聚集区建设

实施百家现代服务业集聚区打造工程，加大资金支持力度，重点建设省级现代服务业集聚区。按照"优进劣出、滚动发展、形成特色"的总体要求，以服务功能优化、竞争力提升为核心，引导现代服务业在中心城市、制造业集中区、高新技术产业园区、现代农业产业基地及有条件的城镇等区域集聚，加快推进现有服务业聚集区主导产业规模化集约发展，加强聚集区规划设计，完善聚集区公共服务支撑体系，优化聚集区运营管理模式，进一步完善配套服务功能，增强要素吸附能力、产业支撑能力和辐射带动能力，打造主导产业鲜明、聚集协作紧密、要素生产率高的省级现代服务业聚集示范区，促进全省现代服务业创新发展和聚集发展。重点建设服务业集聚区如下①。

1. 现代金融

西安浐灞生态区金融商务产业聚集区、西安民间金融街金融服务聚集区、西安国际港务区融资租赁产业聚集区；安康高新区中央商务区聚集区。

2. 现代物流

西安国际港务区物流产业聚集区、西安临空经济示范区；宝鸡综合保税区；咸阳临空产业物流园、咸阳西咸综合物流园；渭南市区综合商贸物流园；延安安塞现代物流产业聚集区；榆林靖边县现代综合物流园区；汉中褒河物流园区、汉中市快递物流园。

3. 科技服务

西安高新区科技服务业、西咸新区科创服务业；宝鸡高新区国家创新型科技园区；渭南临渭区双创服务基地、渭南高新区新科技集聚区；汉中高新区生产性服务业聚集区。

4. 信息服务

西安高新区软件信息服务业、西咸新区沣西新城信息服务业；宝鸡金台区大数据产业园。

5. 文化旅游

西安曲江新区文化产业聚集区、大唐西市丝绸之路新起点文化产业聚集区；宝鸡岐山西周文化景区；延安宝塔山红色景区文化旅游聚集区、黄帝文化产业聚集区；汉中两汉三国文化景区；安康瀛湖风景区；商洛国家级旅游度假区。

6. 现代商贸

大唐不夜城步行街区、西安高新区服务外包产业聚集区；宝鸡新东岭城市综合体；延安宝塔区中心街商圈商贸聚集区；榆林汽车产业园；安康高新

---

① 《陕西省"十四五"服务业高质量发展规划》（陕发改贸服〔2021〕1637号），陕西省发改委网站（2021年10月25日），https://sndrc.shaanxi.gov.cn/pub/sxfgwyh/fgwj/sfzggwwj/2021/202304/t20230418_13616.html，最后检索时间：2024年5月20日。

233

区中央商务聚集区；商洛高新区服务聚集区。

7. 电子商务

西安国际港务区丝绸之路经济带电子商务产业聚集区、临空经济示范区跨境电商产业园；宝鸡渭滨区互联网产业园。

8. 会展业

西安浐灞会展产业聚集区。

9. 健康养老

安康高新区健康养老服务业聚集区；商洛大健康产业聚集区；渭南银发经济街区。

第十一章

陕西现代服务业绿色发展战略

改革开放40多年来,陕西经济社会发展实现了巨大发展,但长期以来以高投入、高耗能、高排放为特征的粗放型经济增长模式对环境破坏与资源浪费积累的生态环境问题更加突出,成为制约经济社会可持续发展的"瓶颈"。为了顺应新时代社会主要矛盾的变化,陕西亟待深入实施生态文明建设战略,推动绿色生产方式和绿色生活方式变革。服务业已经成为陕西第一大产业,具有举足轻重的地位和作用,且实践表明服务业发展并非绝对"绿色"。因此,推动服务业绿色转型是实现经济高质量发展的必然选择和必由之路。

一 关于服务业绿色发展的研究

(一)研究综述

绿色服务业的研究处于起步阶段,涉及文献比较少[1]。有关服务业绿色化的研究长期限于物流、饭店、金融等某些具体行业的绿色化问题。近10年来,学者们陆续从服务业整体角度进行研究。张新婷、徐景婷[2]从减量

---

[1] 夏杰长等:《中国现代服务业发展战略研究》,经济管理出版社,2019,第202页。
[2] 张新婷、徐景婷:《政府在发展我国绿色服务业方面的作用及对策》,《生产力研究》2010年第3期。

化、再利用、再循环三方面界定服务业绿色化,并探讨了政府作为外部环境构建者发展绿色服务业的对策;贺爱忠[1]分析了"两型"试验区服务业绿色发展的体制机制障碍,提出要建立创新服务业绿色发展的行政管理体制,产业引导机制,科技支撑体制,资源节约、环境保护与消费安全机制。张颖熙[2]认为节能服务业位于国家确定的七大战略产业之首,是绿色服务业的核心,具有巨大发展潜力。庞瑞芝、王亮[3]运用改进后的Bootstrap两阶段分析方法,实证考察包含能源消耗和污染及排放因素的中国服务业环境全要素效率(ETFE)及其影响因素,发现"中国服务业发展不是绿色的",绿色化与能源消费结构、劳动力素质、工业化率、城市化率等因素有关。周艳、李五荣[4]提出大力推进服务业绿色发展的大势、紧迫性及其路径与对策,包括以绿色指标为依据调整服务业结构、加强对低绿色程度服务业的改造、开发绿色新服务。孟辉、李琳、萧小芬[5]分析了2004~2018年中国14个服务行业的绿色技术效率及其影响因素,结果表明:中国服务业绿色技术效率偏低,粗放式增长特征较为明显,资本驱动型生产性服务业支撑了服务业绿色技术效率;除却宏观经济环境影响,对资本要素过度依赖的要素配置结构导致中国服务业绿色技术效率呈倒U形,未来通过产业融合度、能源结构和劳动者素质促进服务业绿色技术效率提升。杨宇萍、邹文杰[6]研究了开放对服务业绿色化的影响,并提出扩大开放水平、深化制度改革、提升服务业绿色化的对策。

---

[1] 贺爱忠:《"两型"试验区服务业绿色发展的体制机制障碍与对策》,《北京工商大学学报》(社会科学版)2011年第6期。
[2] 张颖熙:《我国节能服务业发展的现状、问题和对策建议》,《中国经贸导刊》2013年第18期。
[3] 庞瑞芝、王亮:《服务业发展是绿色的吗?——基于服务业环境全要素效率分析》,《产业经济研究》2016年第4期。
[4] 周艳、李五荣:《大力推进服务业绿色发展》,《经济界》2019年第2期。
[5] 孟辉、李琳、萧小芬:《中国服务业绿色发展的结构性差异及影响因素研究——基于Bootstrap-DEA模型的绿色技术效率测度》,《经济纵横》2021年第6期。
[6] 杨宇萍、邹文杰:《服务业开放、资本要素配置和绿色发展效率》,《中国流通经济》2022年第12期。

（二）结论启示

以上关于对陕西服务业绿色化的研究具有重要启示作用。

1. 服务业发展并非绝对"绿色"

长期以来，普遍认为农业、工业是高能耗、高排放的行业，而服务业是无烟经济、绿色经济。但如果将"能源消耗和污染排放"纳入分析框架，服务业是绿色这一命题将会有不同的结论。事实上，随着近年来交通运输、餐饮、商贸等行业的飞速发展，服务业耗能、排放、资源浪费等绿色发展问题越来越凸显。从全国看，2015年，全国能源终端消费总量43.41亿吨标煤（发电煤耗计算法，下同），服务业能源消费7.19亿吨标煤，占全部能耗比重为16.56%；2021年，全国能源终端消费量52.59亿吨标煤，服务业耗能9.06亿吨标煤，所占比重为17.23%，呈现持续上升趋势。[①] 相应废气排放量、废水排放量均有相应增加。可见，服务业绿色化问题日益凸显。

2. 服务业绿色化是高质量发展的内在要求

高质量发展是坚持质量为上、效益优先的经济发展模式，更加突出追求高效、和谐与可持续性，作为经济重要组成部分的服务业，其绿色化转型成为高质量发展的内在要求。服务业在提供服务的过程中，通常也会产生实体产品或消耗和使用实体产品而产生一定的废固、废水、废气和其他无形污染物，对环境产生一定的负面影响。因此，经济高质量发展也要求减少资源利用，减少废固、废水、废气的排放，实现绿色化转型。

3. 服务业绿色化的影响因素是多元的

从既有研究成果看，服务业绿色化的影响因素是多层次、多元化的，主要包括：技术研发的投入水平、技术绿色化水平、能源消费结构、服务业行业结构、劳动力素质高低、绿色体制机制、城市化率、对外开放程度等等。

[①] 国家统计局能源统计司编：《中国能源统计年鉴（2022）》，中国统计出版社，2023。

其中，能源消费结构、绿色技术、绿色制度起着决定性作用。

4. 当前阶段需要综合施策推进服务业绿色化转型

推进服务业绿色化转型是一项系统工程，需要政府引导，企业、消费者各方力量积极参与。服务业绿色化转型需要政府加强顶层设计，制定发展规划，有序引导；加大绿色技术研发投入，推动绿色科技成果转化应用；推进服务业绿色发展的体制机制创新；调整优化能源消费结构，使用清洁能源；升级服务业结构，大力发展生产性服务业、现代服务业，尤其是绿色金融；进一步扩大开放，深化制度性开放。

二 陕西服务业绿色发展的现状及存在问题

（一）发展现状

2012年以来，陕西迈入经济新常态，转入高质量发展初期阶段，服务业也逐步迈进绿色化转型时期。

1. 服务业能耗占比逐年下降，能耗效率不断提升

2012年以来，陕西服务业能耗总规模不断扩大，从2012年的1867.13万吨标煤，增加到2022年的2299.23万吨标煤，年均增速2.1%，比第二产业能耗增速低2.9个百分点（见表11-1）。陕西服务业能耗在总能耗中所占比重整体下降，由2012年的18.8%降至2022年的15.2%，相应第二产业能耗所占比重由2012年的65.9%提高至2022年的70.4%。在服务业增加值占生产总值比重提高的情况下，服务业能耗比重下降意味着服务业能耗水平下降，能耗效率不断提高。2022年，服务业能耗水平由2012年的万元能耗0.36吨标煤降至2022年的0.16吨标煤，下降了55.6%；第二产业能耗水平由2012年的万元能耗0.86吨标煤降至2022年的0.67吨标煤，下降了22.1%。

表 11-1　陕西服务业耗能情况

年份	服务业能耗 总能耗（万吨标煤）	服务业能耗 所占比重（%）	服务业能耗 万元能耗（吨标煤）	二产能耗 总能耗（万吨标煤）	二产能耗 所占比重（%）	二产能耗 万元能耗（吨标煤）
2012	1867.13	18.8	0.3580	6559.67	65.9	0.8617
2015	1813.20	16.7	0.2375	7464.69	68.8	0.8615
2020	2106.90	17.0	0.1682	8360.94	67.5	0.7450
2021	2301.32	16.9	0.1681	9280.78	68.1	0.6620
2022	2299.23	15.2	0.1612	10658.53	70.4	0.6690

资料来源：《陕西统计年鉴（2023）》，中国统计出版社，2023。

2. 服务业碳排放总量降低，二氧化碳排放效率明显提升

陕西大力推广清洁能源利用，开展建筑节能、煤炭超临界水气化制氢等先进技术攻关，推广工业余热利用、干热岩等技术，推动光伏、风电建设全面提速。伴随清洁能源结构的优化调整及节能减排政策措施的实施，陕西服务业碳排放呈现不断下降趋势。2012年，服务业二氧化碳排放总量为755万吨，2022年减少至363.7万吨，10年间下降了一半多，服务业减碳效果较为明显（见表11-2）。在碳排放总量减少的同时，服务业碳排放效率不断提高。2012年陕西服务业万元增加值二氧化碳排放量为0.1448万吨，2022年降为0.0255万吨，下降幅度较大。与经济整体二氧化碳排放纯度相比，服务业二氧化碳排放强度大约是国内生产总值排放强度的1/10。

表 11-2　陕西服务业二氧化碳排放情况

年份	服务业整体排放（万吨）	交通运输、仓储与邮政排放（万吨）	批发零售与住宿餐饮排放（万吨）	其他服务业排放（万吨）
2012	755.0	502.6	91.6	160.8
2015	589.2	398.2	83.0	108.0
2020	432.3	311.4	62.1	58.8
2021	421.3	313.2	57.6	50.5
2022	363.7	267.4	56.5	39.8

注：①服务业及各行业各类能耗统一折算为标煤，然后采用碳排放系数测算碳排放量。②煤炭、石油、天然气、其他能源（水电、风电、核电等）的碳排放系数分别为0.7476t/tce、0.5825t/tce、0.4435t/tce和0t/tce。③各类能源折算标煤系数参照国家技术标准（GB2589-81）。

资料来源：《陕西统计年鉴》（2013~2023），中国统计出版社，2013~2023。

3. 产业低碳转型加速，绿色结构不断优化

伴随绿色发展理念的深入人心，服务业行业低碳化加速。交通运输仓储邮政二氧化碳排放强度由 2012 年的每万元 0.7462 万吨下降至 2022 年的 0.2067 万吨；批发零售与住宿餐饮二氧化碳排放强度由 2012 年的每万元 0.0673 万吨降至 2022 年的 0.0226 万吨；其他服务业二氧化碳排放强度则由 2012 年的每万元 0.0515 万吨降至 2022 年的 0.0039 万吨。服务业行业结构中，高绿度"低碳型"的"其他服务业"所占比重整体提高，由 2012 年的 60.4%上升到 2022 年的 73.4%。交通运输仓储邮政、批发零售与住宿餐饮"高碳型"服务行业所占比重持续降低，由 2012 年的 39.6%下降至 2022 年的 26.6%。另外，陕西节能环保产业快速发展，逐步形成了包括环保产品制造、环保技术服务和资源循环利用的环保产业体系（见表 11-3）。

表 11-3　陕西服务业行业碳排放强度及行业占服务业比重

年份	服务业 碳排放强度（万吨/万元）	比重（%）	交通运输仓储邮政 碳排放强度（万吨/万元）	比重（%）	批发零售与住宿餐饮 碳排放强度（万吨/万元）	比重（%）	其他服务业 碳排放强度（万吨/万元）	比重（%）
2012	0.1448	100	0.7462	13.2	0.0673	26.4	0.0515	60.4
2015	0.0772	100	0.4955	10.5	0.0481	22.6	0.0217	66.9
2020	0.0345	100	0.2742	9.1	0.0281	17.6	0.0065	73.3
2021	0.0308	100	0.2511	9.1	0.0236	17.9	0.0052	73.3
2022	0.0255	100	0.2067	9.1	0.0226	17.5	0.0039	73.4

资料来源：《陕西统计年鉴》（2013~2023），中国统计出版社，2013~2023。

4. 绿色发展政策不断完善，示范试点工作成效显著

陕西坚持实施绿色发展战略，先后确立美丽陕西目标，完善科学的生态环境保护制度，统筹山水林田湖草系统治理，推进产业绿色发展。落实主体功能区定位，严格实行重点生态功能区产业准入负面清单制度，健全自然资源资产产权制度，推进水资源税改革试点工作。壮大节能环保产业、清洁生产产业、清洁能源产业，倡导简约适度、绿色低碳的生活方式。陕北推进建设国家能源创新改革示范区，能源化工产业低碳循环发展成效明显，带动节能环保产业快速发展。关中地区创新协同发展，以秦创原创新驱动平台为牵引，推动绿色技术服务、环境保护、知识产权等服务业加快发展。陕南地区推动绿色低碳发展，培育健康医养、生态旅游、文化创意、绿色环保等服务业快速崛起。建立健全绿色低碳循环发展经济体系，全方位全过程推行绿色规划、绿色设计、绿色投资、绿色建设、绿色生产、绿色流通、绿色生活、绿色消费，推动服务业绿色升级，促进商贸企业绿色转型，培育绿色流通主体。先后推进延安、西咸新区、西安浐灞生态区、神木（国家级）生态文明先行示范区建设，绿色发展取得明显成效。

（二）存在问题

1. 绿色服务业意识尚未真正树立

虽然多数企业和居民的绿色服务意识明显增强。但是，因为绿色服务的收益机制没有建立，企业和消费者受到经济效益的牵制，忽略了绿色服务的重要性，甚至做出危害生态环境和损害绿色发展的生产和消费行为，陷入"说起来重要、干起来忘掉"的怪圈。总之，当下对绿色服务、绿色旅游、绿色消费等新名词、新概念或新理念口头上说得多，尚未形成企业和消费者的主动自觉行为。受到居民文化素质、社会责任和环保意识参差不齐的影响，不少企业和居民对绿色产品和绿色服务比较陌生，绿色服务意识还没有真正"入脑入心"。ISO 14000 国际质量认证体系在中国服务业发展过程中并未得到普遍重视，就是典型的例证。

2. 绿色服务体制机制尚不健全

当前，绿色服务体制机制还不完善，没有建立指导企业和消费者的绿色发展行为制度、规则与考核评价体系，亟待进一步完善绿色服务规范制度、绿色服务激励制度、绿色服务考核制度、绿色服务认证制度与绿色产业政策等。在市场经济条件下，缺乏实现经济与环境协调发展的绿色服务制度安排，放任企业单纯以利润为目标的追求机制，导致了严重的生态环境问题。部分地方政府也在追求生产总值和地方财政收入的利益驱动下，缺乏建立健全绿色服务业的动力，也助长了服务业非绿色发展的行为。产业政策和发展机制缺失，税收政策缺乏稳定性影响了节能服务企业的市场预期，还没有制定专门用于规范节能环保服务业发展的法规，节能环保服务业发展的长效机制尚未建立。

3. 绿色技术创新引领不足

绿色技术是绿色经济发展的决定性因素，绿色技术创新和应用是绿色经济发展的核心。近年来，陕西清洁能源、绿色化工、节能环保技术有了不小进步。但总体来看，绿色发展、节能环保领域的自主创新能力仍然不强，缺乏基础性、开拓性、颠覆性技术创新，核心技术研发非常薄弱，很多关键设备都依靠进口解决，节能环保设备制造、工程咨询等不能充分满足经济发展要求，节能环保行业产业基础薄弱，龙头企业缺乏，企业市场竞争能力、技术服务能力和人员素质都亟待提高。

4. "融资难"困扰绿色服务业发展

服务业融资难是一个普遍的现象。绿色服务业作为新兴服务业，融资问题更加突出。比如，合同能源管理是绿色服务业的主要商业运作模式，采用这种模式的节能服务企业是从客户实施节能项目节约下来的能源成本中来分享收益，在整个节能项目正常运营之前，节能服务企业是没有收入的，投入的初始阶段只是净投入，之后阶段继续大量投入之后才能有产出。收益时间过程的滞后，使其融资特征表现为资金投入的风险性高，这是节能服务企业融资与传统融资方式最大的区别。由此可见，节能服务企业融资要求与金融机构追求的资金安全性、盈利性及流动性之间存在矛盾。因此，金融机构对该领域惜贷，甚至不贷款。另外，从节能服务企业的本质特性来看，它们在本质上属于高新技术服务企业，核心资产以专利等无形资产为主，缺乏可以用于抵押担保的固定资产，与金融机构现有的抵押担保要求不符合，也增大了其融资难度。

三 陕西现代服务业绿色发展战略思路

围绕美丽陕西建设目标，着眼生态建设与建立健全绿色低碳循环发展经济体系，明晰服务业绿色发展战略，以数字绿色协同化推动技术创新，加速推进企业绿色化转型，构建特色绿色服务产业体系，推进服务业绿色制度创新，优化绿色服务业市场环境，以制度性开放推动服务业高水平开放，促进服务业高质量发展。

（一）明晰服务业绿色发展战略

1. 实施非均衡发展战略

陕西地形南北狭长，横跨温带、暖温带、北亚热带三个气候带，以及黄河、长江两大水系，自然地理差异较大，经济地理空间以秦岭、关中平原划分为陕北、关中、陕南三大区域，服务业经济发展水平、绿色化服务发展需求和重点也存在明显差异。关中地区服务业绿色化重点是发展绿色高科技服务业、绿色环保业、绿色金融等。陕北地区服务业绿色化重点是能源化工产业绿色服务、节能环保、生态治理。陕南服务业绿色化重点是加强生态保护，发展生态旅游、健康医养、文化创意、特色餐饮等绿色服务业。因此，陕西实施服务业绿色转型应该立足各地区、各行业资源禀赋、发展基础、技术水平、经济效益及发展需求差异，彰显地域特色，突出当地优势，实施"有所为有所不为"的非均衡发展战略。

2. 实施特色差异化战略

资源要素禀赋差异决定必须走服务业区域特色化之路。陕北地区要立足当地能源化工主导产业、水土流失与沙漠化生态环境治理任务、生活性服务业总体滞后等现实，着力发展与能源化工有关联性的生产性服务，生态环保服务业，提升发展现代商贸、绿色餐饮、文化旅游等生活性服务业。关中地区要发挥西安国家级中心城市、国家级综合科学中心与科技创新中心的引领作用，发展绿色高新技术、环保服务、绿色金融、绿色物流、绿色旅游等服务业。陕南地区围绕绿色低碳发展中心任务，发展低碳循环生产性服务业，生态旅游、健康医养、文化创意等绿色生活性服务业。同时，要根据服务业的类别实施差异化策略，对于传统服务企业，要注重以引导绿色工艺技术转型、数字化改造为主；对于新兴服务业、新建企业，要以采用新型生产工艺、清洁生产技术手段为主，引导推进企业数字化。

（二）推进绿色服务业技术创新

1. 推进数字化绿色化协同创新

把握数字化与绿色化两大科技革命趋势，推进服务业数字化与绿色化协同发展。积极引导绿色服务企业实施数字化改造，推进生产性服务业广泛采用数字化技术，提升节能环保、金融、物流等重点领域网络化、智能化程度，提高服务业专业化、精细化水平；深化生活性服务业数字化，推动吃住行及旅游、休闲等生活性服务在线化发展，引导互联网平台企业与实体企业发展线上线下结合、跨界业务融合新模式。强化服务业绿色化发展，鼓励采用清洁技术、循环技术、绿色工艺，智能化节能设备，有序发展出行、住宿等领域共享经济，推进节能综合管理、柔性制造等新模式。以数字化为绿色服务业持续赋能，催生新业态、新模式，以绿色化牵引数字化发展方向，开辟服务业发展新领域、新方向。

2. 推进建设服务业绿色公共技术服务平台

当前多数服务企业都是中小企业或小微企业，技术水平比较低，缺乏独立承担相关研发项目的能力，也不愿独立开展研发和创新。因此，政府应当建立绿色公共技术平台，以推进服务企业的绿色转型。政府出资引导企业、高校院所、科研机构联合进行技术研发攻关，或直接建立服务业绿色技术研发与推广平台，提供经费补助，为企业提供技术支持、清洁生产和咨询服务，加快绿色服务技术成果的推广、转化和应用。

3. 积极引导绿色技术创新

绿色服务技术研究与开发需要大量资金，应积极为绿色技术的开发开辟多元化融资渠道，降低进入门槛，让更多的民营资本投资绿色科技。建立省级专项绿色技术创新扶持资金，支持服务业绿色创新技术的研究、开发、引导和推广应用。积极推进技术融合创新，一方面，用高新绿色技术改造提升传统服务行业，通过引进或借助公共平台研发成功的绿色技术对传统服务行业进行改造，能够使原有的服务行业发生脱胎换骨的变化，资源消耗和污染排放都会大幅下降，从而实现绿色转型；另一方面，引导绿色技术先进的企业和新研发的先进绿色技术向技术落后的企业扩散，通过绿色技术创新扩散实现服务业的绿色转型。

（三）引导服务企业绿色转型

通过立法、行政、监测和审核等制约手段，以及价格政策、环境税收、银行贷款方面的倾斜政策等经济杠杆引导服务企业绿色转型[①]。

1. 鼓励企业绿色转型

切实增强服务企业的绿色意识。需要不断加强对企业环境责任和绿色发展的宣传工作，促使人们能够充分认识到企业在经营发展过程中所需要担负的环境责任，推动企业开展环境责任对比分析，将绿色发展理念融入各项业务中，逐步建立绿色标准，开发绿色产品，开辟绿色服务，提升企业绿色竞争力。积极支持企业绿色认证。加强引导现代服务企业制定国际环境管理体系系列标准（ISO 14000）、开展绿色标志认证，突破国外技术性贸易绿色壁垒，完善绿色标志产品制度，将绿色服务推向国际市场。

2. 加大企业绿色转型支持

要进一步完善绿色转型制度，建立能够激励企业绿色转型的财政政策、金融政策。健全绿色服务转型制度，对现代服务业领域实施清洁生产提出原则性要求，制定专项制度和相关行业标准，促进服务业的生产环节绿色转型。制定绿色发展财政政策，通过专项基金、补贴、奖励、贴息、担保等方式引导社会资本进入绿色产业领域，强化政府绿色采购制度，支持绿色服务产业发展。完善绿色金融政策，建立企业环境风险评级制度和银行绿色信贷政策激励与约束制度，完善绿色债券市场、绿色保险市场、绿色基金市场和绿色金融衍生产品市场。

（四）构建绿色服务产业体系

全面贯彻绿色发展理念，大力发展高技术、高价值、低耗能知识密集型

---

① 夏杰长等：《中国现代服务业发展战略研究》，经济管理出版社，2019，第214~221页。

服务业，重点发展节能环保、绿色旅游、绿色金融、绿色物流、绿色商贸等产业，构建绿色服务产业体系。

1. 大力发展节能环保产业

节能环保产业的"服务化"趋势日益明显。节能服务产业除提供节能产品、设备外，还提供技术服务，包括技能技术研发与转让、节能监测诊断服务、节能工程设计与设施运行、节能咨询服务、合同能源管理、节能贸易与金融服务等。环保服务包括环境技术服务、环境咨询服务、污染设施运营管理、废旧资源回收处置、环境贸易与金融服务、环境功能及其他服务等与环境相关的服务活动。围绕能源化工绿色发展、环境保护与生态治理，鼓励发展节能技术研发与转让、节能监测诊断、节能工程设计与设施运行、节能咨询以及环境技术、污染设施运营管理、废旧资源回收处置、环境贸易与金融等节能环保服务产业。

2. 积极发展绿色旅游产业

旅游服务业是陕西支柱产业，要加快推动旅游产业绿色发展。首先，要转变观念，客观审视旅游发展中正在创造和改造的自然环境，直面资源过度开发、环境严重污染不断扩大等危机与挑战，在尊重自然、保护环境、传承文明的基础上推动旅游产业绿色发展。其次，要立足旅游资源规划、开发、管理的全链条，全面落实绿色发展理念，强化约束与激励相容的政策机制，实现旅游产业发展与不可再生资源消耗、历史文化遗存破坏、污染物排放的全面脱钩。再次，督促旅游企业应更加重视履行企业社会责任，主动在旅游基础设施建设、旅游产品开发等方面实施和推广绿色标准，减少自然人文资源损耗，修复生态环境系统。最后，引导消费者、社会公众树立绿色消费理念，增强绿色旅游素养，减少自身旅游行为对资源环境的消极影响，并通过志愿服务等参与对绿色旅游环境的营造。

3. 加快发展绿色物流业

绿色物流是指在物流过程中抑制物流对环境造成危害的同时，实现对物流环境的净化，使物流资源得到最充分利用。它是以降低对环境的污染、减少资源消耗为目标,利用先进物流技术规划和实施运输、仓储、装卸搬运、流通加工、配送、包装等的物流活动。推进陕西加快发展绿色物流:一是制定绿色物流标准,制定比较严格的、与国际标准相接轨的产品标准和排放标准。二是在税务征收、财政补贴、牌照发放、市场准许等方面,优先对具有绿色物流理念与实践的企业进行激励,为绿色物流的发展提供良好的竞争环境。三是理顺绿色物流的管理体制,打破地区、部门和行业的局限,按照大物流绿色化的思路来进行全省的物流规划整体设计,提高物流服务效率。四是注重信息技术的运用,实现绿色物流数字化。五是大力发展多式联运,注重加强各种运输方式的衔接,加快完善综合交通运输网络,特别要强调实施以集装箱作为连接各种工具的通用媒介,促进运输直达。

4. 培育发展绿色金融

绿色金融是金融部门把环境保护作为一项基本政策,在投融资决策中要考虑潜在的环境影响,把与环境条件相关的潜在的回报、风险和成本都融合进来,在银行的日常业务中、在金融经营活动中,注重对生态环境的保护及环境污染的治理,通过对社会经济资源的引导,促进社会的可持续发展。实践绿色金融,探索绿色金融发展之策,要健全绿色金融的法律法规保障体系,建立新型评价指标体系,完善环保与金融部门的信息沟通和共享机制信息的有效性和及时性,成立专门的金融机构环境信用评级机构,加快建立为绿色金融服务和为低碳技术投资的基金,开发可再生能源和环保汽车等信贷业务与保险产品。

5. 推动发展绿色商业

绿色商业是指企业在商品流通过程中充分体现环境保护意识、资源节约意识和社会责任意识,尽可能满足消费者的绿色需求,以科学地实现企业的经营目标和发展的可持续性。发展绿色商业可从以下几个方面着手。一是改进销售方式。在所销售的产品方面,尽可能销售可拆卸、可分解,零部件可翻新、可重复利用,包装物可回收的产品。二是商业实体店的全面绿色化。尽可能选用无公害、养护型新能源、新材料,大量使用节能灯具、地热空调、变频冷冻与冷藏系统、智能扶梯等,减少能源与材料的消耗。三是实施绿色采购，政府或者企业优先购买对环境负面影响较小的环保标志产品。四是全面倡导绿色消费观念，积极引导消费者进行绿色消费、适度消费、循环消费。

（五）优化绿色服务业市场环境

1. 规范绿色服务市场发展秩序

政府部门要不断完善市场体制和市场环境，为服务型企业营造一个统一开放、公平竞争、规范有序的市场环境。服务业涉及的行业门类既多又广，由于种种原因，针对服务各行业和地方等方面的保护及管制也比较多。因此，政府应打破服务业多领域的保护和管制，规范和维护市场的竞争秩序，加快信用体系的建立，防止市场的垄断和恶性竞争，同时消除地方保护及管制，充分发挥市场的调节作用，使各种类型的企业在市场中进行公平竞争。

2. 构建绿色服务市场网络体系

在现代市场经济条件下，任何产业的发展都离不开一个健康、完善、规范有序的市场体系。因此，建立从批售到零售的绿色服务流通网络体系，是实现服务业绿色转型的基础工作。首先，要制定政策，消除不必要的关卡和收费，发放绿色服务产品运输统一标志，制定绿色服务产品运输标准，开辟绿色服务通道。其次，要制定措施为绿色服务产品开辟"绿色"通道。如鼓励开辟绿色服务专营商店，连锁经营引入绿色服务市场，积极举办绿色服务展销和贸易活动，举办服务文化节，为绿色服务交易创造更多的市场交易机会和更好的市场交换条件。

3. 积极开拓或培育绿色服务市场

市场需求是社会生产的指示器，绿色服务市场的开拓是实现服务业绿色转型的关键。结合一定时期内经济发展规划，组织相关机构或专家对现有的绿色服务市场进行调研和分析，确定合理的绿色服务市场建设目标。根据各地区、各部门、各行业的具体情况，利用各类政策及经济杠杆来引导资本投向、资源配置、消费模式等导向绿色服务，积极开拓国内外绿色服务市场。出台政策鼓励企业在坚持速度规模与质量效益并重原则，以产业化经营为基础、产品质量效益为核心、服务体系完善为保障的前提下,以国内外市场建设为中心,以中介服务组织为纽带,加快市场培育和开发,提高绿色服务产品的市场占有率和核心竞争力。

4. 完善绿色标志产品制度

绿色标志既可以引导消费者在消费服务产品时参与环保活动,也可以使绿色标志和价格、质量一样成为重要的市场竞争因素,获得认证的服务企业在营销中以此来证明对环境的贡献,从而扩大市场份额。对服务产品来说,也可通过使用绿色标志来开拓和完善绿色服务市场。这包括制定专门针对服务业的绿色标志的申请条件、审查标准和程序、使用要求、期限、管理机构等的实施办法,并使绿色标志的管理规范化、制度化。

第十二章
陕西现代服务业开放发展战略

在经济全球化背景下,服务业扩大开放成为必然趋势。自我国加入世界贸易组织以来,服务业开放就逐渐成为对外开放的重要内容。改革开放实践证明,服务业开放倒逼改革,改革促进发展,对经济社会发展产生积极影响。因此,以扩大开放促进服务业升级空间巨大,应正确认识当前陕西服务业对外开放的现状和存在问题,实施现代服务业开放战略,开拓现代服务业开放的新格局,提高现代服务业开放水平。

一 陕西服务业开放发展的现状及存在的问题

(一)陕西服务业开放发展现状

2012年以来,陕西进入开放发展新时期,尤其是2013年提出"一带一路"倡议后,服务业对外开放的力度越来越大,以开放促改革、促发展的步伐迈得越来越大。

1. 服务贸易规模不断扩大,服务贸易结构持续优化

2012年以来,陕西服务贸易规模不断扩大。2022年,陕西服务贸易进出口额72.97亿美元,比2012年增长了72.9%,年均增速5.6%(见图12-1),其中,出口额41.73亿美元,进口额31.24亿美元,贸易顺差10.49亿美元(见表12-1)。服务贸易结构显著优化。旅行服务、建筑服务等传统领域占比持续下降，由 2016 年的 81.31% 下降为 2022 年的 43.93%。以加工服务、电子信息、运输服务为主的优势领域呈现快速增长态势，由 2016 年的 10.71% 提高到 2022 年的 42.35%。知识密集型服务占比提升，由 2016 年的 11.97% 提高到 2022 年的 25.02%。服务贸易主体不断壮大。2022 年，认定省级服务贸易示范园区 3 个和示范企业 18 家，培育了一批隐形冠军、"小巨人"企业。建成了一批企业公共服务平台，先后推动成立了西安市服务贸易协会、陕西西咸新区服务贸易协会等协会中介组织，有力促进了服务贸易行业健康发展。

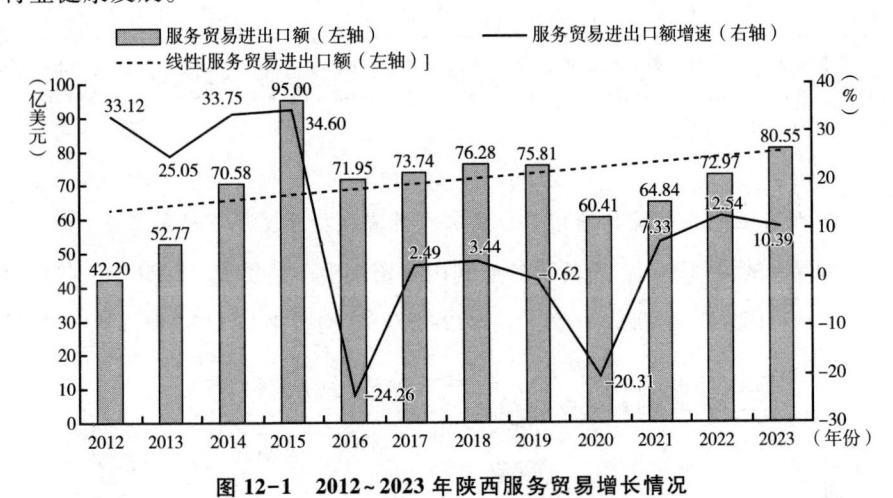

图 12-1　2012~2023 年陕西服务贸易增长情况

资料来源：《陕西服务贸易发展情况》，陕西省商务厅网站（2023 年 9 月 25 日），https://sxdofcom.shaanxi.gov.cn/newstyle/pub_newschannel.asp?newsfl=1&chid=100444，最后检索时间：2024 年 4 月 9 日。

表 12-1　2016 年和 2022 年陕西省服务贸易结构变化

单位：亿美元，%

行业	2016 年 进出口额	2016 年 占比	2022 年 进出口额	2022 年 占比
运输	0.76	1.06	4.53	6.21
旅行	53.89	74.90	27.52	37.71
建筑	4.61	6.41	4.54	6.22
保险服务	0.29	0.40	0.26	0.36

陕西现代服务业高质量发展研究

续表

行业	2016 年 进出口额	占比	2022 年 进出口额	占比
金融服务	0.27	0.38	0.69	0.95
电信、计算机和信息服务	3.25	4.52	9.13	12.51
知识产权服务费	0.60	0.83	0.69	0.95
个人文化和娱乐服务	0.13	0.18	0.19	0.26
其他商业服务	4.07	5.66	7.29	9.99
维护和维修费用	0.39	0.54	0.89	1.22
加工服务	3.69	5.13	17.24	23.63
总额	71.95	—	72.97	—

资料来源：《陕西服务贸易发展情况》，陕西省商务厅网站（2023 年 9 月 25 日），https：//sxdofcom.shaanxi.gov.cn/newstyle/pub_ newschannel.asp? newsfl = 1&chid = 100444，最后检索时间：2024 年 4 月 9 日。

2. 服务业利用外资持续增长，服务对外直接投资呈现下降趋势

剔除新冠疫情影响，陕西服务业利用外资规模不断扩大。2020 年，陕西服务业实际利用外资额 22.25 亿美元，2012~2020 年均增速 11.0%，比 2012 年增长

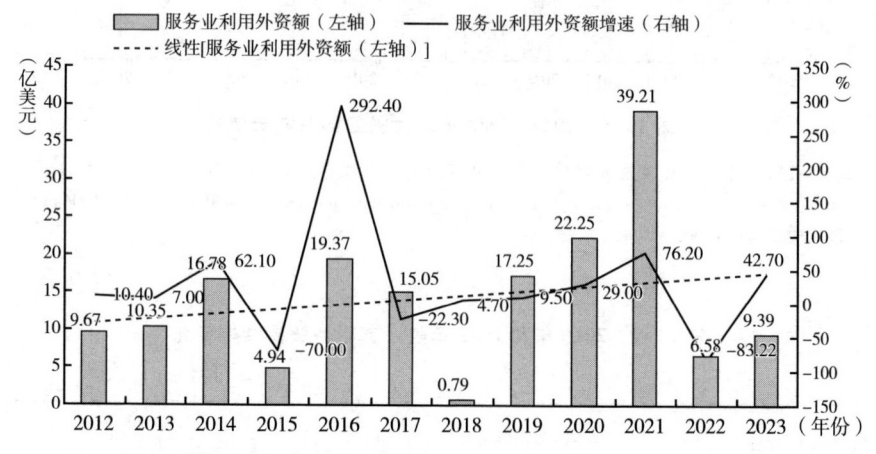

图 12-2 2012~2023 年陕西服务业利用外资（FDI）增长情况

资料来源：《陕西省对外投资合作业务简况（2016-2022）》，陕西省商务厅官方网站，https：//sxdofcom.shaanxi.gov.cn/newstyle/pub_ newschannel.asp? chid = 100355，最后检索时间：2024 年 5 月 20 日。

了130%（见图12-2）。服务业实际利用外资占外资额的比重保持在25%以上，2020年为26.4%。服务业利用外资以批发和零售、房地产业为主，两者所占比重之和超过50%，信息服务、现代金融、租赁与商务、科技服务等生产性服务业所占比重持续提升，由2015年的15.51%提高到2020年的23.68%（见表12-2）。陕西企业"走出去"步伐缓慢，对外直接投资额呈现下降趋势（见表12-3）。2016年，陕西对外直接投资额7.04亿美元，2022年下降到4.1亿美元，其中，主要包括制造业、建筑业，而服务业所占比重不到三成。

表12-2 陕西服务业实际利用外资结构

行业	2015年 实际利用外资额（亿美元）	占比(%)	2022年 实际利用外资额（亿美元）	占比(%)
批发和零售业	15932	32.27	58440	26.30
交通运输、仓储和邮政业	9395	19.03	21396	9.63
住宿和餐饮业	690	1.40	1848	0.83
信息传输、软件和信息技术	537	1.09	1390	0.63
金融业	4437	8.99	9223	4.15
房地产业	13675	27.70	59742	26.88
租赁和商务服务业	1634	3.31	31351	14.11
科学研究和技术服务业	1045	2.12	10649	4.79
水利、环境和公共设施管理业	—	0.00	1569	0.71
居民服务、修理和其他服务业	131	0.27	25270	11.37
教育	—	0.00	1159	0.52
卫生和社会工作	1361	2.76	0	0.00
文化、体育和娱乐业	527	1.07	207	0.09
服务业	49364	100.00	222244	100.00

资料来源：《陕西统计年鉴（2016年）》，中国统计出版社，2016；《陕西统计年鉴（2023年）》，中国统计出版社，2023。

表12-3 2012~2023年陕西服务业利用外资与对外直接投资情况

单位：亿美元

年份	服务业实际利用外资额	对外直接投资
2012	9.67	—
2013	10.35	—

续表

年份	服务业实际利用外资额	对外直接投资
2014	16.78	—
2015	4.94	—
2016	19.37	7.04
2017	15.05	6.63
2018	15.75	6.47
2019	17.25	4.84
2020	22.25	3.40
2021	39.21	5.46
2022	6.58	4.10
2023	9.39	—

资料来源：《陕西省对外投资合作业务简况（2016-2022）》，陕西省商务厅官方网站，https://sxdofcom.shaanxi.gov.cn/newstyle/pub_newschannel.asp?chid=100355，最后检索时间：2024年5月20日。

3. 服务外包升级发展，对外承包及劳务稳步增长

服务外包是国际产业转移的一种重要形式，也是陕西利用外资的重要方式。西安是国家级服务外包城市，也是陕西服务外包的主要城市。2022年，西安服务外包合同金额为38.20亿美元，合同执行金额为26.50亿美元，分别比2016年增长1.05倍、1.5倍（见表12-4）[1]。以软件信息服务、研发设计为代表的知识密集型服务外包成为服务外包业务结构的主体，服务外包转型升级效果明显。2022年，执行总额中ITO（信息技术外包）达17.49亿美元，占比66.00%，BPO（业务流程外包）达3.91亿美元，占比14.75%，KPO（知识流程外包）达5.12亿美元，占比19.32%。剔除疫情影响，服务承包工程稳步增长，陕西对外承包工程完成额从2016年的24.29亿美元，增长到2019年的30.38亿美元。派出劳务稳定增长，派出各类劳务人员由2016年的6748人，增长到2019年的10460人；期末在外各类劳务人员由2016年的12370人增长到2019年的15076人。

---

[1] 白圩珑：《2022年西安市软件和服务外包实现快速增长》，《三秦都市报》2023年1月18日，第4版。

表 12-4 2016~2022 年陕西省服务外包、对外承包与劳务派出情况

年份	服务外包与软件 合同金额（亿美元）	服务外包与软件 合同执行金额（亿美元）	对外承包工程 完成营业额（亿美元）	对外承包工程 "一带一路"营业额（亿美元）	劳务派出 派出劳务（人）	劳务派出 期末在外劳务（人）
2016	18.64	10.6	24.29	12.25	6748	12370
2017	—	—	39.09	19.92	9425	14052
2018	—	—	40.58	26.55	7464	13391
2019	—	—	30.38	16.60	10460	15076
2020	44.41	16.55	26.30	17.40	3242	10799
2021	25.54	22.74	24.00	13.10	1805	8242
2022	38.20	26.50	15.70	6.40	1297	6911

资料来源：《陕西省对外投资合作业务简况（2016-2022）》，陕西省商务厅官方网站，https://sxdofcom.shaanxi.gov.cn/newstyle/pub_newschannel.asp?chid=100355，最后检索时间：2024 年 5 月 20 日。

4. 复制推广改革创新，开放平台提速增效

陕西自贸区在制度创新、产业聚集、协同发展等方面大胆探索，累计38 项改革创新成果在全国复制推广，106 项在全省复制推广。通过持续的制度创新，陕西自贸区不断提升政府服务效能，提高涉企公共服务品质。截至2023 年底，陕西自贸区新登记经营主体 21.08 万户，其中新登记企业 12.2 万户。三星二期、法国达能、锂创（西安）新能源、东航赛峰起落架维修等一批外资企业、项目在自贸区聚集。陕西自贸区已成为全省开放型经济发展的主阵地、稳外贸稳外资的重要支撑。上合组织农业技术交流培训示范基地实质性运行。全省共有 7 个综合保税区，数量居全国第 6 位、中西部第 1 位，2023 年综合保税区进出口值 2101.9 亿元，占全省外贸进出口总值的52%。丝博会、欧亚经济论坛、杨凌农高会等品牌展会的国际影响力日益增强。成功承办中国—中亚峰会、"中国+中亚五国"外长会晤等重大主场外交活动，中国—中亚机制秘书处在西安正式启动，标志着中国—中亚机制建设迈出重要步伐。

（二）陕西服务业开放发展存在问题

陕西服务业开放主要存在以下问题。

1. 服务业外贸外资规模不大，对外依存度不高

受历史环境、地理区位等因素影响，陕西外向型经济发展基础相对薄弱，服务外贸外资规模不大。2022年，陕西服务外贸进出口总额72.97亿美元，占全国的0.82%；服务业利用外商投资额6.58亿美元，占全国的0.5%；对外直接投资4.10亿美元，占全国0.31%。不仅如此，陕西服务外贸外资总规模和人均规模不仅低于四川、湖北、河南等周边省份，还低于生产总值位居陕西之后的江西。陕西外贸依存度不高，2022年，陕西服务外贸、外资依存度分别为1.44%和0.13%，远低于全国服务外贸、外资依存度的5.0%和1.1%。

2. 外贸外资结构有待优化，外向经济带动力偏弱

服务贸易结构不优。旅游服务、建筑服务贸易等传统领域占比依然较高，接近50%；加工贸易、计算机及信息服务等优势领域竞争力不强，知识密集型领域占比25%，有待进一步提升。陕西服务业利用外商直接投资大多集中在批发零售、房地产、居民服务等附加值低的传统行业，而科技服务、信息服务、知识产权等高科技服务业利用外商直接投资份额有限。服务业外资外贸规模有限和结构不优，过度集中于西安的区域布局，不利于外向经济的拉动作用和区域产业结构的优化作用。

3. 存在体制机制障碍，营商环境有待优化

陕西自贸区、服务业综合改革示范区在服务业市场准入方面仍有扩大开放空间。目前医疗、教育、文化、研发、信息服务等领域的开放仍然受到不同程度限制。营商环境是影响服务业外资发展的重要因素。存在的突出问题是人员往来便利化措施推进缓慢，政策可预期性不强，政策存在不稳定性和不确定性，国际标准研究和国内政策宣传不到位，税收成本过高，国际化医疗、保险、子女就学等政策配套体系不够完善。

4. "引进来"与"走出去"的政策缺乏系统性和协调性

服务业开放涉及多个部门，跨部门的协调机制仍是难点。由于政策法规制定及审批、监管等分散在不同管理部门，各部门出台政策协调不够，在执行过程中存在相互冲突的现象。在海外投资体系中缺乏服务业与制造业的联动机制。服务业对制造业境外投资的支持作用还没有发挥出来。在"一带一路"国际产能合作中，一些境外产业园区由于缺乏国内金融服务的支持而融资困难，使境外企业举步维艰。企业"抱团"走出去的机制不健全，服务民营企业"走出去"的公共服务平台功能不健全，缺乏企业需要了解的国别政治环境、产业发展、投资融资、法律政策和需要提供的境外项目、投资产业指引、市场需求、全球风险预警等信息。

二 陕西现代服务业开放发展战略思路

坚持以开放促改革促发展，大力发展服务贸易，推进高水平投资合作，鼓励"引进来""走出去"相结合，建好开放合作平台，推进制度性开放，开拓国内外多层次合作，进一步增强外向服务经济的结构优化、产业升级、区域带动作用，为陕西经济高质量发展注入新动能，聚力建设西部开放经济强省。

（一）大力推进服务贸易高质量发展

紧紧把握服务贸易快速发展趋势，把服务贸易作为开放强省的重要抓手，大力发展服务贸易重点领域，推进服务贸易创新发展。

1. 优化服务贸易重点领域

转型升级国际旅游、国际运输、国际建筑传统服务贸易，大力发展服务外包、技术服务、数字贸易等重点服务贸易，加快发展金融服务、教育服务、专业服务、空天服务等新兴服务业。一是加强文化交流与旅游合作。借势丝绸之路艺术节、博物馆等"五大"联盟作用，办好丝路国际艺术节，高标准策划系列文化主题活动，开展文明对话。推进陕西更多城市加入丝路旅游城市联盟，支持西安创建丝路文化之都，强化陕西文化旅游城市推介，打造"一带一路"文化交流示范区。二是开展职业教育服务合作。发挥丝路大学联盟、职业教育联盟作用，推动建立海外鲁班工坊，大力发展职业教育培训，努力建设"一带一路"国家职业教育共商共建共享先行地。三是拓展农业特色服务。充分利用上合组织农业技术交流培训示范基地的现代农业交流中心、实训基地等载体，积极开展交流培训，拓展农产品贸易、农业旅游、农业教育、农业金融等农业服务贸易领域。四是推动科技创新。落实"一带一路"科技创新行动，积极参加并争取承办新一届"一带一路"科技交流大会，引导高校科研机构共建联合实验室，共同开展重点科学技术领域合作。鼓励引进先进技术，支持成熟的产业化技术出口，拓展国际技术合作网络。五是加强中医药服务。推动国家中医药服务出口基地建设，鼓励中医药类大专院校、医疗机构、企业吸引境外消费者来陕接受中医药医疗保健、教育培训、文化体验，鼓励医院和医疗机构开展中医远程医疗服务。六是大力发展空天服务，紧抓低空经济、商业航天产业"风口"机遇，支持建设面向"一带一路"及全球的航空航天人才培养中心，大力发展飞机保税维修，推动飞机发动机、起落架维修等高技术业态集聚发展；大力发展发射服务业，以卫星导航、遥感、通信、测控为主的航天应用及服务，航天实验及太空旅游等服务业。

2. 推动服务贸易创新驱动

一是加快培育服务贸易数字化新动能。实施服务贸易企业数字赋能行动，支持服务企业数字化转型，推动数字技术与服务业、服务贸易融合。推进服务外包数字化高端化，高标准建设西安服务外包示范城市，培育一批信息技术外包和制造业融合发展示范企业。优化数字服务贸易，积极探索数据贸易，建立数据资源产权、交易流通等基础制度和标准规范，争建国家数字服务出口基地，争创数字贸易示范区。二是推动服务贸易绿色化转型。鼓励国内急需的节能降碳、环境保护、生态治理等技术和服务进口，扩大优势绿色节能技术出口。推进咸阳全国林业碳汇试点城市建设，鼓励企业参加温室气体自愿减排交易，支持服务业在绿色发展中发挥更大作用。加快国际绿色技术和服务贸易合作，支持和参与有关国际规则制定，为国家建立公平公正包容普惠的绿色服务贸易规则和标准体系探索经验。三是推动服务业与先进制造业、现代农业深度融合。深入实施农村产业融合发展示范园创建行动，启动省级先进制造业与现代服务业深度融合示范区建设行动，扩容国家级农村产业融合发展示范园和国家级先进制造业与现代服务业深度融合试点，打造一批省级农业、制造业与服务业融合发展示范园，培育新产品、新业态、新模式，增强服务贸易联动发展动能。

3. 推进服务业开拓国际市场

积极支持服务出口基地、服务贸易示范园区建设公共服务平台，为企业出海提供共性支撑、专题培训、宣传推广等公共服务，通过平台开展贸易促进和法律服务等，帮助企业降低出海风险及成本。研究共建"一带一路"和RCEP重点国别市场开拓路径，宣讲RCEP国际高标准经贸规则以及有关跨境服务贸易负面清单政策，为企业提供咨询帮助，引导企业抢抓有利时机拓展国际市场。组织企业参加中国国际服务贸易交易会、中国国际数字和软件交易会、中国国际数字贸易博览会以及粤港澳大湾区服务贸易大会等重要展会，开展推介洽谈活动，加大企业对外宣传力度，助推企业通过多元化合作开拓市场。开展线上展会和对接推介活动，筹建陕西服务贸易云展厅，利用VR技术线上展示陕西服务贸易园区和企业的优势及服务。支持中医药服务、文旅服务、数字服务等领域的服务贸易示范企业牵头创建行业国际合作联盟，整合资源抱团出海。鼓励成立省级服务贸易协会，积极发挥协会交流沟通、促进合作的桥梁纽带作用。

（二）推进服务业高水平对外投资合作

1. 积极引导外资使用领域与重点方向

立足陕西现代服务产业基础，围绕支柱产业、优势特色产业、先导新兴产业，积极引导外资进入重点领域。引导外资进入信息服务、教育培训、科技服务、知识产权等高端服务业、生产性服务业。保持批发零售业、居民服务、房地产业等传统服务业领域外资的稳定增长。同时，要拓宽服务业外商直接投资的领域，使服务业利用外资结构更加完善、产业更加多元化。协调服务业利用外资的地区结构，在提升西安外资使用效率的同时，根据陕北、陕南地区服务业发展水平差异，引导资本向本地特色优势服务业领域流动，进一步增强外资对区域主导产业、特色产业拉动作用与区域经济发展带动作用。创新服务业利用外资模式，在与国外先进的管理体系接轨的同时要紧密结合陕西的实际情况，进行本土化发展而不是生搬硬套。

2. 推进服务业精准招商引资引技

加强政策引导。扩大鼓励外商投资产业目录和外资项目清单，加大外商投资对研发设计、节能环保、基础制造、民生消费等领域的支持力度。鼓励发挥地方比较优势，因地制宜制定降低服务业企业用地、用能、用工、物流等成本的政策措施。规划整合重点开发区，与东部地区结对开展外商投资产业转移合作，建立健全项目推介、干部交流、收益共享的机制和实施细则。打造"投资陕西"品牌。依托丝博会、欧亚经济论坛、杨凌农高会、全球秦商大会、全球硬科技创新大会、西部数博会等品牌重要展会平台，开展"投资陕西"重点投资促进活动，向境外投资者全方位展现优质营商环境和投资机遇。支持地方"走出去""请进来"相结合，常态化开展招商引资工作，组织国际产业投资合作对接活动，促进更多项目洽谈签约。加强外商投资企业服务，用好外资企业圆桌会议等平台，深化与外商投资企业、外国商会协会、国际组织的常态化交流。健全外商投资企业直接联系制度，畅通沟通渠道。

3. "引进来""走出去"相结合

服务业的对外开放，之前更多关注的是如何引进外资、技术、管理，以及后来的服务外包。然而，伴随服务业进入一个新的开放阶段，"引进来"与"走出去"相结合的双向开放策略才能够更适应当前我们的发展阶段。因此，要大力扩大服务贸易出口，引导外资企业在陕西设立服务企业、各类功能性总部和分支机构、研发中心、营运基地等。积极支持服务企业"走出去"，相关部门要研究采取具体措施，为服务企业"走出去"和服务出口创造良好环境。鼓励企业通过直接投资、品牌输出、企业并购等形式向外扩展,不断拓宽陕西服务业发展空间。鼓励为"走出去"企业提供贸易、咨询、法律服务、知识产权等服务。

(三)提升开放合作平台效能

1. 提升陕西自贸区开放平台能级

实施自贸区提升战略,聚焦"丝路自贸""科创自贸""农业自贸"建设,准确把握国际经贸规则的底层逻辑和国际竞争核心要素,推动规则、规制、管理、标准等制度型开放。加快全面试点对接国际高标准经贸规则的先行先试工作。推动合理缩减自贸试验区外商投资负面清单,探索出台跨境服务贸易负面清单,加大开放压力测试力度。推动全产业链创新发展。支持自贸试验区开展差别化探索,优先施行更多开放举措,围绕科技服务、信息服务、教育培训等重点领域,推动全产业链创新发展。发挥"自贸+口岸+综保"优势,促进自贸区与秦创原相互赋能,提升贸易投资便利化水平,发展保税维修、离岸贸易、跨境电商等新业态,激发开放新动能。

2. 建好特色服务贸易发展平台

运用数字化等科技手段创新方式和内容,高水平办好丝博会、欧亚经济论坛、杨凌农高会、全球秦商大会等品牌展会,吸引更多国际国内一流企业和品牌展会落户陕西。充分发挥"通丝路"平台、长安号数字金融综合服务平台、丝路西安前海园、"一带一路"国际金融合作论坛等金融平台作用,共享资源,扩大金融高水平开放。建好特色服务贸易出口基地,充分发挥西安高新区、曲江新区国家文化出口基地,中医药服务出口基地(西安中医脑病医院),国家地理信息服务出口基地和国家人力资源服务出口基地的出口示范与产业带动作用。以国际合作和援外培训为纽带,切实把上合组织农业技术交流培训示范基地建成服务上合组织、服务共建"一带一路"国家现代农业发展的科技高地、人才高地、产业高地和经贸高地。开展全省特色服务贸易示范园区的认定工作,积极申报国家语言服务、知识产权服务等专业特色服务出口基地。积极开展国家级、省级文化和旅游消费试点示范城市、夜间文化和旅游消费集聚区创建工作。

（四）深入推进制度性开放

1. 进一步放宽服务业投资市场准入

健全外资外商准入前国民待遇加负面清单管理制度，全面取消制造业领域外资准入限制措施，持续缩减服务业外资准入负面清单，推进科技服务、教育培训、航空服务等重点领域开放，有序扩大电信、文化、法律、职业考试等领域开放。推进跨境服务贸易发展。推动出台陕西自贸试验区跨境服务贸易负面清单，争取开放举措在自贸试验区落地。支持落地全国服务业扩大开放综合试点示范推广措施，在科技服务、教育培训、金融、健康医疗、电信、文化旅游等重点服务业领域扩大开放。根据服务业相关部门的重要性，结合开放时刻表的进度，加快健全服务业开放的相关法律制度。

2. 深化服务贸易规制规则改革

积极对接国际高标准经贸规则试点动态，推动试点相关政策措施和风险防控举措在陕西自贸区落地，深化国有企业、数字经济、知识产权、政府采购等领域改革[①]。推动西安、西咸新区服务贸易创新发展试点与自贸试验区联动发展，拓展秦创原服务贸易发展新空间，建好特色服务出口基地，在开放型经济新体制方面开展差异化探索。积极争创"丝路电商"合作先行区。明确立足西部、影响全国、辐射共建"一带一路"国家地区中转集散区的功能定位，打造"丝路电商"西部集散中心；建设"丝路电商"商品生产园区，创建"丝路电商"区域供应链中心；打造"丝路电商"涉外服务中心，争取在竞争中性、数据跨境流动、跨境支付、个人隐私保护等领域先行先试，为国家深化改革扩大开放探索经验。

（五）推动多层次对外开放

1. 主动融入共建"一带一路"大格局

积极拓展与共建"一带一路"国家和地区的经贸合作，深入推进西咸

---

① 李俊：《探索服务业高水平制度型开放的现实路径》，《人民论坛》2023年第19期。

新区服务贸易创新试点，围绕服务贸易管理体制、发展模式、便利化等方面进行制度创新探索，有序扩大服务业开放准入，推进实现贸易畅通。深化与共建"一带一路"国家和地区在文化、旅游、教育、体育、医疗等领域的交流与合作，通过积极申办"一带一路"国际合作高峰论坛，举办欧亚经济论坛、丝博会、丝路美食节、丝路赛事等活动，开展国际营销，提升城市知名度和影响力。支持企业承接共建"一带一路"国家重点项目，带动陕西科技服务、信息服务、电子商务、现代物流等服务出口，加大对陕西软件信息、离岸外包、数字贸易等服务贸易新业态支持力度。不断加强同丝路共建国家的交流合作，推进"西安港"、西安领事馆区建设，持续增加国际航线数量，加快中以创新示范园、中韩产业园、西安丝路国际会展中心等合作平台建设。

2. 推进深化多层次区域合作

深入推进西咸一体化，优化行政区域调整，着力打造大西安，积极发展现代物流、科技服务、信息服务等高端服务业，提高西安现代服务业能级。推进关中平原城市群建设，发挥核心城市作用，形成服务业升级与关中平原、城市群协同发展的新机制，强化西安与宝鸡、渭南、杨凌、运城、临汾、天水、平凉等城市在服务外包、技术研发、现代物流等领域合作，拓展西安服务业市场腹地。发挥西北辐射带动作用，加强与新疆、甘肃、宁夏、青海等西北省份协作，推进在文化、旅游、信息、物流等领域的务实合作。推进新亚欧大陆桥经济走廊建设，加强与沿线山西、河南、山东、江苏等省份联合，共建新亚欧大陆桥经济走廊沟通协作机制，推进区域分工与服务业合作，强化新亚欧大陆桥经济走廊核心地区功能。

第十三章

优化陕西现代服务业制度环境与对策

服务业发展与制度环境密切相关,现代服务业发展需要较为完善的市场体制和良好的发展环境。服务业具有制度密集型特征,对制度高度敏感和依赖。优化制度环境是推进服务业高质量发展、提高服务业效率的根本保障。国内外实践反复证明,现代服务业的高质量发展,需要市场环境的优化,也需要公共政策的支持,特别是要在产权和投资者权益保护、市场准入标准、诚信体系建设、治理方式创新和降低成本等方面具有严格的法律法规。

一 陕西现代服务业制度环境存在的制约

制度环境是影响服务业发展的重要因素。尤其是转型时期,制度环境发挥着更加重要的作用。[①] 经济实践及各项研究表明:体制机制改革是推进服务业高质量发展的重要动力。党的十八大以来,国家陆续出台了《中共中央国务院关于深化体制机制改革加快实施创新驱动发展战略的若干意见》《服务业创新发展大纲(2017—2025年)》等系列体制机制改革文件,推进建设国家自由贸易试验区,设立国家服务业综合改革试点,支持北京建设国家服务业扩大开放综合示范区,先后出台了物流、金融、旅游等服务业重点领域改革指导意见,有力地推进了服务业高质量发展。陕西加快推进服务

---

① 李勇坚、夏杰长等:《制度变革与服务业成长》,中国经济出版社,2009,第23~43页。

业体制机制改革，先后开展省级服务业综合改革试点，推进陕西自由贸易区建设，推动创建西安国家服务业综合改革示范区，纵深推进科技服务、现代物流、文化旅游等服务业重点领域制度创新，为陕西服务业创新发展注入了活力。然而，陕西服务业依然面临体制机制障碍，存在诸多制约因素。

（一）面临发展的管理体制障碍

相对其他领域，我国服务业管理体制改革较为滞后，也是改革难度最大的领域之一。陕西服务业同样面临着以下体制障碍[①]。

1. 服务业管理体制机制不健全

服务业经济总量大，覆盖范围广，涉及部门较多，需要建立健全强有力的宏观管理机构与部门协调机制。陕西已经成立了陕西省服务业领导小组，统筹协调全省服务业发展重大事宜，省发改委下设立贸易与服务处，编制并协调实施全省服务业发展规划和政策、重大问题、空间布局、重点项目等。然而，省级服务业领导小组领导协调机制不够健全，服务业管理部门力量薄弱，协调机制不够完善，服务业行业管理不到位，难以对全省服务业进行有效统筹协调与管理服务。

2. 面临较多的市场准入限制

服务业部分行业、部分领域面临垄断。行政垄断在许多经济领域依然存在，造成产权不明晰，政企不分，竞争力不强，市场运行效率低下等问题。部分行业市场准入门槛比较高，尤其是对民营企业的门槛比较高。除餐饮、零售、商贸等传统服务业外，银行、保险等其他服务业的市场准入门槛比较高。

3. 服务业政策不够全面系统

近年来，尽管陕西出台了服务业改革的指导意见与系列政策，然而这些改革制度与政策不够全面系统，协调性不足，真正落实和可操作性的服务业支持政策缺乏。工业化时期，财税、金融、科技、土地、能源等政策都是围

[①] 夏杰长等：《中国现代服务业发展战略研究》，经济管理出版社，2019，第236页。

绕农业、工业部门制定，对于服务业并不完全适合。例如银行贷款一般要求资产抵押，而服务企业一般属于轻资产属性，且诸如知识产权、品牌等无形资产占主导，导致许多服务业企业贷款困难。

（二）面临企业成本高企的制度障碍

服务业成本高企制度障碍主要体现如下。

1. 税费改革成本较高

一是服务业"营改增"执行落实力度不够。全面推行营业税改征增值税，将建筑业、房地产业、金融业、生活服务业等全部营业税改为缴纳增值税。"营改增"改革的初衷，是为了避免重复征税，降低服务业企业的税收负担，真正把结构性减税落到实处。因为征税工作烦琐，在实际征收过程中，基层税务机关往往还是按照传统的"定指标—分任务"的简单做法，没有充分考虑企业实际经营情况，税前扣除政策执行得不够充分和彻底。此外，服务业"营改增"的具体细节仍需完善。二是各类名目繁多的费用增加了企业负担，不合理收费还没有根治。

2. 要素成本居高不下

（1）土地要素成本较高。与不少工业用地直接拨付的获取方式不同，商业用地只能采取拍卖、招标的方式取得，需要支付较高的土地出让费用。而且，商业（包括商业、旅游、娱乐）用地年限也只有40年。根据2017年最新颁布的《物权法》，住宅建设用地使用权期间届满的，自动续期，但服务业用地按法律规定执行。

（2）服务业企业用电成本较高。销售电价按用电的性质，分为四大类：居民、农业、大工业、一般工商业。一般工商业又分两部分：商业用电和小型工业用电。商业企业的用电价格执行一般工商业电价。居民电价为每千瓦时（每度）0.55元，农业电价0.48元，大工业电价0.64元。在实际中，服务业所属的一般工商业电价在1元左右，远高于居民用电和大工业用电。

（3）服务业企业普遍面临融资难、融资贵的问题。就大量中小服务业企业而言，就融资资质、融资成本和产权考量，银行借贷依然是融资首选。

在目前的融资体制下，金融机构为了降低自身的风险，一般都需要企业提供固定资产做抵押。服务业企业普遍属于轻资产，而知识产权质押对于商业银行来说又存在较高的识别成本和较低的流动性，一般没有可变现的抵押物和担保，服务业企业融资难和融资贵等困境不足为奇。

3. 营商环境有待优化

简政放权的基层落实缺乏督导和成效反馈机制。"放管服"改革成效显著，但一些简政放权的举措在落实中被困在了"最后一公里"，有的甚至变成了"文件落实文件"，制度性交易成本种类繁多，困扰着诸多服务业企业。各种不合理审批权力、许可和中介服务收费等方面的政策负担仍然相对突出。减少审批环节，降低各类中介评估费用，降低各类交易成本特别是隐性的制度性交易成本，改进营商环境，是一场服务业降成本的硬仗。在服务业各领域，依附于行政审批而诞生的咨询、论证、检测、评价等中介服务业依然以各类形式实际存在，往往形成垄断性经营，强制服务，收费过高，推高企业成本。

（三）突破制约服务质量提升的制度障碍

标准和品牌作为企业、行业、地区乃至国家竞争力的综合体现和战略性资源，已成为国内外经济发展的重要经验和基本共识，但陕西在这两个方面存在明显的短板或缺陷。

1. 服务标准化亟待提升

一是服务标准化难以形成比较直接的供应机制。相对于"有形产品"，服务产品难以定量描述、难以复现、难以预测，形成标准难度较大。二是客户意识不强，服务不够深入，不能完全满足消费者需求。长期以来，重产品生产、轻服务质量和服务满意度，未能深层次、多角度、身临其境地考虑消费者的需求，导致服务只停留在表层，不能提供身心共享、全方位的服务体验。三是法律地位缺失，缺少政策引导。当前，服务标准化的法律地位缺失、政策管理不到位等问题长期存在，成为制约服务质量提升的重要因素。

2. 服务品牌存在明显缺失

主要表现如下。一是品牌建设意识淡薄。陕西服务业企业的品牌意识普遍淡薄，缺乏服务品质意识、文化意识和定位意识，企业普遍仍未将品牌建设确立为企业顶层战略，服务品牌建设尚处在成长阶段。二是品牌建设受制度和政策的影响较大。服务业的发展往往受制度与政策的影响更为直接，这也给服务品牌的建设带来很多不确定因素。因此，制度和政策环境的规范化成为服务品牌发展的一个重要前提。三是缺乏核心竞争优势。服务企业的服务产品的功能和体验设计往往高度雷同，品牌缺乏核心优势，企业在专业规范、技术创新、信用机制等方面，尚未建立核心竞争优势。四是品牌文化缺失。文化是服务品牌的灵魂，服务业品牌巨头无一不拥有驰名的文化品牌。陕西服务业企业品牌文化建设滞后，缺乏对品牌深度地设计、发掘和打造。五是品牌宣传手段落后。服务业的品牌宣传相对保守，宣传力度不大，沟通手段较为粗疏，缺乏基于顾客认知和市场竞争的充分研究和科学决策，发挥互动沟通和精准传播作用远未达成。

二 陕西现代服务业高质量发展制度优化

（一）推进完善社会主义市场经济体制

1. 更加严格保护民营企业权益

产权是市场经济健康运行的基石，是供求双方信任的基础，是市场主体创新的前提。有恒产者方有恒心。但当前不少民营企业家心存顾虑，对其投资权益能否得到有效保护存在担忧。为此，要重点规范产权制度保护，全面落实《关于完善产权保护制度依法保护产权的意见》，要把"同等保护不同所有制经济产权，规范财产处理法律程序、完善财产征收征用制度、加大知识产权保护、加大合同执行力度"等意见切实落实落地。习近平总书记多次强调，支持民营经济发展是党中央的一贯方针，并就促进民营经济健康发展、高质量发展作出一系列重要指示批示。2023年7月，出台《中共中央国务院关于促进民营经济发展壮大的意见》《国家发展改革委关于进一步抓好抓实促进民间投资工作努力调动民间投资积极性的通知》，设立民营经济发展局，再次肯定了民营经济的重要地位和作用，强化民营企业管理与服务，体现了坚持"两个毫不动摇"的坚定决心。因此，要严格落实相关文件政策，切实依法保护民营企业产权和企业家权益。

2. 建立公平的市场准入制度

当前制约服务业发展的突出问题是行政垄断和市场管制。国有企业在教育、文化传媒、医疗卫生、金融、交通运输和公用事业等领域的投资占比过高。要大胆进行制度创新，遵循国际通行的做法，以市场准入负面清单为核心，逐步减少市场准入制度中的行政垄断，深化服务业市场化改革，通过投资审批许可制度改革，放松或取消管制，破除行业垄断，健全外资外商准入前国民待遇加负面清单管理制度，全面取消制造业领域外资准入限制措施，持续缩减服务业外资准入负面清单，推进科技服务、教育培训、航空服务等重点领域开放，有序扩大电信、文化、法律、职业考试等领域开放。

3. 积极培育壮大市场主体

市场主体是社会生产力的基本载体，是社会财富的创造者，是经济发展内生动力的源泉。因此，市场主体在国民经济循环中的地位举足轻重，要更加重视培育市场主体，尤其是培育壮大企业主体，促进产业链环节的中小企业合作协同发展，构建大中小企业融通发展的良性生态。强化服务企业梯度培育，支持通过跨国并购等方式做大做强，培育一批具有较强创新能力和国际竞争力的服务领军企业。支持企业走"专精特新"发展道路，重点扶持"隐形冠军""小巨人"企业，培育外向度高、具有独特竞争优势的中小型服务企业。充分发挥大企业的产业链主导作用，引导大企业建立平台，发挥关键核心作用，向中小企业开放品牌、设计研发能力、仪器设备、试验场地等各类创新资源要素，带动引领中小企业协同发展。鼓励培育大中小企业融通创新平台、基地，促进产业链上下游企业合作对接。积极培育国际性、专业化服务企业中介组织，支持组建全球服务企业联盟，促进国际服务专业机构及企业间的交流合作。

（二）创新服务业治理与监管方式

1. 创新政府治理和市场监管方式

在传统的市场监管体系下，主要依靠行政力量，实施工商登记、行政许可、检验年检、行政处罚、刑事责任等传统监管方式。但当前层出不穷的平台经济、分享经济、体验经济或产业跨界融合衍生出来的新经济、新服务，借力互联网平台把交易体系放大成巨大的非现场交易场景，使得过去依靠传统的监管政策、监管手段的管理难以胜任。因此，要顺应服务经济发展新趋势，改革监管思维，创新治理方式，按照统一高效、开放包容、多方参与、协同制衡的原则重新构筑服务业监管体系。所以，要包容创新试错，允许草根成长，避免因为过度过细监管而可能错杀成长性的新经济新服务企业或业态。坚持"政府管理平台、平台自律共治"，支持发展平台经济、分享经济和体验经济这些新型服务形态。

2. 加强社会诚信制度建设

服务品无形的特点以及越来越多的服务网上交易，决定了服务交易更具"信息不对称"、"道德风险"和"逆向选择"的可能性。信用制度是降低交易风险、维护交易安全的有效机制。要采取切实有效措施，完善企业、社会和个人信用环境体系建设，包括严密的信用立法、严格的信用执法和全社会统一的资信登记及披露等，特别是要善于运用大数据管理，创新信息共享机制，打破"数据孤岛"，加大对"违信"主体的处罚力度，提高失信违约成本，让各类主体"不敢违约、不愿违约"，建立守信、有序的服务市场秩序。建立质量违法服务企业"黑名单"制度，降低信息不对称和交易成本，鼓励企业创建优质服务和知名品牌。探索构建开放的公共信息系统，实现社会资源的有效共享。鼓励有条件的信息平台之间展开多元化合作。对符合条件的互联网金融企业，逐步开放支付清算业务相关系统，推动企业有效利用公共信息拓展业务。

（三）切实降低制度性交易成本和要素成本

1. 降低企业准入门槛和制度性交易成本

让市场在资源配置中起决定性作用的一个关键就是保护企业家、发挥其创新职能。目前，中央层面不断出台改善营商环境和鼓励"双创"的政策，各地在积极落实中央精神的同时也因地制宜地推出了多样化的便利举措。要继续推进商事制度改革，把权力下放落到实处，消减不必要的行政制约，真正建立服务型政府。

2. 深化税收制度改革

切实把"营改增"改革的初衷落到实处，坚决杜绝地方税收机关在税收征收中明里暗里存在的税收打包行为。加强税收征管，既要在技术层面对纳税人的身份选择和税率标准进行精准判断，阻断其利用业务分割进行偷逃税的行为，又要制定更为完善的税前扣除和征管细则，针对服务业企业特点，有针对性地对进项税额抵扣范围进行核定，解决无法取得足够进项税发票进行销项税额抵扣等难题。依据法律法规，进一步取消职业资格许可和认定事项，剥离各种检验、认证、校准、评审等不必要环节，减少企业的制度性交易费用。以供给侧结构性改革为抓手，增加特许经营行业的供给主体，进而减少企业付出的垄断成本。

3. 深化生产要素的市场化改革

一是加快电力体制改革。工商业电价由上网电价、输配电价、输配电损耗和政府性基金四部分构成，服务业所用电价高于居民电价的主要原因在于交叉补贴、基金附加和税金。因此，有必要在发、输、配、售、用环节实施一场深刻的市场化变革。积极开展服务业企业直购点试点工作，通过煤电联动、输配电价改革、打破垄断和推进市场化交易等手段，合理降低服务业用电成本。二是创新土地供应方式。通过"商改住"保障城镇化中的"有居"需求，实施工业用地弹性年限出让制度，对于有利于新产业新业态发展和补短板的新兴服务业，在用地方面给予支持，从而完善土地供应制度，降低服务业用地成本。三是切实降低融资成本。首先，要尽快完善多层次的资本市场体系，大力发展直接融资，合理扩大服务业企业发展规模，降低中间环节融资费用，为服务业企业融资提供健康的市场环境。其次，鼓励银行开展投贷联动试点，重点扶持没有固定资产抵押的高新技术企业，把拥有政府背景的融资担保公司和地方金融机构有机结合起来，为服务业企业提供融资支持。最后，尽快出台服务业企业银行利息支出的税前扣除问题的规定，降低企业的融资成本。

4. 把加快创新发展作为服务业"降成本"关键之举

推进虚拟现实、大数据、人工智能、生命科学和区块链等新技术研发及其在服务领域的转化应用，推动服务产品数字化、个性化、多样化、智能化发展。加强数据资源在服务领域的开发利用和云服务平台建设。通过这样的服务生产模式和组织方式的创新，扭转服务业劳动密集型和低生产率的传统格局，以降低服务业企业的组织成本和经营成本。

（四）增强服务业提质增效制度导引

1. 培育服务品牌，打造服务标准

实施服务业品牌培育工程，增强企业品牌竞争力。鼓励龙头企业做大做强，引导企业增强品牌意识，提升品牌认可度和品牌价值。提升特色产业知名度、影响力。加强实施服务业品牌保护，支持企业开展服务认证、商标、专利注册和保护工作，健全品牌管理体系，夯实品牌保护基础。实施"标准推广"工程。切实加强服务业行业标准和行业规范建设。深化标准化工作改革，推进开展国家级服务业标准化试点，充分发挥政府部门、行业协会、行业内领军企业的作用，分类推进服务业重点领域标准研制工作，逐步建立与国际接轨的服务业标准体系。开展面向新兴服务业态的服务模式、服务技术与服务市场等标准化探索研究，促进内外资企业公平参与标准化工作。加强服务业企业质量能力建设，逐步完善标准制定、计量检测、环境管理等管理体系。在商务区、科技园、专业示范区等重点现代服务业标志区推广建立质量公共服务平台，推进建设一批现代服务业标准化示范项目，稳步实施服务质量标杆引领计划，培育一批服务质量标杆企业，引导企业规范服务流程和服务内容。加快服务质量和服务水平与国外先进地区的接轨步伐，提升现代服务业规范化、标准化和国际化水平。加快构建责任清晰、多元参与、依法监督的服务质量治理和促进体系，培育形成以质取胜、优胜劣汰、激励相容的良性发展机制。

2. 完善服务业人力资源政策

要逐步完善服务业发展的人力资源政策，加快服务业人才开发，为现代服务业发展培养合格的人才。把握现代服务业发展的变化趋势，制定适应现代服务业高质量发展需要的多元人才培养战略，针对不同产业的特点，分类培养、引进和储备人才。创新对高端、稀缺服务业人才的激励政策，遵照市场需求规律发展服务型应用人才，鼓励培养与储备适应产业融合趋势和新业态发展的新型复合人才。按照"政府主导、多元投入"的原则加强对农村人力资源的开发，不断优化对农村地区的教育投入经费结构，鼓励企业、投资者到农村和西部投资办教育、搞科研，鼓励民间以各种方式和途径到农村捐资兴教、投资办学，鼓励用工单位进行订单式培训。

三 陕西现代服务业高质量发展的对策建议

（一）完善现代服务业管理体制

1. 加强组织领导

推动建立权责明确、分工合理、部门合作、上下联动、务实高效的现代服务业工作机制。进一步健全陕西服务业发展领导小组运行机制，加强领导、指导和统筹协调全省服务业发展工作。强化陕西省发改委贸易和服务业处管理权限与职能，增加专业管理人员，增强服务业管理力量。健全全省服务业部门联席会议机制，定期召开会议，及时解决全省服务业发展过程中的重点难点问题；定期统筹各部门工作，定期发布"陕西现代服务业季度工作要报"。在服务业发达的城市或城区探索组建现代服务业发展局。加快推进区县对服务业的宏观管理与协调，增强服务业发展科室工作人员力量，加强监管体系建设。成立现代服务业专家委员会，设立现代物流、金融、健康养老、家政服务等行业专家委员会，为编制发展规划、解决重大问题和制定相关政策提供决策咨询。成立陕西现代服务业研究机构，以虚拟研究机构方式市场化运行，吸引整合社会研究力量，编制陕西现代服务业年度研究报告，围绕陕西现代服务业发展中的重大战略、政策、标准等课题进行动态研究。健全现代服务业统计制度，加强服务业统计工作，建立服务业高质量发展综合评价体系，加强对服务业发展的运行监测，并形成年度、季度统计信息发布机制。

2. 健全服务业现代行业管理体系

加强现代服务业行业管理，建议着手制定"陕西省协会条例""陕西发挥行业协会作用的实施意见""促进行业协会商会改革发展财政扶持具体措施"等系列政策，建立"社会组织孵化基地"，向服务业行业协会提供培育基地和综合性的服务场所。重点增加拨款补助经费，加大对行业协会购买服务力度，通过委托开展课题调研、名牌评选、发放生产许可证、企业技术改造鉴定、科研项目鉴定等方式增加协会经费。结合政府职能转变，把适宜于服务业行业协会行使的职能委托或转移给行业协会，支持开展行业统计、行业调查，协调价格争议，协助开展产品质量认证。

（二）加强重点企业支持和重大项目建设

1. 创新服务业招商引资工作

抓好多元招商，坚持引企业与引资本相结合。注重资本招商，引进国内知名基金，吸引更多优秀企业落户，实现以商招商。做好靶向招商，突出日本、韩国、欧盟等重点国家和地区，突出中国香港、台湾等重点地区，突出京津冀、长三角、珠三角等重点省市，紧盯世界500强、中国500强和国内民营500强，开展登门招商；抓好专业招商，深入研究国内外产业转移趋势、知名企业投资方向，与陕西产业基础、资源优势、市场潜力紧密结合，确定目标企业。突出自身比较优势和发展潜力，围绕重点产业、重点企业进行产业链细分，研判国内外正在转移的且适合本地发展部分，以"建链"

"补链""强链"为抓手,着力抓龙头、引总部、聚相关,形成上中下游配套的产业集群。打好招商组合拳,根据本地实际,结合项目特点,针对目标企业需求,综合运用和探索专题招商、小团组招商、以商招商、网络招商、商协会招商、行业对口招商、园区抱团招商、代理招商、投资顾问招商等灵活多样的招商方式,提高招商引资的实效性。

2. 抓好重大服务业项目建设工作

以实现高质量发展为根本要求,坚持以供给侧结构性改革为主线,突出抓重点、补短板、强弱项,持续谋划实施一批打基础、利长远、惠民生的现代服务业重大项目。树牢项目意识,强化项目调度推进,健全目标责任、台账管理、动态管控、运行调度、督查考核"五项机制",强化资金、土地等要素保障,全力推动项目早竣工、早投产、早见效。

(三) 强化要素支撑

1. 加强服务业人才支撑

强化对各类人才的培养和引进。一是加强对全省服务业行政管理人才的培训。每年组织全省、市、县各级现代服务业行政管理人才进行培训,提高其对现代服务业发展规律和新产业、新业态、新模式的认知,提升现代服务业管理能力。二是加强对服务业企业家培训。组织全省服务业企业家参加国内外高端职业再培训,搭建与国内外行业企业家交流平台,对接行业高端人脉和资源,共享行业信息。三是加强对重点集聚区管理人才的培训。定期组织对全省认定的重点集聚区管理人员进行服务业培育、集聚区标准认定与建设、行业管理等方面的培训。四是加强对现代服务业高端专业人才的引进和培养。多渠道引进国内外高素质、复合型现代服务业人才。鼓励海内外各类服务业高端人才来陕创业就业。加强人才培养,实施现代服务业人才培养计划。引导高等院校、职业学校设立服务业相关专业,支持高等院校、科研机构等与服务业企业合作建立实训基地,鼓励各类教育培训机构开展高技能人才、专业技术人才再培训、再教育。

2. 创新投融资模式

基于现代服务业企业规模小、轻资产、融资难的特点,积极帮助企业拓展融资渠道。一是扩大政府融资增信。做优陕西服务业企业担保融资资金,创设服务企业"融资增信"非固定资产抵押贷款产品,为信誉良好的中小企业融资做担保。二是规范发展多层次资本市场,推动金融产品和服务创新。鼓励商业银行发展创新型非抵押类贷款模式。扩大服务业企业贷款质押品范围,支持服务业产业链、商业圈、企业群等采取质押贷款等融资方式推动发展。加大债券融资的支持力度,加强全省企业债融资指导,推进"企业债券"全省区县全覆盖,扩大优质民营企业债券发行规模,进一步加快核准的进度。继续实施企业上市推进工程,加强上市融资企业的培育,鼓励到"四板""新三板""科创板"挂牌、融资。

3. 优化服务业用地供给

坚持绿色发展理念,做好服务业发展规划与城市总体规划、土地利用规划的衔接,优化用地结构,积极开展混合用地试点。保障和优化土地供应,支持服务业企业发展、园区建设用地,落实退出后的工业用地优先用于发展服务业相关政策。挖潜盘活城镇存量土地,城乡建设用地增减挂钩结余指标可用于服务业发展。鼓励利用工业厂房、仓储用房等存量房产、建设用地资源兴办现代服务业项目。

4. 推进公共设施建设

按时序、有重点地推进建设5G基础设施。探索组建重大实验设备专业运营公司,推进政府投资的各种实验室、实验设备开放共享,构建基础技术知识、信息高速公路以及经济技术数据库等重大基础设施资源的共享机制。

5. 搭建公共信息服务平台

借鉴上海现代服务业联合会的做法和经验,推动建立陕西现代服务业联合会,支持整合政府部门、协会、科研单位、企业信息资源,建立"陕西现代服务业"综合信息服务平台,积极开展服务业政策在线服务、重点企业信息上报、服务业运行监测与分析、微信公众号等专业化服务。引导各专业协会建立现代物流、电子商务、家政服务、文化服务等各类专业化行业公共信息服务平台，构建多层次的行业公共信息网络。

（四）加大政策支持力度

1. 强化宏观战略引导

深刻认识世界服务业发展规律与趋势，正确把握陕西服务业发展阶段，改变重视工业而轻视服务业的传统观念，必须把发展服务业放置于深入推进产业结构优化升级、加快构建现代化产业体系、提升制造业竞争力、推进实现经济高质量发展的战略高度，实施陕西现代服务业驱动经济发展新战略。主要抓好三大工作。一是推进现代服务业高质量发展。贯彻落实"五大新理念"，以高质量引领，积极推进传统服务业转型升级，激发特色优势服务业，大力培育发展新兴服务业，推进发展新产业、新业态、新模式，培育服务业新的经济增长点。二是推进制造业和服务业深度融合发展，对接国家"两化"融合重大战略，设立省级"两化"融合示范区，把服务业纳入省市县各级政府鼓励发展的产业目录，推进服务业与制造业融合发展。三是更为注重结构性的经济考核。加大对各地服务业，尤其是现代服务业发展的关注，提高其在经济结构优化和产业升级的考核指标比重。

2. 完善产业政策引导

借鉴上海、江苏、四川发展服务业的相关做法和经验，梳理、修订和完善陕西现有产业政策，研究制定推动陕西省制造业主辅分离、生产性服务业和服务型制造发展等具体化政策，促进制造业和服务业深度融合。编制全省现代服务业发展布局规划，制定城市主体功能与服务业空间布局良性结合的政策措施；完善全省现代服务业集聚区建设导引政策，明确金融、物流、电子商务、文化旅游、健康养老等各类省级集聚区的标准与条件，加大资金支持力度，推进园区基础设施配套建设；出台陕西"三新"经济发展的指导意见，指导全省现代服务业技术创新、产业创新、组织流程创新、模式创新和业态创新；搭建媒体宣传平台，与国内外知名报社共建"陕西服务"专刊，及时解读最新政策、传递产业资讯、报道行业最新动态。

3. 放宽市场准入政策

高标准建设陕西自由贸易区，进一步放宽旅游、文化、体育、健康、养老、家政、教育培训等服务消费领域市场准入，进一步放宽外商在陕设立公司的申请条件，切实保障外商投资企业依法享有国民待遇。提升对全球创新资源的集聚能力，在西安科技大市场试点建设数字贸易交易促进平台，拓展与国际标准相接轨的数字版权确权、估价和交易流程服务功能。推进更高水平的金融服务业对外开放，扩大投资者主体资格范围，支持设立人民币跨境贸易融资和再融资服务体系。完善服务业国际化交流合作机制，探索缩短审批流程，精简审批材料，探索允许境外专业人才在陕西自贸试验区参与相关职业资格考试，并在自贸试验区范围内执业，构筑国际人才集聚高地。

4. 加大财税支持力度

完善政府对服务业发展的支持方式，形成"专项资金+引导基金+购买服务"的财政综合支持体系。扩大陕西省现代服务业专项资金总规模，完善陕西省现代服务业发展专项资金管理办法，优化资金扶持结构，提高资金使用效率，支持重点向陕西现代服务业关键领域、薄弱环节和"新产业、新业态、新模式"经济领域倾斜。鼓励有条件的市、县在本级财政预算中设立相应的现代服务业专项资金。发挥政府资金引导作用和杠杆效应，提升现代服务业发展引导基金效能，吸引社会资金加入，引进专业化团队，进行市场化运营，重点支持潜力型优质企业。加大现代服务业采购力度，深化政府采购制度改革，通过推行特许经营、定向委托、战略合作等方式，引入竞争机制，加大政府购买各类服务的力度。

参考文献

1、专著

〔美〕B. 约瑟夫·派恩二世、詹姆斯·H. 吉尔摩：《体验经济》，夏业良、鲁炜等译，机械工业出版社，2002。

〔意〕埃内斯托·费利等主编《服务业生产率与增长》，李蕊译，格致出版社，上海人民出版社，2012。

曹林：《区域产业发展规划理论与实例》，社会科学文献出版社，2014。

陈凯：《服务业内部结构高级化研究》，经济科学出版社，2009。

陈伟达：《现代服务业区域协调发展研究》，科学出版社，2013。

邓于君：《服务业结构演进：内在机理与实证分析》，科学出版社，2010。

段杰：《生产性服务业发展与区域经济增长研究》，清华大学出版社，2014。

〔法〕盖雷：《服务经济思想史：三个世纪的争论》，江小涓译，格致出版社，上海人民出版社，2011。

高新民、安筱鹏主编《现代服务业：特征、趋势和策略》，浙江大学出版社，2010。

国家统计局国民经济核算司编《中国投入产出表》（2012、2017），中国统计出版社，2015、2019。

国家统计局能源统计司编《中国能源统计年鉴（2022）》，中国统计出版社，2023。

何传启主编《中国现代化报告（2016）：服务业现代化研究》，北京大学出版社，2016。

何德旭、夏杰长：《服务经济学》，中国社会科学出版社，2009。

〔美〕霍利斯·钱纳里、莫伊思·赛尔昆：《发展的型式：1950-1970》，李新华、徐公理、迟建平译，经济科学出版社，1988。

雷小清：《服务业信息化研究》，经济科学出版社，2014。

李勇坚、夏杰长、姚战琪：《中国服务业发展报告2018——服务业改革开放40年的历程、经验与启示》，经济管理出版社，2018。

李勇坚、夏杰长等：《制度变革与服务业成长》，中国经济出版社，2009。

刘继国：《制造业服务化发展趋势研究》，经济科学出版社，2009。

刘建兵、柳卸林：《服务业创新体系研究》，科学出版社，2009。

刘世锦主编《双碳目标下的绿色增长》，中信出版社，2022。

刘志彪、安同良编著《现代产业经济分析》（第三版），南京大学出版社，2014。

陕西统计局：《陕西统计年鉴（2013-2023）》，中国统计出版社，2013~2023。

陕西统计局：《陕西投入产出表（2012、2017）》，中国统计出版社，2012、2017。

陶永国等：《服务经济学》，上海社会科学院出版社，1988。

〔美〕维克托·R.富克斯：《服务经济学》，许微云等译，商务印书馆，1987。

伟民、陈家海、章秀文：《服务经济学》，上海社会科学院出版社，1988。

〔美〕西蒙·库兹涅茨：《各国的经济增长》，常勋等译，商务印书馆，1985。

中国统计局：《中国第三产业统计年鉴（2020）》，中国统计出版社，2020。

中国统计局：《中国统计年鉴（2013-2023）》，中国统计出版社，2013~2023。

《党的二十大文件汇编》，党建读物出版社，2022。

2、论文

白圩珑：《2022年西安市软件和服务外包实现快速增长》，《三秦都市报》2023年1月18日，第4版。

边疆：《美国服务业现状和发展趋势》，《全球科技经济瞭望》2001年第9期。

曹林、黄静：《2022年陕西服务业发展形势分析与2023年预测》，载程宁博、王飞、王建康、裴成荣主编《陕西经济发展报告（2023）》，社会科学文献出版社，2023。

曹林、张爱玲：《2023年陕西服务业发展形势分析与2024年预测》，载程宁博、王建康、裴成荣主编《陕西经济发展报告（2024）》，社会科学文献出版社，2024。

陈启充、杜志高、郭晨晖：《陕西省制造业与生产性服务业融合程度研究——基于投入产出模型的测算》，《科技和产业》2021年第6期。

陈雄善：《互联网背景下智慧物流发展分析》，《智库时代》2019年第1期。

程大中：《中国服务业与经济增长：一般均衡模型及其经验研究》，《世界经济》2010年第10期。

代文：《现代服务业集群的形成与发展研究》，武汉理工大学博士学位论文，2007。

杜传忠：《先进制造业与现代服务业深度融合发展的新趋势》，《人民论坛》2023年第19期。

杜传忠、疏爽、李泽浩：《新质生产力促进经济高质量发展的机制分析与实现路径》，《经济纵横》2023年第12期。

顾乃华、毕斗斗、任旺兵：《生产性服务业与制造业互动发展：文献综述》，《经济学家》2006年第6期。

贺爱忠：《"两型"试验区服务业绿色发展的体制机制障碍与对策》，《北京工商大学学报》（社会科学版）2011年第6期。

洪群联：《中国服务业高质量发展评价和"十四五"着力点》，《经济纵横》2021年第8期。

侯红昌：《现代服务业高质量发展的内涵与对策分析——以河南省为例》，《河南科技》2023年第11期。

胡观景、李启华：《新发展理念视角下服务业高质量发展评价指标体系构建》，《中国工程咨询》2020年第10期。

江小涓：《服务业增长：真实含义、多重影响和发展趋势》，《经济研究》2011年第4期。

江小涓、李辉：《服务业与中国经济：相关性和加快增长的潜力》，《经济研究》2004年第1期。

姜长云：《服务业高质量发展的内涵界定与推进策略》，《改革》2019年第6期。

蒋晟、贺灿飞、李志斌：《以加快形成新质生产力推动区域协调发展理论逻辑与实现进路》，《兰州大学学报》（社会科学版）2024年第2期。

蒋永穆、乔张媛：《新质生产力：逻辑、内涵及路径》，《社会科学研究》2024年第1期。

蒋永穆、薛蔚然：《新质生产力理论推动高质量发展的体系框架与路径设计》，《商业经济与管理》2024年第5期。

黎新伍、徐书彬：《农村产业融合：水平测度与空间分布格局》，《中国农业资源与区划》2021年第12期。

李俊：《探索服务业高水平制度型开放的现实路径》，《人民论坛》2023年第19期。

刘涛：《服务业高质量发展要解决四大问题》，《学习时报》2018年8月10日，第2版。

刘卫昌、梁璐：《以链长制为抓手以链延伸为重点积极探索融合发展新业态新模式新路径——西安市扎实开展两业融合试点工作主要做法》，《中国经贸导刊》2023年第1期。

刘奕、夏杰长：《推动中国服务业高质量发展：主要任务与政策建议》，《国际贸易》2018年第8期。

参考文献

鲁朝云、刘国炳：《现代服务业高质量发展评价指标体系构建及应用》，《大连海事大学学报》（社会科学版）2019年第5期。

孟辉、李琳、萧小芬：《中国服务业绿色发展的结构性差异及影响因素研究——基于Bootstrap-DEA模型的绿色技术效率测度》，《经济纵横》2021年第6期。

孟来果：《陕西服务业发展的现状、问题及对策》，《中国集体经济》2020年第23期。

潘莉：《服务业高质量发展指数研究与实证分析》，《统计科学与实践》2019年第3期。

庞瑞芝、王亮：《服务业发展是绿色的吗？——基于服务业环境全要素效率分析》，《产业经济研究》2016年第4期。

任兴洲：《推动服务业实现高质量发展》，《上海质量》2018年第4期。

荣晨：《主要国家人均GDP达到2万国际元的经济特征》，《宏观经济管理》2019年第6期。

陕西省文物局、陕西省考古研究院：《奋力书写中华文明探源的陕西答卷》，《中国文物报》2022年6月10日，第3版。

邵红晨：《先进制造业与现代服务业融合度测量研究》，山东财经大学硕士学位论文，2021。

苏芳、许宇轩、孙艳蕾：《西部地区农村产业融合发展水平测度及时空演化分析——以陕西省为例》，《河北师范大学学报》（自然科学版）2022年第5期。

孙永波：《服务型制造的发展趋势及对策研究》，《产业创新研究》2020年第2期。

汤婧、夏杰长：《我国服务贸易高质量发展评价指标体系的构建与实施路径》，《北京工业大学学报》（社会科学版）2020年第5期。

王欢芳、杨春兰、傅贻忙：《先进制造业与生产性服务业融合效率区域差异与动态演进》，《经济纵横》2024年第4期。

王欢芳、杨春兰、傅贻忙等：《我国先进制造业与生产性服务业融合生

283

态位研究》,《科学决策》2024年第3期。

王嘉楠:《西安:会展业强劲复苏激活经济一池春水》,《国际商报》2024年2月2日,第4版。

王猛、朱丽多:《中国服务业集聚研究回顾与展望——基于CSSCI期刊的文献计量分析》,《财经理论研究》2022年第2期。

王钦:《建设开放型经济强省的思路分析》,《中国经贸导刊》2022年第7期。

王艳君、谭静、雷俊忠:《农业与其服务业间产业融合度实证研究——以四川省为例》,《农村经济》2016年第12期。

王一鸣:《加快建设服务业强国》,载何立峰主编《服务业创新发展研究报告》,中国计划出版社,2017。

夏杰长:《找准现代服务业与农业融合的重点领域》,《经济参考报》2015年7月20日。

谢颖妮:《陕西省现代服务业高质量发展水平评价及障碍因子诊断》,《投资与合作》2023年第2期。

邢娜:《基于投入产出模型的陕西农业产业关联与波及效应分析》,《农业工程》2021年第9期。

徐姗、周梦宣:《我国服务业高质量发展测度及空间收敛性分析》,《信息与管理研究》2024年第Z1期。

徐政、郑霖豪、程梦瑶:《新质生产力助力高质量发展:优势条件、关键问题和路径选择》,《西南大学学报》(社会科学版)2023年第6期。

杨丽莎:《农村产业融合发展水平测度及影响因素研究》,贵州大学硕士学位论文,2023。

杨宇萍、邹文杰:《服务业开放、资本要素配置和绿色发展效率》,《中国流通经济》2022年第12期。

张明志、刘红玉、李兆丞等:《中国服务业高质量发展评价与实现路径》,《重庆工商大学学报》(社会科学版)2022年第3期。

张新婷、徐景婷:《政府在发展我国绿色服务业方面的作用及对策》,

《生产力研究》2010年第3期。

张颖熙：《我国节能服务业发展的现状、问题及对策研究》，《中国经贸导刊》2013年第18期。

张玉泉：《现代服务业的服务创新和关键技术》，《科技中国》2019年第4期。

周艳、李五荣：《大力推进服务业绿色发展》，《经济界》2019年第2期。

朱李鸣：《浙江航空服务业期待起飞》，《浙江经济》2010年第23期。

朱平芳、王永水、李世奇：《新中国成立70年服务业发展与改革的历史进程、经验启示》，《数量经济技术经济研究》2019年8月。

《习近平在中共中央政治局第十一次集体学习时强调加快发展新质生产力扎实推进高质量发展》，《人民日报》2024年2月2日，第1版。

3、网页文章

标普：《预计未来10年中国经济年均增速在4.6%左右，提高生产率将是中国经济可依靠的最后一个主要推动力》，https://sinozizhi.com/newsinfo/1574349.html，最后检索时间：2024年2月1日。

张首魁：《推动经济高质量发展迈出更大步伐——深刻理解习近平陕西考察重要讲话精神之二》，陕西网（2020年6月29日），https://www.ishaanxi.com/c/2020/0629/1730245.shtml，最后检索时间：2024年3月2日。

中商情报网讯：《2023年全国各省（区、市）民用运输机场货邮吞吐量增速排行榜》，https://www.163.com/dy/article/IUEKPBU9051481OF.html，最后检索时间：2024年6月25日。

《2022年全国科技经费投入统计公报》，国家统计局网站（2023年9月18日），https://www.stats.gov.cn/sj/zxfb/202309/t20230918_1942920.html，最后检索时间：2024年2月25日。

《2022年陕西规上文化企业营业收入1169亿元同比增长高于全国2个百分点》（2023年3月8日），https://business.sohu.com/a/651514576_

121609778，最后检索时间：2024年5月20日。

《2023年全省消费市场总体平稳》，陕西省统计局网站（2024年2月6日），http：//tjj.shaanxi.gov.cn/tjsj/tjxx/qs/202402/t20240206_2316717.html，最后检索时间：2024年4月13日。

《2023年陕西省国民经济和社会发展统计公报》，陕西统计局网站（2024年3月27日），http：//tjj.shaanxi.gov.cn/tjsj/ndsj/tjgb/qs_444/202403/t20240327_2324303.html，最后检索时间：2024年5月24日。

《2023中国服务业企业500强》，http：//finance.sina.com.cn/zt_d/subject-1695177531/，最后检索时间：2024年8月8日。

《产业结构调整指导目录（2024年本）》，中央人民政府官方网站（2023年12月27日），https：//www.gov.cn/zhengce/202401/content_6924187.htm，最后检索时间：2024年1月12日。

《高质量发展调研行：陕西营造出"热带雨林式"的科创生态》，https：//new.qq.com/rain/a/20230909A06APL00.html，最后检索时间：2024年5月21日。

《关于促进智慧旅游发展的指导见》，http：//www.yzcity.gov.cn/wlgtj/0201/201501/4a342ca3d51a44ebad3842141f1e8171.shtml，最后检索时间：2024年3月1日。

《关于加快建设具有全球影响力的科技创新中心的意见》，https：//wenku.so.com/d/ae144994be5fc318401114bfd9bec92c，最后检索时间：2023年12月6日。

《关于加快推进本市"四新"经济发展的指导意见》（沪府办发〔2017〕26号），上海市人民政府网站（2017年3月27日），https：//www.shanghai.gov.cn/nw42083/20200823/0001-42083_52238.html，最后检索时间：2023年12月6日。

《关于推动先进制造业和现代服务业深度融合发展的实施意见》（发改产业〔2019〕1762号），中央人民政府网站（2019年11月15日），https：//www.gov.cn/xinwen/2019-11/15/content_5452459.htm，最后检索时间：2024年5月20日。

参考文献

《关于新时代服务业高质量发展的指导意见》（发改产业〔2019〕1602号），http：//www.ccssr.org/html/3/1/2019-10-24/2465.html，最后检索时间：2024年5月21日。

《关于印发〈江苏省生产型服务业双百工程实施方案〉的通知》，江苏省发展改革委网站（2016年7月4日），http：//fzggw.jiangsu.gov.cn/art/2016/7/4/art_4640_6649012.html，最后检索时间：2023年12月9日。

《国家发展改革委 市场监管总局关于新时代服务业高质量发展的指导意见》，国家发展改革委网站（2019年10月24日），https：//www.ndrc.gov.cn/xxgk/zcfb/tz/201910/t20191024_1181944.html，最后检索时间：2023年12月5日。

《国家发展改革委关于印发〈服务业创新发展大纲（2017—2025年）的通知》，国家发展改革委网站（2017年6月21日），https：//www.ndrc.gov.cn/xxgk/zcfb/ghwb/201706/t20170621_962236.html，最后检索时间：2023年12月5日。

《国家统计局关于执行国民经济行业分类第1号修改单的通知》（国统字〔2019〕66号），中央人民政府网站（2019年5月21日），https：//www.gov.cn/zhengce/zhengceku/2019-09/03/content_5426959.htm，最后检索时间：2024年5月18日。

《国务院办公厅转发国家发展改革委关于推动生活性服务业补短板上水平提高人民生活品质若干意见的通知》（国办函〔2021〕103号），中央人民政府官方网站（2021年11月2日），https：//www.gov.cn/zhengce/content/2021-11/02/content_5648192.htm，最后检索时间：2023年12月6日。

《国务院关于加快发展生产性服务业促进产业结构调整升级的指导意见》（国发〔2014〕2号），中央人民政府网站（2014年8月6日），https：//www.gov.cn/zhengce/content/2014-08/06/content_8955.htm，最后检索时间：2023年12月5日。

《江苏省人民政府办公厅关于印发江苏省"十四五"现代服务业发展规划的通知》（苏政办发〔2021〕34号），江苏省发展改革委网站（2021年7月26日），http：//fzggw.jiangsu.gov.cn/art/2021/7/26/art_84097_10224092.html，

287

最后检索时间：2023年12月8日。

《陕西服务贸易发展情况》，陕西省商务厅网站（2023年9月25日），https：//sxdofcom.shaanxi.gov.cn/newstyle/pub_newschannel.asp?newsfl=1&chid=100444，最后检索时间：2024年4月9日。

《陕西省"十四五"服务业高质量发展规划》（陕发改贸服〔2021〕1637号），陕西省发展改革委网站（2021年11月25日），https：//sndrc.shaanxi.gov.cn/pub/sxfgwyh/zjww/jgcs/mfc/202304/t20230419_24076.html，最后检索时间：2024年5月20日。

《陕西省"十四五"金融业高质量发展规划》（陕金发〔2021〕65号），陕西省人民政府网站（2021年9月24日），http：//www.shaanxi.gov.cn/zfxxgk/fdzdgknr/zcwj/gfxwj/202208/t20220815_2246017.html，最后检索间：2024年3月22日。

《陕西省"十四五"数字经济发展规划（陕政办发〔2022〕12号），陕西省人民政府网站（2022年11月10日），http：//www.shaanxi.gov.cn/zfxxgk/zfgb/2022/d19q/202211/t20221110_2263736.html，最后检索时间：2024年5月25日。

《陕西省"十四五"体育事业发展规划》（陕体发〔2021〕5号），陕西省体育局网站（2021年6月29日），http：//tyj.shaanxi.gov.cn/ghjh/content/210920851256395465.html，最后检索时间：2024年6月5日。

《陕西省"十四五"卫生健康事业发展规划》（陕卫发〔2022〕14号），陕西省人民政府网站（2022年3月5日），http：//www.shaanxi.gov.cn/zfxxgk/zcwjk/szfbm_14999/ghwb_15010/202208/t20220811_2243895.html，最后检索时间：2024年3月26日。

《陕西省打造万亿级文化旅游产业实施意见（2021-2025年）》（陕文旅发〔2022〕64号），陕西省人民政府网站（2023年9月1日），http：//www.shaanxi.gov.cn/zfxxgk/zfgb/2023/d15q/202309/t20230901_2299345.html，最后检索时间：2024年4月23日。

《陕西省对外投资合作业务简况（2016-2022）》，陕西省商务厅官方网站，https：//sxdofcom.shaanxi.gov.cn/newstyle/pub_newschannel.asp？chid=100355。

《陕西省人民政府关于加快发展生产性服务业的实施意见》（陕政发〔2015〕58号），陕西省人民政府网站（2016年1月8日），http：//www.shaanxi.gov.cn/zfxxgk/fdzdgknr/zcwj/nszfwj/szf/202208/t20220808_2237986.html，最后检索时间：2024年5月20日。

《上海市人民政府办公厅转发市经济信息化委、市发展改革委制订的〈关于加快推进本市"四新"经济发展的指导意见〉的通知（沪府办发〔2017〕26号）》，上海市人民政府网站（201年3月27日），https：//www.shanghai.gov.cn/nw42083/20200823/0001_42083_52238.html，最后检索时间：2023年12月6日。

《世界各国人均GDP（购买力评价计数）》，https：//www.kylc.com/stats/global/yearly_overview/g_gdp_per_capita_ppp.Html，最后检索时间：2024年4月8日。

《四川省人民政府〈关于印发四川省"十三五"服务业发展规划〉的通知》（川府发〔2017〕23号），四川省人民政府网站（2017年4月13日），https：//www.sc.gov.cn/10462/c103044/2017/4/13/fe4331a4e31441f3ba93b5f2fb76f1d7.shtml，最后检索时间：2023年12月6日。

《四川省人民政府〈关于印发四川省"十四五"服务业发展规划〉的通知》（川府发〔2021〕38号），四川省人民政府网站（2021年12月16日），htpps：//www.sc.gov.cn/10462/zfwjts/2021/12/16/cb8f9fb60cd74f40ae6b356563e4bcd5.shtml，最后检索时间：2024年8月26日。

《西安国家民用航天产业基地国民经济和社会发展第十四个五年规划和二〇三五年远景目标纲要》，西安航天产业基地管委会网站（2021年7月5日），http：//xcaib.xa.gov.cn/zwgk/jcxxgk/ghjh/6108d0cbf8fd1c0bdc41e74d.html，最后检索时间：2024年6月3日。

《习近平：着眼全国大局发挥自身优势明确主攻方向 奋力谱写中国式现代化建设的陕西篇章》（2023年5月18日），http：//www.71.cn/2023/

0518/1200207.shtml，最后检索时间：2024年6月20日。

《现代服务业统计分类》（国家统计局令第36号），国家统计局网站，（2023年7月28日），https://www.stats.gov.cn/xw/tjxw/tzgg/202307/t20230728_1941608.html，最后检索时间：2024年3月20日。

《现代服务业推进农业现代化的七个着力点》，宁夏自治区政府研究室（发展研究中心）网站，http://yjs.nx.gov.cn/jcck/202209/t20220919_3785576.html，最后检索时间：2024年5月20日。

《中共中央关于党的百年奋斗重大成就和历史经验的决议》，共产党员网（2021年11月11日），https://www.12371.cn/2021/11/16/VIDE1637067303446876.shtml，最后检索日期：2024年4月25日。

《中华人民共和国2023年国民经济和社会发展统计公报》，国家统计局网站（2024年2月29日），https://www.stats.gov.cn/sj/zxfb/202402/t20240228_1947915.html，最后检索时间：2024年5月24日。

《中华人民共和国国民经济和社会发展第十三个五年规划纲要》，新华网2016年两会特别报道（2016年3月17日），http://www.xinhuanet.com//politics/2016lh/2016-03/17/c_1118366322.htm，最后检索时间：2023年10月17日。

图书在版编目（CIP）数据

陕西现代服务业高质量发展研究 / 曹林著. --北京：社会科学文献出版社，2024.10. --ISBN 978-7-5228-3985-1

Ⅰ.F726.9

中国国家版本馆 CIP 数据核字第 2024D50Y07 号

陕西现代服务业高质量发展研究

著　　者 / 曹　林

出 版 人 / 冀祥德
责任编辑 / 陈　颖
责任印制 / 王京美

出　　版 / 社会科学文献出版社·皮书分社（010）59367127
　　　　　　地址：北京市北三环中路甲 29 号院华龙大厦　邮编：100029
　　　　　　网址：www.ssap.com.cn
发　　行 / 社会科学文献出版社（010）59367028
印　　装 / 三河市龙林印务有限公司

规　　格 / 开　本：787mm×1092mm　1/16
　　　　　　印　张：18.75　字　数：285 千字
版　　次 / 2024 年 10 月第 1 版　2024 年 10 月第 1 次印刷
书　　号 / ISBN 978-7-5228-3985-1
定　　价 / 128.00 元

读者服务电话：4008918866

▲ 版权所有 翻印必究